関西学院大学研究叢書　第97編

社会的態度の理論・測定・応用

藤原　武弘
Takehiro Fujihara

関西学院大学出版会

目 次

I 社会的態度の理論　　1

第1章　社会的態度の心理 …………………………………… 3
　　　態度の定義・性質　　　　　　　　　　　　　　　　3
　　　態度間構造論と態度内構造論　　　　　　　　　　　　4
　　　態度の形成　　　　　　　　　　　　　　　　　　　　9
　　　態度の機能　　　　　　　　　　　　　　　　　　　 11

第2章　態度の形成・変容理論に関する概観
　　　－実験社会心理学的アプローチを中心として－ ………14
　　　はじめに態度概念について　　　　　　　　　　　　 14
　　　　1．態度の定義　　　　　　　　　　　　　　　　 14
　　　　2．態度の性質　　　　　　　　　　　　　　　　 16
　　　　3．態度と類似概念との区別　　　　　　　　　　 16
　　　態度研究へのアプローチ　　　　　　　　　　　　　 19
　　　実験社会心理学的アプローチ　　　　　　　　　　　 21
　　　おわりに　　　　　　　　　　　　　　　　　　　　 38

第3章　態度構造と変容
　　　－一貫性理論と総和理論に関する概観－ ……………… 46
　　　はじめに　　　　　　　　　　　　　　　　　　　　 46
　　　一貫性理論　　　　　　　　　　　　　　　　　　　 48
　　　総和理論（summation theory）　　　　　　　　　　 85
　　　一貫性理論と総和理論との相剋　　　　　　　　　　 90

第4章　態度変容の実験的研究
　　　　－適合性理論と総和理論の比較検討－ ……………………101
　　問題　　　　　　　　　　　　　　　　　　　101
　　方法　　　　　　　　　　　　　　　　　　　103
　　結果および考察　　　　　　　　　　　　　　106

II　社会的態度の測定　　　　　　　115

第5章　態度の測定法 ………………………………………………117
　　一次元測定法　　　　　　　　　　　　　　　117
　　多次元測定法　　　　　　　　　　　　　　　122

第6章　国家の認知についての研究
　　　　－多次元尺度法適用の試み－ ………………………………129
　　問題　　　　　　　　　　　　　　　　　　　129
　　方法　　　　　　　　　　　　　　　　　　　132
　　結果　　　　　　　　　　　　　　　　　　　133
　　　1．数量化理論第IV類モデル　　　　　　　133
　　　2．次元の解釈　　　　　　　　　　　　　134
　　　3．評定尺度とMDS次元との相関　　　　136
　　考察　　　　　　　　　　　　　　　　　　　140
　　要約　　　　　　　　　　　　　　　　　　　141

第7章　国家の認知についての研究
　　　　－3つのMDS手法の比較検討－ ……………………………144
　　問題　　　　　　　　　　　　　　　　　　　144
　　方法　　　　　　　　　　　　　　　　　　　146
　　結果　　　　　　　　　　　　　　　　　　　147

1．次元数について　　　　　　　　　　　147
　　　2．次元の解釈　　　　　　　　　　　　150
　　考察　　　　　　　　　　　　　　　　　　154
　　要約　　　　　　　　　　　　　　　　　　156

第8章　多次元尺度法適用上の問題点について……………159
　　問題　　　　　　　　　　　　　　　　　　159
　　解析的回転の問題　　　　　　　　　　　　160
　　異なるMDS解間の比較方法　　　　　　　162
　　Torgerson法における附加定数問題　　　　167
　　要約　　　　　　　　　　　　　　　　　　170

第9章　知覚判断に関する研究
　　　　－度量衡を表す形容詞のMDS分析－……………173
　　問題　　　　　　　　　　　　　　　　　　173
　　方法　　　　　　　　　　　　　　　　　　177
　　結果と考察　　　　　　　　　　　　　　　177
　　要約　　　　　　　　　　　　　　　　　　184

第10章　パーソナル・スペースに表れた心理的距離についての研究…………187
　　問題　　　　　　　　　　　　　　　　　　187
　　方法　　　　　　　　　　　　　　　　　　188
　　結果　　　　　　　　　　　　　　　　　　193
　　考察　　　　　　　　　　　　　　　　　　197

第11章　パーソナル・スペースの行動的、心理的、
　　　　生理的反応に関する実験的研究……………201
　　問題　　　　　　　　　　　　　　　　　　201
　　方法　　　　　　　　　　　　　　　　　　204

結果	209
考察	217

Ⅲ　社会的態度の応用　　223

第12章　対人関係における「甘え」の実証的研究……225
問題	225
研究Ⅰ	226
方法	226
結果	226
研究Ⅱ	230
方法	231
結果	233
考察	238
要約	241

第13章　パーソナリティ印象形成の研究
　　　　－刺激特性次元の基礎的分析－……245
問題	245
方法	249
結果と考察	250
要約	264

第14章　日本版 Love-Liking 尺度の検討……267
問題	267
方法	268
結果と考察	269

第15章 偏見の決定因についての調査的研究 …………… 277
  問題　277
  方法　279
  結果　282
  考察　286

第16章 社会不安についての社会心理学的研究
　　　　　－社会不安測定についての予備的研究－ ………… 289
  問題　289
  研究Ⅰ 社会的事象の認知と不安についての基礎的研究　292
　　　　目的　292
　　　　方法　292
　　　　結果と考察　294
  研究Ⅱ 社会不安の決定因に関する予備的研究　299
　　　　目的　299
　　　　方法　300
　　　　結果と考察　301

第17章 マス・メディア嗜好性尺度の開発 ……………… 308
  問題　308
  方法　309
  結果と考察　311

第18章 クラッシック音楽の認知への多次元尺度法的アプローチ ………… 319
  問題　319
  方法　320
  結果と考察　322

あとがき ……………………………………………328

I
社会的態度の理論

第1章 社会的態度の心理

　A氏は共産主義に心酔している人である。従って、共産主義に対して好意的な感情を持ち、また読書や友人との熱っぽい議論を通じて、共産主義の理念や歴史についても豊富な知識を持っている。彼の部屋には、マルクスやレーニンの書物がならんでいる。彼は次の日曜日には、共産主義を支援するデモに出かけようかと思ったりもしている。こうしたA氏の共産主義への意識を説明する概念を、社会心理学では態度とよんでいる。態度とは何か、その構造はどのように形成され変容するのか、実際行動との関係は、どのようであるかといった点を明らかにするのがこの章の課題である。実際行動との関係でいえば、彼はデモ行進に出ようという意図は持っているのだが、次の日曜日に雨が降るとか、恋人のB子さんと急にデートの約束ができたりすればデモ参加という実際の行動を取らないかもしれない。もしA氏が実際デモに出なかったなら、それは、状況的な要因の影響をうけ、態度が行動と結びつかなかったということになる。それでも彼が共産主義思想に心酔しているということは、まぎれもない事実である。ここでは、態度とは何か、態度とはどのような構造を持っているのか、どのように形成され、機能するのかといった点について述べる。

態度の定義・性質

　態度は、社会心理学において、人間の様々な社会的行動を予測、説明する概念として古くから注目の的であった。そしてAllportをして「態度の概念こそアメリカ社会心理学の最も特異にして必要欠くべからざる概念[1]」と言わしめたほど、社会心理学において、態度概念は中心的な役割を担ってきた。しかしその反面、便利で有用な概念は、様々な文脈の中で使用されるが故に、多義性とあいまい性の中に埋没してしまう傾向がある。態度の定義に関して

も、研究者の力点の置きどころが微妙に異なっており、若干の不一致がみられる。

古くはAllportが、実験心理学、精神分析学、社会学といった学問分野での態度概念を吟味した結果、最大公約数的な定義を試みた。[2]「態度とは、経験を通じて体制化された精神的、神経的な準備状態であって、個人がかかわりを持つあらゆる対象や状況に対するその個人の反応に、指示的ないし力動的な影響を及ぼすものである。」

Allport以後、態度とは何かといった問いかけの中から明らかにされた点を要約すれば次のようになる。[3]

1) 態度とは、反応のための先有傾向、準備状態である。従って、態度は刺激と反応との媒介物であり、直接には観察不可能な構成概念である。
2) 態度は常に対象を持つ。対象は、人物、集団、価値、観念、制度といった様々なものである。主体−客体関係の確立である。
3) 一定の対象について、「良い−悪い」「好き−嫌い」といった評価を含む、その評価は、ポジティブからネガティブにその方向と強度を変える。
4) 一時的な状態である動機や動因といった言葉とは区別される意味で、いったん態度が形成されると比較的安定しており、持続的である。
5) 態度は、先天的なものというよりは、むしろ学習によって獲得されるものである。
6) 個々の対象に対する個別的態度は、お互いに関連を持ち、構造化され、態度群、態度布置を形成する。

態度間構造論と態度内構造論

ところで、態度とはいかなる構造を持ったものであろうか。今日、態度の構造分析については2つの方法がとられている。1つは「態度内構造」(intra-attitude organization) の分析であり、他は「態度間構造」(inter-attitude organization) の分析である。[4]

「態度内構造」分析は、特定の態度を構成する成分を理念的に設定し、これら成分間のダイナミックな関係を解きほぐすことに強い関心を持つ。一般

的に態度は次のような三つの成分から成り立っていると考えられる。[5]
1）感情的成分（affective component）
2）認知的成分（cognitive component）
3）行動的成分（behavioral component）

　感情的成分は、対象に対する「賛成－反対」「好意－非好意」といった感情から構成されている。更に、この成分は方向と強度に分けられる。学者によっては、クロージャ（closure）やインボルーション（involution）といった要素の存在を主張するものもいる。[6]

　認知的成分は、態度対象について持っている信念や情報より成る。この成分の下位体系として、高木は次の五つを設定し、更にこれらを測定する手法を開発している。[7]
1）認知の豊富さ
2）認知の分化
3）認知の論理性
4）認知の統合性
5）認知の感情性

　行動的成分とは、受容－拒否、接近－回避といった動機的側面であり、行動の実現に作用する成分である。Kothandapani[8]は、避妊を態度対象とし、態度の三成分をThurstone法、Likert法、Guttman法、Guilford法といった態度尺度で測定し、外顕行動との相関を吟味した結果、行動的成分が行動の予測因として最も適切であることを報告している。

　態度の三成分は互いに一致するという傾向が見られる。特に偏見と呼ばれる態度においては、感情、認知、行動傾向が密接にからみあっている。Newcomb, Turner & Converseは、「偏見は非好意的な態度であり、とくに集団の成員として他の人々に『～に賛成して』または『～に対して』というよりは、『～に反対して』あるいは『～から離れて』いるように知覚し、思考し、感受し、行動する傾向性」[9]と定義している。またAllportも指摘するように、「誤った、柔軟性のない一般化に基づいた反感」[10]という機能も兼ね備えている点に特徴がみられる。なおTriandisは、感情的成分と行動

的成分とを図Ⅰ-1-1のように組み合せ、実際行動を四つの型に類型化している。[11] 感情がプラスで接触を求めるという組み合せの場合には、〜のために金を払うという行動としてあらわれ、感情がポジティブで回避の組み合せは尊敬、感情がネガティブで接近の場合は破壊、感情がネガティブで回避の場合は無関心といった行動が生じる。

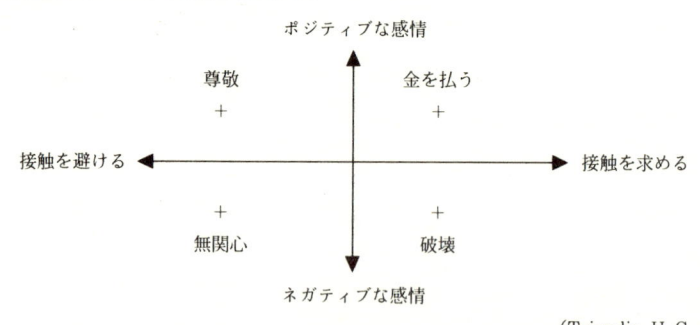

```
                    ポジティブな感情
                         ↑
          尊敬                   金を払う
           +                      +
接触を避ける ←――――――――――――→ 接触を求める
           +                      +
          無関心                  破壊
                         ↓
                    ネガティブな感情
```

(Triandis, H. C., 1971)

図Ⅰ-1-1 態度対象に対する行動類型

一方、「態度間構造」分析は、人々が持ついくつかの態度の相互関連性に焦点をしぼり、それらの態度の相互関連がいかなる次元で統合されているのか、どのようにヒエラルヒッシュに秩序づけられているのかといった点を究明するアプローチである。飽戸の言葉を借りるなら、「1）種々の態度の諸要素を効率よく弁別する次元（軸）を経験的に析出し、2）それらの次元（一般には複数の）より成る空間（n次元ユークリッド空間）に、個々の態度の要素（または要素の集落）を位置づけ、全体としての態度要素（またはその集落）の静的配置 constellation より、それらの要素（またはその集落）の『遠近関係』を追求しようとしていること。[12]」の2点に要約される。態度間構造の究明にあたっては、因子分析という手法を援用しつつ、今日まで数多くのデータが蓄積されてきた。表Ⅰ-1-1は、因子分析によって見出された因子及び負荷量の高い尺度をまとめたものである。[13] また図Ⅰ-1-2は、社会的態度の布置を2次元の直交座標軸上にプロットしたものである。これらの結果から、社会的態度の因子として、急進主義－保守主義、国家主義－非国家主義の2つの因子が存在することが明らかになった。急進主義の傾向に

対しては、進化論、自由な産児制限、および共産主義への好意的態度があり、反対の保守主義の方向には、教会、禁酒、日曜礼拝、神の実存への好意的態度がまとまってみられる。一方、戦争、愛国主義への賛成的態度と共産主義諸国への好意的態度とは対立的に布置し、国家主義－非国家主義の因子が抽出されている。Wilson & Patterson は、文章形式によらないで、論議あるトピックスに関する主題だけを列挙した新しい形式の態度尺度を提案し、保守主義の下位構造を明らかにした。[14] わが国でも、吉森[15] は彼らの方法に準拠して研究を行った結果、反ヘドニズム因子、因習主義の因子、女性の地位の因子、政治的国家主義的態度の因子、迷信とステレオタイプ（運命観）といった因子を析出し、これらの因子によって保守主義が構成されていることを明らかにした。Eysenck は、[16] 態度の階層的構造を明快に図式化し、一般因子をイデオロギーという用語で解釈するというユニークかつ野心的な

表Ⅰ-1-1　社会的態度の因子分析的研究

研究者因子		負荷量の高い尺度（＋；－）
Thurstone, L. L.	保守－急進主義 国家－反国家主義	教会、神；進化論、離婚 戦争、愛国主義；共産主義、ドイツ人
Carlson, H. B.	知能 進歩－保守 宗教的	平和主義、知能テスト、共産主義 共産主義；神、禁酒 神；産児制限
Ferguson, L. W.	宗教主義 人道主義 国家主義	神の存在；進化、産児制限 犯罪者に対する取扱い；死刑、戦争 愛国主義、検閲、法律；共産主義
Eysenck, H. J.	進歩－保守主義 実践的－理論的 （硬い心－軟い心） 自由－強制	性的自由、離婚、堕胎、優生学、産児制限 予防注射、禁欲、菜食主義、禁煙 裸体主義、産児制限、共産主義、生体解剖
藤野・岡路・福島	理想主義 現実逃避 小市民 急進主義 超国家（軍国）主義	愛国心、民主主義、スポーツ、宗教 酒、パチンコ、映画 家庭、パチンコ 共産主義、革命；神 戦争、スポーツ、天皇、軍備
田中国夫	保守－進歩主義 国家－非国家主義	ソ連、中国、マルキシズム、男女交際 アメリカ、戦争、映画、死刑；ソ連

（河村豊次　四方燿子、1960）

8　社会的態度の理論・測定・応用

（河村豊次　四方燿子，1960）

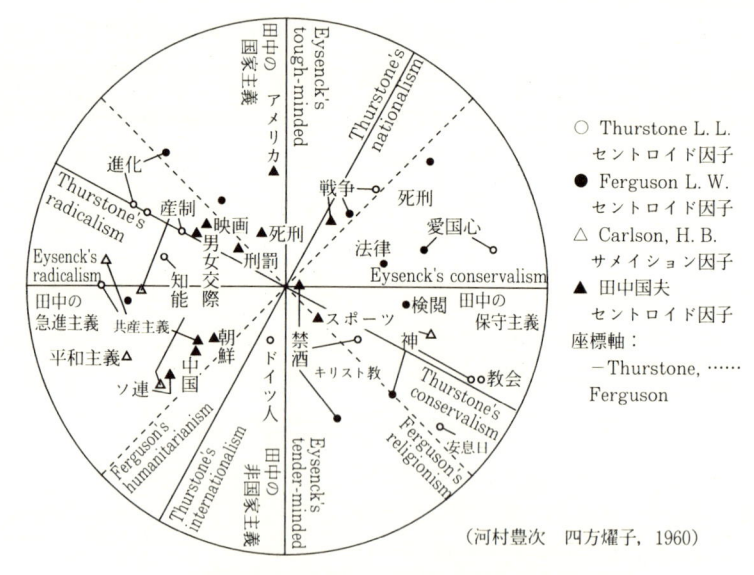

図Ⅰ-1-2　Eysenck の一般的態度の構造

試みを行っている。図Ⅰ-1-3に示すとおり、彼は態度を4つのレベルからなる階層的構造を持つものとみなし、特殊的意見レベルの相関性から習慣的意見レベルが抽出され、習慣的意見レベルの相関性から態度レベルが、態度レベルの相関性からイデオロギーレベル（一般因子）が導き出されるとしたのである。

(Eysenck, H. J., 1954)

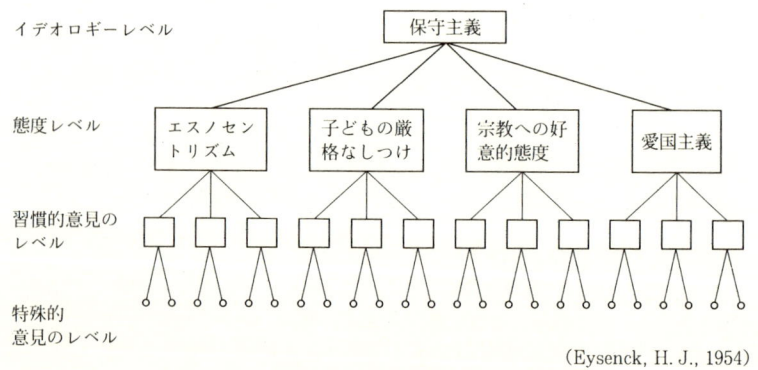

図Ⅰ-1-3　意見、態度、イデオロギーの関係

態度の形成

　前に述べたように、態度は後天的に学習を通じて形成される。従って、態度形成を説明する原理は、学習理論に準拠すると考えられる。Staats[17]は、古典的条件づけによって態度が形成されると説明するが、あまりにも単純化した見方と言わざるを得ない。一方、Lambert, & Lambertは、[18]「連合」「要求充足」「転移」の三原理をあげる。すなわち、態度の感情的成分および行動的成分は、連合と要求充足によって学習される。不愉快な出来事と連合した人や物に対してはネガティブな感情を持ったり、回避しようとする傾向がみられ、逆に愉快な出来事と結びつく対象に対しては、ポジティブな感情や接近しようとする傾向が発達する。子供が両親に対して好意的な感情や接近傾向を芽ばえさせるのは、それがまさに要求充足と深く関わっているからである。一方、認知的成分の学習は、全く異なった仕方で獲得され転移の原理に基づく。ある未知の人について、その人は心のやさしい性格の持ち主だと告げられれば、ポジティブな感情を転移するであろう。しかもこの転移のメカニズムにおいては、特定の人物とポジティブな情報とは、単なる結びつき以上の意味を持つのである。つまり、心のやさしい人であれば、親切で頭がよくて…。という形で、自分の頭の中で形成された枠組と一致する方向に向かって、無限に拡大されてゆくのである。

　以上態度の三成分の形成を説明する原理について述べたが、Allportは、態度形成の4つの条件について次のように説明している。[19]

1．統合（integration）　個々のばらばらな経験が、累積的に統合されて態度が形成される。
2．分化（differentiation）　はじめは大まかな、特殊性に乏しいものが、次第に分化、個別化する。
3．ショック（shock）　強烈な情緒を伴った唯一回の経験に基づいて、永続的な態度が形成される。
4．採用（adoption）　親、先生、友人など手本となる人々の態度をそのまま採用する。

一方、Krechらは、もう少し異なった観点から、態度形成に及ぼす4要因を列挙している。[20]
1）要求充足
2）情報
3）集団
4）パーソナリティ

まず要求充足についてであるが、人は自分の要求を満足させるような対象や、目標達成の手段となるものに対しては好意的に、逆に、欲求充足や目標達成を妨害するような対象に対しては非好意的な態度を形成させる。たとえば、生活水準の向上ということに高い価値や目標を持っている人がいたとしよう。もし彼が、大学へ行くことは、生活水準の向上のための手段であるとか、自分の目標を促進するものだという風に認知した場合には、彼は、大学進学に対してポジティブな態度を形成すると予想される。

次に個人の態度は、受け取る情報によって形造られる。

第3に、人はさまざまな集団に所属しているので、個人が所属する集団の信念、価値、規範を反映した形で態度が形成される。ニューカムの古典的研究によると、入学当時に保守的な態度を持っていた女子学生が、次第にリベラルな雰囲気に影響され、卒業時にはリベラルな態度を形成させるに至ったことを明らかにした。この例は、態度が、大学という集団の規範と一致する方向で形成されたことを示すものである。

第4は、たとえ同じ集団に属していても、人によって持っている態度はさまざまである。この原因として個々のパーソナリティの差が考えられる。Christiansenは、極度に国家主義的な態度の持主は、潜在的攻撃性が強いことを見出しているが、[21] この結果は、態度とパーソナリティとの間に関係があることを示唆するものといえよう。また、我が国において、態度と性格との関係を明らかにした小川らの研究を紹介してみよう。[22] 彼らは、民青・革マル・フーテン・右派系、全共闘などに属する学生を対象とし、8つの性格タイプからなる40項目の性格カードで自己評定を求め、その結果を成分分析法によって解析した。すると、民青グループと革マルグループの学生たち

は、一見すると彼らの考え方や行動は著しく異なっているが、彼らに共通する特有のタイプがあることが見出された。すなわち、直感とか感覚といった非合理性を排し、あくまで合理的な精神機能を優先させるところに特徴が見られる。一方、フーテンや全共闘の学生は、感じやひらめきや予感などを大切にし、このような内的感覚、直観機能によって、自己及び世界に対処していこうとするところにその独自性がうかがえる。こうした性格タイプに注目した分析は、一見全く異なった社会的態度を示す集団間に、共通した面があるという興味深い事実を提供してくれる。

態度の機能

　人間はなぜ態度を持っているのだろうか。何か態度が果たす機能のようなものがあるからではないだろうか。Katz[23]は、欲求充足といった動機的基盤に注目し、態度が果たす主要機能を次の四つに分類した。
1）適応機能　人は外的環境からの報酬を最大にし、罰を最小にしたいという欲求を持っている。態度はこの欲求を充足させるように機能する。
2）自我防衛機能　人は、自分自身でも受け入れがたい衝動や、外部からの脅威的勢力から、自分の自我を守ろうとする欲求を持っている。態度は、こうした自我防衛に役立つ働きをする。
3）価値表出的機能　態度は、個人が自分や他人に自分の本性を明らかにすることを妨げるという機能（自我防衛機能）を持っているが、その反面、自分の中心的価値や自分がかくありたいと心に描く人間類型には、積極的な表現を与えるという機能を持っている。
4）知識機能　人はバラバラで混沌とした宇宙に意味づけを行うために、知識を求める欲求を持っているが、環境があまりにも複雑な場合には、態度が、混沌とした世界を理解する基準や判断の枠組を用意する。ステレオタイプ（stereotype 紋切型）は、多くの人々によって持たれている、単純で不十分な根拠に基づいた、部分的に不正確で、かなり確信を持って抱かれている信念のことであるが、[24]これは、まさに知識機能を果たす態度に他ならない。

引用文献

1) Allport, G. W. 1935 Attiudes. In C. Murchison (Ed.), *Handbook of social psychology*. Worcester：Clark University Press, Pp. 798-844.
2) Allport, G. W., op cit.
3) 田中国夫・藤原武弘 1970 態度の形成・変容理論に関する概観－実験社会心理学的アプローチを中心にして－ 心理学評論, **13** (2), 279-304.
4) 竹内郁郎 1958 世論 講座 社会学 第3巻 東大出版会
5) Rosenberg, M. J., & Hovland, C. I., Cognitive, affective and behavioral component of attitude. In M. J. Rosenberg, & C. I. Hovland (Eds.), *Attitude organization and change*. New Haven：Yale University Press, 1960, Pp. 1-14.
6) Guttman, L., The principal components of scalable attitude. In P. F. Lazasfeld, (Ed.), *Mathematical thinking in the social sciences*. Glencoe, Ill.：The Free Press. 1954, Pp. 216-257.
7) 高木修 1968 社会的態度の研究 (3) －態度内構造、態度間構造の因子分析的研究－ 関西大学社会学論集, **2** (4), 59-94.
8) Kothandapani, V., Validation of feeling, belief, and intention to act as three components of attitude and their contribution of contraceptive. *Journal of Personality and Socical Psychology*, 1971, **19**, 321-333.
9) Newcomb, T. M., Turner, R. H., & Converse, P. E. 1965 *Social psychology*, New York：Holt, Rinehart and Winston.（古畑和孝訳 1973 社会心理学 岩波書店）
10) Allport, G. W. 1961 *The nature of prejudice*. Cambridge, Mass：Addison-Wesley.（原谷達夫・野村昭訳 1961 偏見の心理 培風館）
11) Triandis, H. C. 1971 *Attitude and attitude change*. New York：John Wiley & Sons.
12) 飽戸弘 1965 態度構造研究の方法論に関する諸問題－要因分析との関連を中心に－ 心理学評論, **9**, 267-288.
13) 河村豊次・四方耀子 1960 社会的態度の発達 心理学評論, **4**, 146-165.
14) Wilson, G. D., & Patterson, J. R. 1968 A new measure of consevatism. *British Journal of Social Clinical Psychology*, **7**, 264-269.
15) 吉森護 1974 保守主義に関する研究 －大学生の保守主義の構造（Ⅰ）－ 広島大学教育学部紀要, **23** (1), 383-394.
16) Eysenck, H. J. 1954 *The psychology of politics*. Routledge & Kegan Paul.
17) Staats, A. W. & Staats, C. K. 1958 Attitude established by classical conditioning. *Journal of Abnormal and Social Psychology*, **57**, 37-40.
18) Lambert, W., W. & Lambert, W. E. 1964 *Social psychology*. Englewood Cliffs, N. J., Prentice-Hall.（末永俊郎訳 1966 社会心理学 岩波書店）

19) Allport, G. W. 1935 Attitudes. In C. Murchison (Ed.), *Handbook of social psychology*. Worcester : Clark Univer. Press, Pp. 798-844.
20) Krech, D., Cruchfield, R. S., & Ballachey, E. L. 1962 *Individual in society*. New York : McGraw-Hill.
21) Christiansen, B. 1959 *Attitudes towards foreign affairs as a function of personality*. Oslo : Oslo Univer. Press.
22) 小川捷之・市村操一・佐野千代子 1970 学生活動家のタイプに関する一考察－成分分析による検討－ 心理学評論, **14**, 80-104
23) Kats, D. 1960 The functional approach to the study of attitudes. *Public Opinion Quarterly*, **4**, 163-204.
24) Harding, J., Proshansky, H., Kuther, R. & Chein, I. 1969 Prejudice and ethnic relations. In G. Linzey & E. Aronson (Eds.), *Handbook of social psychology*. 2nd ed. Vol. 5 Cambridge Mass.: Addison-Wesley, Pp. 1-76.

第2章 態度の形成・変容理論に関する概観

―実験社会心理学的アプローチを中心にして―

はじめに態度概念について

1. 態度の定義

　流行という現象は、社会心理学的に興味をそそるものである。少なくとも立派な研究対象になりうるが、その研究対象としての領域に、どのような社会心理学的枠組ないし理論でもって切りこんでいくのか、といった方法論ないし理論化のレベルで、現在、社会心理学者は躊躇している。

　ここで興味深いことは、社会心理学の理論やそれに基づくアプローチの仕方そのものも、常に流行の波の中で、浮沈を繰り返しているのである。

　それは社会心理学の母胎ともいうべき心理学においても例外ではない。

　Allport (1960) によれば、学説の流行はほぼ10年単位で変化している。1908年から1920年にかけては McDougall の本能理論が学界を風靡し、ついで Watson の行動主義がその後10年間もてはやされた。その後は habit hierarchies（習慣階層）、場理論と続く。更に反応セット、感覚遮断、対人認知といった具合に。

　社会心理学の主流である態度理論関係においても、Thurstone 尺度が注目されていたかと思うと、10年ほどたって Guttman 尺度にどっと人気が集中したり、また猫も杓子も権威主義的パーソナリティといってみたりしている。

　McGuire (1968 a) が指摘するがごとく、ここ10年来、態度研究は30年前と同様に社会心理学の中核となっている。1930年代は態度研究の黄金期であったが、1950年代になると、社会心理学の学問的興味の中心は、Lewin を中心とするグループ・ダイナミックスの研究にとってかわった。

　かつて態度研究が盛んな頃 Allport (1935) は、社会心理学以外の学問分野、すなわち、実験心理学、精神分析学、文化人類学、社会学といった中で

の態度概念を吟味し、最大公約数的な態度概念の定義を行なった。

しかし今日では、社会心理学という学問分野に限ってみても、態度の定義はまちまちである。従って McGuire (1968 a) などは、種々に用いられている態度概念について、コンセンサスを見い出すことに絶望を感じたりしている。

異なった定義で代表的なものを掲げてみるならば次のようになる。

「態度とは、経験を通じて体制化された心的、神経的な準備態勢であって、個人がかかわりを持つあらゆる対象や状況に対するその個人の反応に、指示的ないし力動的な影響を及ぼすものである。」(Allport, 1935)

「態度とは、ある対象の階層を経験し、それによって動機づけられ、それに向って行動するための先有傾向である。」(Smith, Bruner, & White, 1956)

「態度とは、反応のための先有傾向であるが、評価的反応の傾向があるという点で、準備態勢といった他のものとは区別される。」(Osgood, Such, & Tannenbaum, 1957)

「態度とは、社会的事象に関するポジィティブないしネガティブな評価、情緒的感情、賛、否の行動傾向の持続的体系である。」(Krech, Crutchfield, & Ballachey, 1962)

「態度とは、心理的対象に賛成したり、反対したりする感情（量）である。」(Thurstone, 1931)

以上の定義は次の3つに分類できよう。

1. 「評価（感情）」を強調した定義。

 Thurstone (1931)。

2. 「反応のための先有傾向（準備態勢）」を強調した定義（少しは評価（感情）という意味も定義の中に含まれている）。

 Allport (1935) Smith, Bruner, & White (1956)。

3. 「評価（感情）」と「反応のための先有傾向」という2つの面を強調した定義。

Osgood, Suci, & Tannenbaum (1957), Krech, Crutchfield, & Ballachey (1962), その他 Katz & Stotland (1959), Rosenberg & Hovland

(1960), Fishbein (1967) etc.

　3番目に分類した定義は、最もオーソドックスな態度の概念化である。いずれも態度の主要な特性である「反応のための先有傾向」と「評価感情」という2つの側面を強調している。

　ではもう少し詳しく態度の諸特性について考察してみよう。

2. 態度の性質

　態度の性質を羅列するならば次のようになるだろう。

① まず最も重要な点であるが、態度とは反応のための先有傾向準備状態である。従って態度は、刺激と反応との媒介物であり、直接には観察不可能な構成概念である。この点については上述したごとく、多くの研究者達によって指摘されている。また測定論的観点に立てば、多数の一貫した反応群から推定される潜在的反応と考えられる (Green, 1954)。

② 次に、態度は常に対象を持つ。Sherif & Sherif (1969) の言葉を借りるなら態度は主体-客体関係を確立する。

③ 更に、主体-客体関係は、動機的-情緒的性質を持つ。すなわち、態度はある一定の対象について、「良い-悪い」、「好き-嫌い」といった評価を下す。その評価は、中立を通りポジティブからネガティブにその方向と強度を変える。

④ 態度は一時的な生物体の状態ではなくいったん形成されると比較的安定しており持続的である (Newcomb, Turner, & Converse, 1965, Sherif & Sherif, 1969)。

⑤ 態度は先天的なものというよりもむしろ学習されたものである。

⑥ 個々の態度は cluster をなし、そうした cluster は constellation を形成する (Krech, Crutchfield, & Ballachey, 1962)。

3. 態度と類似概念との区別

　態度は価値 (value)、動機 (motive)、動因 (drive)、判断 (judgment)、セット (set)、習慣 (habit)、信念 (belief)、意見 (opinion)、といった概念と、どんな点が異なっているのであろうか。こうした構成概念と態度との相違点を簡単に述べてみよう。価値、態度、動機、動因といった概念間の相

互関係は、Newcomb, Turner, & Converse（1965）による図式化が簡明で理解しやすい（図Ⅰ-2-1 参照）。

価値　　非常に包括的な諸目標で多くの態度パターンは
　　　　そのまわりに組織化される。

態度　　動機づけられた行動のための一般化された
　　　　準備態勢。

動機　　動因により活性化された生物体の目標指向の状態。
　　　　学習されたものである。

動因　　一般的な活動に向かう傾性を生じさせる
　　　　生物体の状態

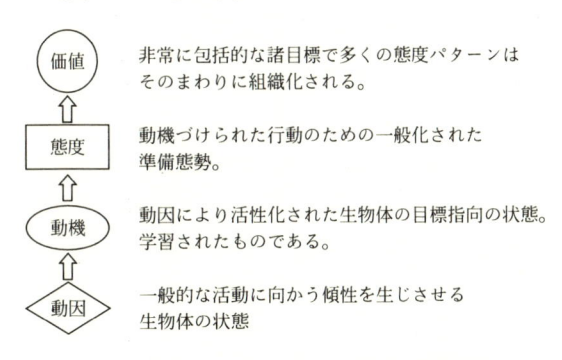

図Ⅰ-2-1　価値、態度、動機、動因間の諸関係

　動因とは、行動を生じさせる内的なエネルギーである。普通この言葉は、飢餓、渇き、性といったものに対する欲求を意味する。従って動因は生物体の生理的過程の結果、定期的に起こるものである。

　一方動機とは、動因と目標が結びつけられたものである。つまり動機は、特定の反応セット（食べること）と特定の動因（飢餓）が結びついたものである。従って基本的な動因は先天的なものであり、動機は学習されたものである。

　態度と動機との相違点は次の2点である。まず、動機は一時的なもので、現われては消え、また現われたりする。それに対し態度は持続的である。次に、動機は態度より特殊である。個別的な動機が一般的な態度の基礎となっているのである。

　判断とは、種々の認知的な事がらをあるカテゴリーの中に分類する過程、ないしそうした過程の結果である。判断はいつもコンパラティブなものである。たとえば、ある木は他の木よりも高いという具合に。しかし、ある木が他の木よりも良い、といった場合には、自我が関連してくる。感情的、評価的性質を帯びてくるわけである。こうした評価を伴なった判断は、当然1つのタイプの態度となるわけである（Cooper & McGaugh, in "attitude" by Johoda & Warren, 1966）。

セットと習慣は、行動傾向を反映している。セットは運動準備状態 (motor readiness) を強調している。習慣はセットよりいくらか強い行動傾向を示し、より複雑で、持続的な構造を持っている。態度と異なっている点は、セットも習慣も評価的反応を反映していないということである (Shaw & Wright, 1967)。

信念の定義はやっかいである。というのは研究者によってかなり信念の定義の仕方が異なっているからである。Rokeach (1968) などは、信念を態度の下位概念として扱い、態度を個別的な信念が組織化されたものとして定義する。つまりわれわれが普通、態度と考えているものを信念として扱っているのである。

さてわれわれはここでは信念の定義に関しては、Fishbein & Raven (1962) による定義を採用したい。すなわち、信念を「概念についての確率的次元」と定義し、一方、態度を「概念についての評価的次元」と定義する。この態度の定義は Osgood, Suci & Tannenbaum (1957) による定義と一致するものである。従ってわれわれは、態度が感情的成分、認知的成分、行動的成分を含むといった多次元的な概念規定は行なわない。態度は感情的成分（評価的次元）からのみ成るものとして一次元的に考える。一方、信念は、認知的成分、行動的成分に対応するものと考える。しかし決して態度が信念とは無関係であるというのではない。それらは相互に密接な関係を持ったものであり、相互に独立したものである。たとえば、態度の感情的成分において人種差別に同じように反対している2人の人間を仮定してみよう。2人の人間がたとえ感情的ないし評価の強さと方向において全く同じだとしても、その2人の人間の信念、認知構造が同一だという保証はない。2人の人間は、人種差別の特質、原因、結果について異なった意味を抱いているかもしれないし、人種差別廃止のために行なわれる行動についても異なった見解を持っているかもしれないのである。

Fishbein & Raven (1962) によると、信念は「対象の存在についての信念 (belief in an object)」と「対象についての信念 (belief about an object)」の2つに分類される。前者は、神の存在について信じるか否かといった具合

に、対象の存在自体に関する信念である。それに対して後者は、神は全能である—神は全知である—神は子供を持っている、といったように、対象とその対象の性質との関係の存在に関する信念である。

意見の定義についても様々であるが、ここでは最も一般的な定義の仕方を採用する。すなわち意見とは、媒介変数としての態度が、外面的に表明されたもので、観察可能な従属変数である（Thurston, 1929, Hovland, Janis, & Kelley, 1953）。

態度研究へのアプローチ

かつて島田、菊池（1965）は、1940年以降の社会的態度研究を次の3つに分類している。
1. コミュニケーションと態度変容
2. 権威主義的パーソナリティ
3. 社会的影響の流れの追求

第一の流れは、Hovlandを中心とする実験社会心理学的なアプローチである。主に統制実験的な手続きを用い、独立的操作としてのコミュニケーションと従属的測定としての態度変化量との因果関係を究明しようとするところに研究の意図がある。

第二の流れは、態度とパーソナリティとの関係を相関的・臨床的な方法によって明らかにしていこうとする立場である。また因子分析をメスとして、社会的態度の構造を追求しようとしたEysenckもこの流れに属するであろう。

第三の流れはKatzを中心とするPersonal Influenceの流れである。調査によるアプローチをその特色とし、社会的文脈内での個人の態度、意思決定といったものにスポットをあてている。これは社会学的社会心理学の領域に属するものといえよう。

一方、飽戸（1965）は、態度構造研究における系譜として、態度構造論—態度成分論を掲げ、静態的—動態的、実証的—思弁的といった対比で両者の特徴を記述している。

大まかに考えると、態度構造論は島田、菊池の指摘する第二の流れに対応

し、一方、態度成分論は、第一の流れに相当するものといえよう。前者は、個々の態度がいかなるクラスターを成しているのか、またそうしたクラスターが集合していかなる constellation を形成しているのか、といった点を因子分析という手法により解明していくことをその目的としている。後者はむしろ単一の態度だけを問題とする。すなわち、単一の態度を分析単位とし、態度形成、変容に関連をもつ刺激条件、そしてその結果として生じる態度成分内での再体制化といった側面を、実験を用いて考察していこうとする点にその特徴がある。

共変―因果、静態的―動態的、統計的―実験的、帰納的―仮説演繹的……といった特質の対比でとらえられる両者の関係は、単純な図式化で示せば次のごとくなろう。

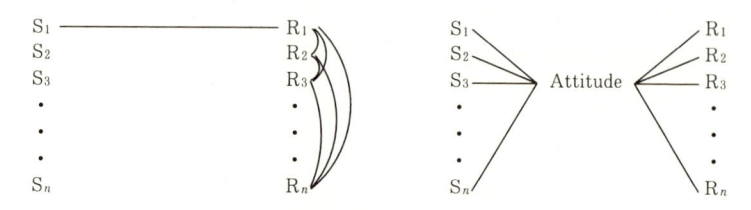

$$
\begin{array}{ll}
S_1 \longrightarrow R_1 \\
S_2 \longrightarrow R_2 \\
S_3 \longrightarrow R_3 \\
\vdots \quad\quad\quad \vdots \\
S_n \longrightarrow R_n
\end{array}
\quad\quad
\begin{array}{c}
S_1 \searrow \quad\quad \nearrow R_1 \\
S_2 \longrightarrow \text{Attitude} \longrightarrow R_2 \\
S_3 \nearrow \quad\quad \searrow R_3 \\
\vdots \quad\quad\quad\quad\quad\quad \vdots \\
S_n \quad\quad\quad\quad\quad\quad R_n
\end{array}
$$

図 I-2-2　態度研究への2つのアプローチ

前者すなわち態度構造論は、R_1 R_2 R_3……R_n 相互の共変関係を出発点とし、相関係数→因子分析という統計的手法を用い、R_n がヒエラルヒッシュに統合された態度布置、価値体系といったものに興味の中心が存在する。従って態度測定→態度構造の究明といった点に研究の主眼がある。

一方、後者すなわち態度成分論は、たとえばコミュニケーションの送り手の信憑性の高低、恐怖をともなったコミュニケーション内容といった刺激条件（S_1, S_2, ……S_n）を操作することにより、どのような諸反応が惹起するのか（R_1, R_2, ……R_n）といった点を明らかにしようとする。従ってこうしたアプローチの興味の中心は、態度の形成および変容といった点にある。ただこの流れの中でも、態度を形成、変容させるところの外的な刺激条件とその結果としての反応にウエイトを置くか、あるいは、個体の認知構造、生活空間のバランス、アンバランスといったものに重点を置くかによって、多

少アプローチの仕方が異なる。

本稿においては、後者のカテゴリーに属する実験社会心理学的な態度理論に関する流れと諸モデルについての概観してみたい。

実験社会心理学的アプローチ

理論を分類するにあたって、最もオーソドックスなやり方というのは、やはり歴史的な流れに沿って行なうことであろう。少なくともある新しいモデルなり理論が生まれるためには、必ずやその背後に何らかの源流が有形、無形に流れているはずである。全く新しい理論があたかも偶然に現われてきたかのように表面的には見えるかもしれないが、そのもととなる糸をたどっていけば、たいていの場合は、その背後に横たわっている1本の糸を発見することができる。

こうした"流れ"を中心とした理論分類作業を行なうにあたって、われわれが最も参考にしたのは、Ostrom (1968) の論文である。Ostromによれば、1930年から1950年にかけて態度の理論化に寄与した研究者をLearning-behavior theory vs. Cognitive integration theoryというカテゴリーで2つに分類し、更に前者をS-R vs. Eclectic、後者をConsistency, Motivational, Nonmotivationalというこの三つのサブカテゴリーで分類している（表Ⅰ-2-1参照）。

表Ⅰ-2-1　1930年と1950年の間に発展した態度理論

Classification	Contributor
Learning-behavior theory	
S-R	Thorndike (1935), Lorge (1936) Doob (1947)
Eclectic	Hovland (1948a, 1948b), Hovland et al. (1949)
Cognitive integration theory	Heider (1946)
Consistency	Lippmann (1922)
Motivational	Lewin (1935, 1951)
	Newcomb (1943)
	M. Sherif & Cantril (1945, 1946, 1947)
	M. B. Smith (1947)
	Asch (1948)
Nonmotivational	Thurstone (1928, 1931)
	Allport (1935)

またこうした枠組に対応した形で、1950年以後に発展せられた種々の態度理論やモデルを表Ⅰ-2-2のように分類している。

表Ⅰ-2-2　1950年以後に発展した態度理論

Classification	Psychological process	Contributors
Learning-behavior theory		
S-R	Mediated generalization	Lott (1955), Lott & Lott (1968) Osgood et al. (1957)
	Concept formation	Fishbein (1967a), Rhine (1958)
	Conditioning	Weiss (1962 ; 1968)
	Effectance motivation	Byrne & Clore (1967), Golightly & Byrne (1964)
	Stimulus generalization	Rosnow (1968)
	Reinforcement	Staats (1967 ; 1968)
	Arousal value	Feldman (1966, 1968)
Eclectic	Symbolic mediation	Hovland et al. (1953), Janis & Gilmore (1965)
	Inoculation	McGuire (1964)
	Behavioral disposition	Campbell (1963)
	Self perception	Bem (1965, 1967 : 1968)
	Sequential mediators	McGuire (1968b. 1968c)
	Cognitive response	Greenwald (1968)
Cognitive integration theory		
Consistency	Interpersonal orientation	Newcomb (1953, 1961)
	Congruity	Osgood & Tannenbaum (1955)
	Di-graph	Cartwright & Harry (1956)
	Dissonance	Brehm & Cohen (1962), Festinger (1957)
	Psycho-logic	Abelson & Rosenberg (1958)
	Logical-affective consistency	McGuire (1960)
	Tricomponent consistency	Fishbein (1967b), Insko & Schopler (1967), Rosenberg & Hovland (1960)

表 I-2-2 1950年以後に発展した態度理論 (続き)

Classification	Psychological process	Contributors
Cognitive integration theory (*cont.*)	Belief congruence	Rokeach (1960), Rokeach & Rothman (1965)
Motivational	Self-evaluation	Festinger (1954), Latane (1966)
	Value-instrumentality	Peak (1955), Rosenberg (1956, 1960)
	Functional	Baron (1968), Katz (1960), Katz & Stotland (1959), Kelman (1958), M. Smith et al. (1956)
	Psychoanalytic	Sarnoff (1960)
	Attitudinal involvement	Ostom & Brock (1968), M. Sherif & Hovland (1961)
	Decisional conflict	Janis (1958), Janis & Mann (1968)
	Reactance	Brehm (1966 ; 1968)
Nonmotivational	Belief dilemma resolution	Abelson (1959)
	Cognitive complexity	Brock (1962), Crockett (1965), Harvey (1967), Kerlinger (1967), Schroeder *et al.*, (1967), Scott (1963), Zajonc (1960)
	Assimilation-contrast	C. W. Sherif et al. (1965), M. Sherif & Hovland (1961)
	Perspective	Upshaw (1962, 1968), Ostorm & Upshaw (1968)
	Adaptation level	Helson (1964)
	Commodity	Brock (1968)

Learning behavior theory

```
                    ┌─ A. S-R approach ─┐
                                    ┌─► Lott (1955) Lott (1960) & Lott Rosnow (1968)
                    ┌─► Doob ◄──────┼─► Golightly & Byrne (1964)
Hull (1943) ────────┤               └─► Rhine (1958) Fishbein (1967)
Miller & Dollard (1941)

                    ┌─ B. Eclectic approach ─┐
                                    ┌─► McGuire (1968b, 1968c)
                    └─► Hovland, Janis, & Kelley ─┼─► Greenwald (1968)
                                    └─► McGuire (1964)
```

Cognitive integration

```
              ┌─ C. Consistency approach ─┐
                                                            ► Newcomb (1953, 1961)
                              ┌─► Cartwright ──────► Abelson & Rosenberg (1958)
                              │    & Harary (1956)
Lewin ────► Heider ───────────┤
(1935, 1951)  (1946)          ├─► Osgood ──────────► Rokeach & Rothman (1965)
                              │    & Tannenbaum
                              ├─► Festinger (1957) ─► Brehm & Cohen (1962)
                              ├─► McGuire (1960)
                              ├─► Zajonc (1960) ───► Brock (1962)
                              └─► Kelly (1955) ────► Bieri (1965) Crockett (1955)
```

```
              ┌─ D. Functional approach ─┐
              Smith (1947) ┬─► Smith, Bruner & White (1956)
                           │  Kelman (1958)  Katz & Stotland (1959)
                           │
                           └─► Rosenberg (1956) Peak (1955)  Fishbein (1963)
Thurstone─ ─ ─ ─ ─ ─ ─ ─ ─ ─ ─ ─ ─ ─ ─ ─ ┐
(1928, 1931)  ┌─ E. Judgment approach ─┐ │
              Sherif & Cantril ────► Sherif & Hovland (1961)
              (1945, 1946, 1947)       Helson (1964)
```

図 I -2-3　態度理論の流れ

こうした分類を参考にして、"流れ"を中心とした観点に立って、われわれは図Ⅰ-2-3に示すような態度理論の分類統合を行ってみた。

A. S-R approach

学習理論の観点から態度概念の記述を行ったのはDoob (1947) が最初である。Doob によると態度は次のように定義される。

1. 潜在的な (implicit) 反応である。
2. 外的な (overt) 反応パターンに関して予期的、媒介的である。
3. 種々の刺激パターンによって、また、既成の学習もしくは般化、弁別勾配の結果として喚起される。
4. 態度自身手掛りや動因を生み出させる。
5. 個人の社会の中で、社会的に有意味と考えられるものである。

こうした行動理論の枠組での態度の理論化の背景には、Hull (1943) やMiller & Dollard (1941) らの研究があげられる。単に態度を特定の刺激事態に対応する外的な感情反応と考える初期のS-R論者 (Thorndike, 1935, Lorge, 1936) とは異なり、微小先行目標反応 (fractional antedating goal response) という特性をもつ媒介過程として態度概念を定義することにより、概念的な柔軟性をもたせているという点でDoobの理論化はすぐれている。しかしDoob自身は自分の理論を検証するための実験的検証は行っておらず、いわば試論の域を脱しないものであったが、彼の包括的な理論化は、後に輩出する研究者達の礎となっていたのである。

Lott (1955) は、ニュートラルな経験を持っている対象に対するポジティブなpreferenceすなわち態度が、媒介般化を通じて形成されうることを実験的に検討した。更にLott & Lott (1960) は、対人関係におけるattractionをS-R理論の観点から考察している。まず対人関係における相手は弁別可能な刺激とみなされ、その刺激に対する反応は学習される。次に、ある行動に関して報酬を経験した人は、その報酬に対して反応するであろう。つまりその人は、ある観察可能な目標反応 (R_Gあるいはr_g) を遂行するであろう。更に報酬に対するこうした反応は、強化の時に存在するすべての弁別可能な刺激に対して条件づけられるだろう。そして最後に個人Xが報酬を受

けたときに一緒にいる人（SP）はこのようにして、R_G もしくは r_g-s_g（微小予期目標反応）を喚起させるようになる。こうしたことから Lott & Lott (1968) は、attraction を感じている相手が二次的強化因（secondary reinforcers）として機能しうるし、また，motivator としての働きをすると考え、その実証的検討を行った研究を紹介している。

こうした Lott & Lott の研究と関連のあるものとして Golightly & Byrne (1964) の Effectance motivation 理論があげられる。Golightly & Byrne は弁別学習作業を用いて、被験者の意見と類似した態度ステイトメントが正しい答えの後に提示された場合、あるいは逆に、類似していないステイトメントが誤った答えの後に提示された場合、そうした態度ステイトメントが強化刺激として働くことを実験的に検証した。換言すれば、種々の事柄に関して他人の同意が行われることは、それ自体報酬としての機能を果たし、又逆に、他人による非同意は罰として働くのである。

Stimulus generalization というラベルで分類されている Rosnow の理論 (1968) は、「効果の波及」という観点から、説得的コミュニケーションと態度形成の問題を扱っている。報酬事態と二面的コミュニケーションとの間の接近は、時間的に報酬に近い側のコミュニケーションに反応する傾向を促進させ、罰事態との接近は、そうした反応を弱めたり抑制したりするという仮説をたてて検証している。

Rhine (1958) は、Concept formation の考えを態度形成の問題に適用し、図 I-2-4 でもって理論化をはかっている。まず第一次概念形成の段階において、多くの刺激が共通の媒介反応に条件づけられ、共通の mediator によってこうした刺激は1つのシステムに組織化される。たとえば、皮膚の色合い（S）が「黒い皮膚」という r_1 に条件づけられる。次にはこの r_1 が別の r_1（たとえば「厚い唇」）と連合することによって「ニグロ」という mediator (r_2) に導かれるかもしれない。この段階は第二次概念形成であるが、ここではまだどんな評価も含まれていないので、態度というものは存在していない。しかし少なくとも、第一次概念のうちの1つが評価的反応をもつ時には、態度が存在しているとみなす。評価的次元の刺激（Se）としては、「きたな

い」、「鈍感な」、「無作法な」、といったものであるが、こうした Se は連合して「悪い」という評価反応（r_{1e}）を喚起させるようになる。こうした r_{1e} と r_1 とが連合して「ニグロ」に対する態度が形成されるのである。

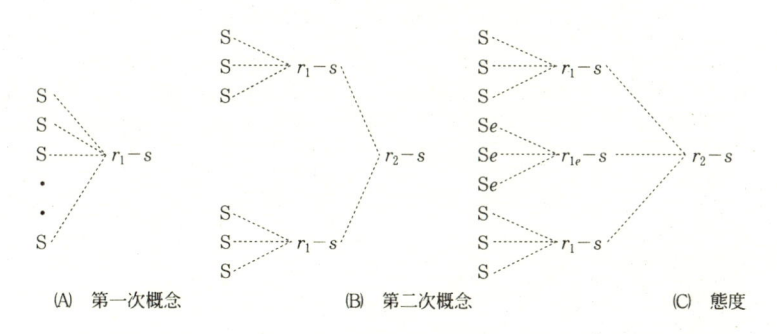

S＝第一次刺激；Se＝評価的刺激；r_1＝第一次 mediator；r_{1e}＝第一次評価的 mediator
r_2＝第二次 mediator；s＝mediator によって生じた刺激

図 I -2-4　刺激反応による概念と態度の説明

　これに対して Fishbein（1967a）はあらゆる概念はすべて評価的成分を含むと考える。すなわち態度とはあらゆる概念と連合した評価的反応なのである。Fishbein の態度形成に関するモデルは図 I -2-5 に示されている。A においては、種々の皮膚の色合いといった「第一次刺激」は、「黒い皮膚」という概念すなわち mediator（r_1）を喚起させるが、それらは又同時に評価反応（r_{1e}）をも喚起させる。このように媒介過程を通じて総和した評価的反応は「黒い皮膚」という mediator あるいは概念と連合されるのである。次には B に見られるように、他の第一概念 mediator によって生み出された刺激（たとえば「厚い唇」、「ちぢれ毛」は、「ニグロ」という概念すなわち第二次 mediator とそれと同時に評価反応を喚起させる。従って将来において、「ニグロ」という概念は評価的反応すなわち態度を喚起させるようになると Fishbein は考えるのである。

28　社会的態度の理論・測定・応用

(A) 態度を伴なった第一次概念　　(B) 態度を伴なった第二次概念

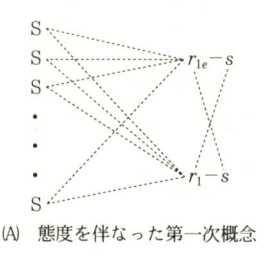

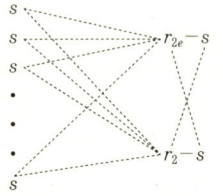

S=刺激；r_1=第一次 mediator；r_{1e}=第一次評価的 mediator；r_2=第二次 mediator
r_{2e}=第二次評価的 mediator；s=mediator によって生じた刺激

図Ⅰ-2-5　態度形成の一般的モデル

B．Eclectic approach

　S－R理論を中心としたアプローチにおいては、態度の獲得、形成、変容といったものを、基本的な学習原理で説明していこうとする。従って、「般化」、「条件づけ」、「強化」、「効果の波及」、さらには Hull の「$_S E_R = _S H_R \times D \times J \times K$」といった公式を持ち出してきて、態度のメカニズム自体をアナロジカルに説明、記述しようとする。こうした立場はむしろ基本的な研究に属するものと考えられるが、これに対して Hovland を中心としたアプローチは応用的、実践的なところから出発している。Hovland が態度理論の領域に入ったきっかけは、周知の通り第二次世界大戦中の戦時局報道教育部内での一連の研究活動を通じてである。その後イェール大学において Hovland はすぐれたリーダーシップを発揮して「態度変容とコミュニケーション」に関する組織的な研究に従事することになる。Hovland らの包括的な研究について詳細に述べる余裕はないが、要するに彼らの関心が向けられていたのは、種々の外在的な変化（送り手、メッセージ内容、メディア状況）が、受け手の媒介過程（注意、理解、受容）を通じて、態度変容と総称される反応に効果を及ぼす過程であった。

　こうした流れの中で、特に受け手の媒介過程にスポットをあてたのが Greenwald（1968）の cognitive response 理論である。従来の Hovland et al. に発する態度変容と説得的コミュニケーションに関する一連の実験においては、内容の保持、学習といったものが説得的コミュニケーションの効果

を論じる場合に重要であると仮定されてきた。こうした仮定の背景には、個人は認知を持って生まれるのではなく、後の学習によって認知が獲得されるという考えが存在している。従って、説得的コミュニケーションを与えるということは、態度の認知的成分を保持、学習することを意味する。このことを Greenwald は、認知的学習（cognitive learning）と呼ぶわけであるが、従来のコミュニケーションの影響過程においてはこの過程が重要視されていた。すなわち、説得的コミュニケーション→認知的学習（コミュニケーション内容の保持）→態度変容といった図式を仮定していたわけである。これに対して Greenwald は、説得に対する認知反応（cognitive response to persuasion）と認知的学習という2つの過程の結合といった観点から態度変容の問題を論じる。すなわち、コミュニケーション→説得に対する認知的反応の学習→態度変容といった影響段階を考える。Greenwald のいう認知的反応とは、態度対象と関連する認知についてのアクティブなリハーサル（rehearsal）（必ずしも外的なものである必要はない）のことであり、態度変容が生じるための媒介過程である。人は情報を受け取った場合、その説得を受けるか、拒否するか、といった決定にせまられた時、その人は新しい情報を自分自身の態度、知識、感情などと関連づけようとする。こうした場合、人は説得的メッセージそれ自身を越えて実質的な認知内容のリハーサルを行う傾向があると仮定されるが、こうした過程を Greenwald は認知的反応と呼ぶ。Greenwald の考え方の基本には、コミュニケーションが受容される時に働くいわゆる認知的過程に注目しつつ、それが保持される学習過程を結びつけようとするねらいがある。その意味では折衷的なアプローチといえよう。

　Hovland の弟子である McGuire は多くのすぐれた理論を提示しているが、その中でも Inoculation 理論は特に独創的なものである（McGuire, 1964）。別名、免疫理論（immunization theory）とも呼ばれるこの理論は、生物学的な免疫機能のアナロジーから由来している。病気に対して生物学的抵抗を作り出す方法として第一に考えられるのは、十分な休養、栄養のある食事、ビタミン剤の補給といった支持的な療法による場合と、第二には、弱められ

たビールスを体内に注入することによってより強いビールスに対する抵抗力をつけるようにさせることである。

こうしたアナロジーから McGuire は、説得に対する抵抗といった観点に注目する。従来の研究においてはいかに態度を変容させるかといった側面にもっぱら焦点が置かれていたが McGuire は「いかに変化に対する抵抗力をつけるか」といった逆の側面に光をあてる。彼の場合も、生物学的な抵抗力をつけるのと同様に、説得事態においても抵抗力を形成させる方法として次の2点を考える。1つは、支持的な情報や議論を与えることによって態度を健全なものにしておくことであり、もう1つは、弱められた反対議論を与えることにより、説得に対する免疫をつけることである。そして McGuire は説得的コミュニケーションのトピックスとして cultural truism を用いている。たとえば「できることなら毎食後、歯をみがいた方がよい」という風に、個人のノーマルな観念環境においては、ほとんどそれに反対する情報がなく、そもそも反対する可能性の存在すら考えられない信念が存在する。こうした一般に共有されている信念のことを cultural truism と呼ぶのである。こうした cultural truism を用いて研究を行った結果、一般的には、あらかじめ接種によって個人の態度に抵抗力をつけておいた方が、説得的コミュニケーションに対する抵抗力が高いことが見い出されている。こうした理由として McGuire は practice と motivation という言葉で説明する、すなわち、反対議論が存在していない一枚岩的信念環境においては、自己の信念を防御することに慣れていない (practice の欠如)。また、反対議論を含んだ情報には threat が含まれているので、そうした情報が与えられた場合には、自己の信念を守ろうとする動機づけが働くからだと McGuire は説明するのである。

C. Consistency approach

この流れの歴史は Heider (1946) とともに始まるが、一貫性理論の間接的源流として Brown (1962) は Lewin (1935) と Miller (1944) による葛藤 (conflict) の3つの類型 (接近－回避、接近－接近、回避－回避) と、Heider のバランス理論との類似性について叙述している。たとえば、接近－回避の葛藤に関しては、飢えの動因をかけたネズミの前に食物を置く場合、

食物の所へ到達するためには電気ショックを受けねばならない。こうしたネズミの状況をバランス理論の観点から説明すると、食物はポジティブに評価された対象で、電気ショックはネガティブに評価された対象とみなされる。そして一方への接近は、また他方への接近であるといったように2つのものは一緒なので、この2つの認知的な対象の間にはポジティブなボンドが存在する。異なった記号対象がポジティブなボンドで結ばれているのはHeiderのいうインバランス（imbalance）とみなされる（図Ⅰ-6a）。

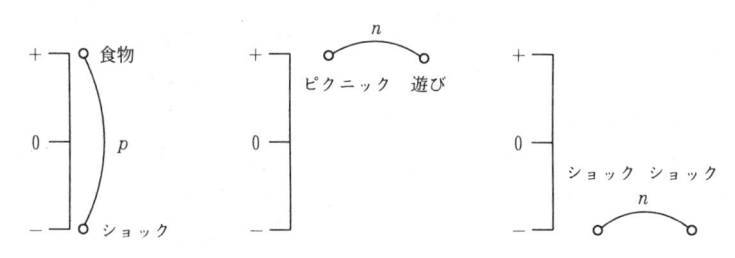

(a) 接近－回避の葛藤　；　(b) 接近－接近の葛藤　；　(c) 回避－回避の葛藤

図Ⅰ-2-6　バランス理論の観点から見た葛藤理論

また、ピクニックに行くか、あるいは近所の友人と遊ぶか、という二者択一をせまられた子どもの例は、接近－接近の葛藤状況と考えられ、図Ⅰ-2-6のbにあたるものである。ポジティブに評価された2つの対象がネガティブなバンドで結合されており、インバランスな状態と考えられる。

次に図Ⅰ-2-6のcは、回避－回避の例で、2つのネガティブなバンドで結合されている。そしてこれはインバランスの条件である。

Brownの指摘するように、葛藤理論の興味の焦点は、対象に対して接近したり、対象を回避したりする総体的な行動にあり、一方バランス理論は認知的な適応（adjustment）といった点に関心を示しているという差違は存在するけれども、一貫性理論の源がLewin特にゲシュタルト理論にまでさかのぼることは疑いのない事実である。

たとえば、バランスに向かう力は、形態の知覚における、"よき"形態に向かうGestalt forcesと同じような性格をもつし、また態度（sentiment）という概念はKohlerもしくはKoffkaが、ego-object forcesと呼ぶところ

のものから由来している（Heider, 1960）。

Newcomb（1953, 1961）は、Heiderのバランス理論をコミュニケーション行動や対人的方向づけ（interpersonal orientation）に適用することにより、相互作用理論の枠組内で理論的展開をはかった。とりわけ「AとBがどのように知己の間柄になっていくのか」という問題がその出発点になっている。AとBとがXという情報を媒介として相互伝達する過程をA－B－Xシステムないし方向づけのシステムと名づける。Newcombの興味はHeiderのそれのように、一人の人間の主観的な生活空間ではなく、むしろ客観的なシステムである。そしてAとBとがXという事柄に関して、食い違いがあれば何らかの変化が起こり、シンメトリーに向かうと仮定する。

Osgood & Tannenbaum（1955）の適合性理論は、sourceとconceptとが主張を媒介として結合された場合、個人の持っている準拠枠との適合性を増大させる方向にsource、conceptに対する態度が変化するであろうと仮定する。そしてsource、conceptに対する態度変容の予測式として次のようなものを提出した。

$$A_s = \frac{|d_c|}{|d_s|+|d_c|} + P_s \pm i$$

$$A_c = \frac{|d_s|}{|d_s|+|d_c|} + P_c \pm i$$

A_s＝sourceに対する態度変容の方向と量

A_c＝conceptに対する態度変容の方向と量

d_s＝sourceに対する最初の態度値

d_c＝conceptに対する最初の態度値

主張が結合的な時には

$P_s = d_c - d_s$, $P_c = d_s - d_c$

主張が分離的な時には

$P_s = -d_c - d_s$, $P_c = -d_s - d_c$

iは不信頼のための修正値

$(i = a(d_s^2+b)(d_c^2+d_c)$ $a=1/40$, $b=1)$

また Rokeach & Rothman（1965）は、ゲシュタルト的な観点に立って、2つの関係づけられた判断対象の均衡点を次のような予測式で表している。

$$d_{cs} = (w)d_c + (1-w)d_s$$

d_{cs} = characterized subject の分極化の程度

d_c = characterization の分極化の程度

d_s = subject の分極化の程度

$(w) = d_s$ に対する d_c の知覚された重要性の程度

$(1-w) = d_c$ に対する d_s の知覚された重要性の程度

　McGuire（1960）による Logical-affective consistency は、2つの仮定すなわち論理的思考（logical thinking）と希望的思考（wishful thinking）に基づいている。論理的思考とは公式的論理のルールに従って個人の諸信念を一致させようとする傾向であり、一方、希望的信念とは個人の信念を自己の希望と一致させるような傾向のことである。

　信念の測度としては、ある主張に対して、どれぐらい正しいと信じているか、といった確率次元での評定で求められ、また、希望の測度はどれくらい望ましいか、といった次元で求められる。

　そして希望的思考は、「確率次元」と「望ましさの次元」との相関で表わされ、一方、論理的思考は大前提、小前提、結論という三段論法の論理と確率理論とを結びつけ、前提条件と結論との相関で表わされる。

　たとえば、

　a．大きな核戦争が起こると、少なくとも地球人口の半分は死ぬだろう。

　b．大きな核戦争はここ10年以内に起こるかもしれない。

　k．核戦争以外の原因でここ10年以内に少なくとも地球人口の半分は死ぬかもしれない。

　c．少なくとも地球人口の半分はここ10年以内に死にみまわれるかもしれない。

といった例で考えてみよう。

　この場合、cが正しいと予測された確率は、aとbとが正しいという確率の積とkが正しいという確率を加えたものに等しいと仮定され、McGuire

は次のような公式で表わす。

$$P'(c) = P(a)P(b) + P(k)$$

要するに、大前提と小前提との積は結論と一致した関係にあるということを意味する。

こうした仮定から出発して、もしいくつかの不一致な信念が一緒に引き出されたならば、そこで個人は不一致に気づき、論理的一貫性の程度が増大するように個人の信念を変化させる、と McGuire は考え、この過程を Socratic effect と呼んだ。

またこうした論理的側面の一貫性は、希望的思考によってゆがめられることをも示した。つまり、結論の方が前提よりも望ましい時には、結論は論理によって予測された値よりも高いこと、また逆に、結論が前提ほど望ましくない時には、論理が必要とするより少ない値を示すことが見出された。

D. Functional approach

Smith (1947) は主に世論調査的な方法を駆使して、特に態度がパーソナリティ・ダイナミックスの中で作用する機能にスポットをあてた。当時ほとんどの態度研究者達は、Thurstone、Likert、Guttman 尺度を用いてポジティブないしネガティブといった一元的なものをもっぱら測定していた。しかし、Smith の方法は方法論的な狭さはあるが、深層インタビュー (depth interview) と質問紙調査とを結びつけたアプローチの仕方をとり、むしろ質的な方法による態度の記述といった方向をとった。そして態度成分を感情的、認知的、政策志向的側面に分類した。「どう感じるのか」という感情成分の下位次元としては、賛成、反対といった方向と、関心の程度を示す強度とが、「どう考えているのか」という認知的成分の下位次元として、信念と知識を、情報文脈と短期的、長期的な時間的見通しという2つに分類された。政策志向的側面とは、態度対象に関して個人が行おうとする（対象に関してどうすべきか）行動過程であり、lability と passivity はこの要素の重要な次元である。

Smith は新しい情報の受容がすぐさま直接的に態度変化に導くことは仮定しなかった。情報それ自体は態度変容の決定要素だとは考えず、パーソナ

リティー構造内で態度によって働かされる機能の1つと、新しい情報とが関連する程度においてのみ、態度変容は達成されうると考えた。Smith は態度によって媒介されうる基本的なパーソナリティー機能として次の5つをあげている。

1. 価値機能　態度は個人の中心的価値を反映している。
2. 一貫性機能　態度はその人特有の反応の仕方と一致するように形成される。
3. 満足機能　態度は間接的にせよその人の基本的要求を満足させる。
4. 意味機能　態度は個人の知識と経験をより堅実な総合化されたものにするように働く。
5. 同調性機能　態度は自分の好きな社会的集団への同一化を表明させるように働き、その結果、そうした集団による受け入れを促進させる働きを持つ。

特に価値機能における態度と価値の相互関係として次のような仮説をたてる。つまり、態度の強化は、まず第一に、価値が態度によってかみ合わされている程度と、第二に、そうしてかみ合わされているすべての価値の重要性、中心性との関数である。こうした仮説は Smith の後の研究（1949）、Peak（1955）、Rosenberg（1956）に受け継がれ、特に Fishbein（1963）に次のような公式で価値と態度との関係を簡潔に示させるにいたったのである。

$$A_o = \sum_{i=1}^{N} B_i a_i$$

A_o＝対象 "O" に対する態度
B_i＝対象 "O" に対する信念 "i" の強度（対象が他の対象、概念、価値あるいは目標と関連する確率）
a_i＝B_i の評価的側面（関連する対象に対する態度）
N＝信念の数

また機能的アプローチの本流としては次のものがあげられるだろう。Smith、Bruner White（1956）のいう 1. 対象評価（object appraisal） 2. 社会的適応（social adjustment） 3. 外在化（externalization）の態度機

能、Kelman（1958）の 1．服従（compliance） 2．同一化（identification） 3．内在化（internalization）の機能、それに Kats & Stotland（1959）の 1．適応機能（adjustment function） 2．自我防衛機能（ego-defensive function） 3．価値表出機能（value-expressive function） 4．知識機能（knowledge function）等である。

E．Social judgment approach

Sherif & Hovland（1961）の assimilation-contrast 理論、Helson（1964）の adaptation level 理論は、いずれも知覚の分野の研究から由来している。特にその発想は Sherif & Cantril（1945, 1946, 1947）にまでさかのぼることができる。Sherif & Cantril の強調したものは、態度形成、変容における知覚過程の働きである。もちろん、動機づけ、学習といった原理を無視したわけではないけれど、最も基本的な段階として知覚過程（特に精神物理学的な判断過程）を取り上げる。

たとえば、われわれとは観点がかなり異なった見解を表明しているコミュニケーションについて、われわれ自身の意見位置を判断するように求められたならば、多分われわれは、意見を表明した人と自分自身との態度の間の食い違いを誇張するであろう。こうした誇張は、われわれとは意見が異なっているコミュニケーションについての要求とか、動機づけ的要因の結果でもなんでもない。それらはむしろ、ニュートラルな判断過程の結果なのかもしれない。このように社会的判断理論は、「一貫性に向かう要求」とか、「自分自身の意見、能力を評価しようとする要求」といった motivational なものとは無関係なのである。

準拠枠（frame of reference）という概念は、判断理論を理解するにあたって重要な概念であるが、準拠枠効果のもとでは、判断は次の4つの要因に依存している（Ostrom, 1968）。

1．かつて判断事態で出会った刺激。
2．背景刺激（background stimulus）
3．かつて判断事態で確立された係留点（anchorage）の存在。
4．特定の係留点あるいは前に形成された準拠枠をもつ過去の経験量。

これらを更に Ostrom（1968）は詳しく述べる。
1．かつて非常に好意的な信念に露呈されていれば、その個人は自分自身をそれほど好意的に見ることはないであろう。
2．他人の態度に関する知識は背景刺激として働くかもしれない。
3．自分自身の態度は前に確立された係留点として作用するかもしれない。
4．係留点あるいは準拠枠が用いられれば用いられるほど、ますますそれを変えることは難しくなる。

こうした知覚、判断理論から出発した社会的判断理論は、Sherif & Hovland（1961）、Sherif, Sherif & Nebergall（1965）、Helson（1964）らによって更に拡張、洗練されたのである。

Sherif & Hovland の assimilation-contrast 理論によると、個人の態度、意見は internal anchor、一方、説得的コミュニケーションは external anchor とみられ、この2つの anchor の食い違いが態度変容の現象と密接な関連性をもつとされる。

対比とは判断が anchor から遠ざかって動くということであり、同化とは anchor に向かって判断が移動するということである。換言すれば、Sherif & Hovland は態度次元を容認の範囲（latitude of acceptance）・拒否の範囲（latitude of rejection）・態度保留の範囲（latitude of noncommitment）といった3つの領域に分類し、ある説得的コミュニケーションが個人の容認範囲内に落ちたと知覚した場合には、実際のそのコミュニケーションの位置よりも自分自身の立場により近いと判断する傾向がある（同化効果）。一方、容認範囲外にコミュニケーションの位置が落ちたと知覚した場合には、それが実際にあるところのものよりも自分自身の立場とはかけ離れたものと判断する傾向がある（対比効果）。こうした容認拒否の範囲は、自我関与の度合いによっても変化する。すなわち、高い自我関与の場合には、容認範囲は狭く、拒否範囲は広い。だからコミュニケーションを通じての態度変容が生じる確率は少ない。逆に低い自我関与の場合には、容認範囲が広く、拒否範囲が狭く、態度変容が起こる確率は大きくなるのである。

おわりに

　最近、実験社会心理学的なアプローチによる態度変容の諸モデルがたくさん輩出してきた。それにともない態度の定義も多少混乱しているきらいがある。少なくともこうした理論の噴出という状況を前にして、態度の諸理論を分類、統合する作業は必要なことのように思われる。従ってこの論文においては、できる限り歴史的な展望に立って態度の諸理論の発展をその流れの源までさかのぼって概観しようと試みた。しかも、ここではなるべくわが国に紹介されていない論文にスポットをあててみた。たとえば Heider のバランス理論、Festinger の認知的不協和理論などは詳しい紹介があるのでこの論文では割愛し、今まで余り問題とされていなかった学習理論を中心とした態度形成の諸モデルなどに紙面をさいた。ただ、態度理論の全体像、overview といった観点に力点をおき各理論間の類似点、相違点、また批判点は一切省いたことをことわっておかねばならない。各理論の詳しい紹介、批判は稿をあらためて論じたい。

引用文献

1) Abelson, R.P. 1959 Modes of resolution of belief dilemmas. *Journal of Conflict Resolution*, **3**, 343-352.
2) Abelson, R.P., & Rosenberg, M.J. 1958 Symbolic psychologic: A model of attitudinal cognition. *Behavioral Science*. **3**, 1-13.
3) 飽戸 弘 1965 態度構造研究の方法論に関する諸問題－要因分析との関連を中心に－心理学評論, **9**, 267-288.
4) Allport, G.W. 1935 Attitudes. In Murchison (ed.) *A handbook of social psychology*. Worcester, Mass.; Clark Univer. Press. Pp. 798-844.
5) Allport, G.W. 1960 The open system in personality theory. *Journal of Abnormal and Social Psychology*, **61**, 301-311.
6) Asch, S.E. 1948 The doctrine of suggestion, prestige and imitation in social psychology. *Psychological. Review*, **55**, 250-276.
7) Baron, R.M. 1968 Attitude change through discrepant action: a function analysis. In A.G. Greenwald, T.C.Brock, & T. M. Ostrom (Eds.), *Psychological foundation of attitudes*. New York: Academic Press, Pp. 297-326.

8) Bem, D.J. 1965 An experimental analysis of self-persuasion. *Journal of Experimental Social Psychology*, **1**, 199-218.
9) Bem, D.J. 1967 Self-perception: An alternative interpretation of cognitive dissonance phenomena. *Psychological Review*, **74**, 183-200.
10) Bem, D.J. 1968 Attitudes as self-descriptions: Another look at the attitude-behavior link. In A.G.Greenwald, T.C.Brock, & T.M.Ostrom (Eds.) 1968 *Psychological foundations of attitudes*. New York: Academic Press. Pp. 197-215.
11) Bieri, J. 1955 Cognitive complexity-simplicity and predictive behavior. *Journal of Abnormal and Social Psychology*, **51**, 263-268.
12) Brehm, J.W. 1966 *A theory of psychological reactance*. New York: Academic Press.
13) Brehm, J.W. 1968 Attitude change from threat to attitudinal freedom. In A.G.Greenwald, T.C.Brock, & T.M.Ostrom (Eds.) 1968 *Psychological foundations of attitudes*. New York: Academic press, Pp. 277-296.
14) Brehm, J.W., & Cohen, A.R. 1962 *Explorations in cognitive dissonance*. New York: Wiley.
15) Brock, T.C. 1962 Cognitive restructuring and attitude change. *Journal of Abnormal and Social Psychology*, **64**, 264-271
16) Brock, T.C. 1968 Implications of commodity theory for value change. In A.G.Brock & T.M.Ostrom Greenwald (Eds.), *Psychological foundations of attitudes*. New York: Academic Press, Pp. 243-276.
17) Brown, R. 1962 Models of attitude change. In R.Brown, E.Galanter, E.Hess, & G. Mandler (Contributors) *New directions in psychology*, New York: Holt Rinehart & Winston, Pp. 1-85.
18) Byrne, D., & Clore, G.L. 1967 Effectance arousal and attraction. *Journal of Personality and Social Psychology* (Monograph), **6** (Whole No. 638).
19) Campbell, D.T. 1963 Social attitudes and other acquired behavioral dispositions. In S.Koch (Ed.), *Psychology: A study of a science*. Vol.6. New York: Mc Graw-Hill, Pp. 94-172.
20) Cartwright, D. & Harvey, F. 1956 Structural balance: A generalization of Heider's theory. *Psychological. Review*, **63**, 277-293.
21) Cooper, J.B. & McGaugh, J.L. 1966 Integrating principles of social psychology, Schenkman, U.S.A., Pp. 240-244 (In M.Johoda, & N.Warren (Eds.), *Attitude*, Penguin Books Ltd.).
22) Crockett, W.H. 1965 Cognitive complexity and impression formation. In B.A.Maher (Ed.)., *Progress in experimental personality research*. Vol.2. New

York: Academic Press, Pp.47-90.
23) Feldman, S. 1966 Motivational aspects of attitudinal elements and their place in cognitive interaction. In S. Feldman (Ed.), *Cognitive consistency: Motivational antecedents and behavioral consequents.* New York: Academic Press, Pp. 75-108.
24) Feldman, S. 1968 What do you think of a cruel, wise man? The integrative response to a stimulus manifold. In R.P.Abelson, E.Aronson, W.J.McGuire, T. M. Newcomb, M. J. Rosenberg, & P.H.Tannenbaum (Eds.) *Theories of cognitive consistency*: A source book, Chicago: Rand McNally, Pp. 744-755.
25) Festinger, L. 1954 A theory of social comparison process. *Human Relations,* **7**, 117-140.
26) Festinger, L. 1957 *A theory of cognitive dissonance.* New York: Harper & Row. (末永監訳 1965 認知的不協和の理論 誠信書房)
27) Fishbein, M. 1963 An investigation of the relationships between beliefs about an object and the attitude toward that object. *Human Relations,* **16**, 233-240.
28) Fishbein, M. 1967a A behavior theory approach to the relationships between beliefs about an object and the attitude toward the object. In M.Fishbein (Ed.) *Readings in attitude theory and measurement.* New York: Wiley, 1967, Pp.389-400.
29) Fishbein,M. 1967b Attitude and the prediction of behavior. In M. Fishbein (Ed.), *Readings in attitude theory and measurement.* New York: Wiley, Pp.477-492.
30) Fishbein, M.& Reven, B.H. 1962 The A. B. scales: An operational definition of belief and attitude. *Human Relations,* **15**, 35-44.
31) Golightly, C. & Byrne, D. 1964 Attitude statements as positive and negative reinforcements. *Science,* **146**, 798-799.
32) Green, B.F. 1954 Attitude measurement. In G. Lindzey (Ed.), *Handbook of social psychology.* Vol.1. Addison-Wesley, Pp.335-369. (城戸・富永訳 1957 態度測定 社会心理学講座 第3巻のI みすず書房)
33) Greenwald, A.G. 1968 Cognitive learning, cognitive response to persuasion, and attitude change. In A.G. Greenwald, T.C. Brock, & T.M. Ostorm (Eds.), *Psychological foundations of attitudes.* New York: Academic Press, Pp.147-170.
34) Harvey, O.J. 1967 Conceptual systems and attitude change. In C.W. Sherif & M.Sherif (Eds.), *Attitude, ego-involvement and change.* New York: Wiley, Pp.201-226.
35) Heider. F. 1946 Attitude and cognitive organization. *Journal of Psychology,*

21, 107-112.
36) Heider, F. 1960 The Gestalt theory of motivation. In M.R. Jones (Ed.) *Nebraska symposium on motivation*, Vol.8. Linkcrn: Univer. of Nebraska Press, Pp.145-172.
37) Helson, H. 1964 *Adaptation-level theory.* New York: Harper.
38) Hovland, C.I. 1948a Psychology of the communication process. In W.Schram (Ed.), *Communication in modern society.* Urbana, Ⅲ.: Univ. of Illinois Press, Pp.58-65.
39) Hovland, C.I. 1948b Social communication. Proc. Amer. Phil.Soc. **92**, 371-375.
40) Hovland, C.I., Janis, I.L., & Kelley. H.H. 1953 *Communication and persuation.* Yale Univer. Press, 1953.（辻・今井訳 1960 コミュニケーションと説得 誠信書房）
41) Hovland, C.I., Lumsdaine, A., & Sheffield, F. 1949 *Experiments on mass communication.* Princeton Univer. Press.
42) Hull, C. 1943 *Principles of behavior.* New York: Appleton.（能見・岡本訳 行動の原理 誠信書房1960）
43) Insko, C.A. & Schopler, J. 1967 Triadic consistency: A statement of affective-cognitive-conative consistency. *Psychological Review*, **74**, 361-376.
44) Janis, I, J, 1959 Motivational factors in the resolution of decisional conflicts. In M.R. Jones (Ed.) *Nebraska symposium on motivation.* Vol.7. Lincoln: Univer. of Nebraska Press. Pp. 198-231.
45) Janis, I., & Gilmore, J. 1965 The influence of incentive conditions on the success of role playing in modifying attitudes. *Journal of Personality and Social Psychology*, **1**, 17-27.
46) Janis, I., & Mann, L. 1968 A conflict-theory approach to attitude change and decision. In A.G. Greenwald, T.C. Brock, & T.M. Ostom(Eds.), *Psychological foundations of attitudes.* New York: Academic Press, Pp. 327-360.
47) Katz, D. 1960 The functional approach to the study of attitudes. *Public Opinion Quarterly*, **24**, 163-204.
48) Katz, D., & Stotland, E. 1959 A preliminary statement to a theory of attitude structure and change. In S. Koch (Ed.), *Psychology: A study of a science*, Vol. 3. Formulations of the person and the social context. New York: Wiley, Pp. 423-475.
49) Kelly, G.A. 1955 *The psychology of personal constructs.* New York: Norton.
50) Kelman, H. 1958 Compliance, identification and internalization: Three process of attitude change. *Journal of Conflict Resolution*, **2**, 51-60.
51) Kerlinger, F.N. 1967 Social attitudes and their criterial referents: A structural

theory. *Psychological Review,* **74**, 110-122.
52) Krech, D., Crutchfield, R.S., & Ballachey, E.L. 1962 *Individual in society.* New York: McGraw-Hill.
53) Latané, B. (Ed.) 1966 Studies in social comparison. *Journal of Experimental Social Psychology,* Supplement 1.
54) Lewin, K. 1935 *Dynamic theory of personality.* New York: McGraw-Hill. (相良・小川訳 1961 パーソナリティーの力学説 岩波書店)
55) Lewin, K. 1951 *Field theory in the social sciences.* New York: Harper. (猪股訳 1956 社会科学における場の理論 誠信書房)
56) Lippman, W. 1922 *Public Opinion.* New York: Harcourt, Brace.
57) Lorge, I. 1936 Prestige suggestion and attitudes. *Journal of Social Psychology,* **7**, 386-402.
58) Lott, A. J., & Lott, B.E. 1968 A learning theory approach to interpersonal attitudes. In A.G. Greenwald, T.C. Brock, & T.M. Ostrom (Eds.) *Psychological foundations of attitudes.* New York: Academic Press, Pp. 67-88.
59) Lott, B.E. 1955 Attitude formation: The development of a color-preference response through mediated generalization. *Journal of Abnormal and Social Psychology,* **50**, 321-326.
60) Lott, B.E., & Lott, A.J. 1960 The formation of positive attitudes toward group members. *Journal of Abnormal and Social Psychology,* **61**, 297-300.
61) McGuire, W. J. 1960 A syllogistic analysis of cognitive relationships. In M. J. Rosesnberg, & C.I. Hovland (Eds.) *Attitude organization and change.* New Heaven: Yale Univer. Press, Pp.65-111.
62) McGuire, W.J. 1964 Inducing resistance to persuasion. In L. Berkowitz (Ed.), *Advances in experimental social psychology.* Vol. 1. New York: Academic Press, Pp.191-229.
63) McGuire, W.J. 1968 Nature of attitudes and attitude change. In. G. Lindzey, & E. Aronson (Eds.), *Handbook of social psychology.* Vol. 3. Reading, Mass: Addison-Wesley, Pp.136-314. (a)
64) McGuire, W.J. 1968 Personality and attitude change: An information-processing theory. In A.G. Greenwald, T.C. Brock, & T.M. Ostrom (Eds.) *Psychological foundations of attitudes.* New York: Academic Press, Pp. 171-196.(b)
65) McGuire, W.J. 1968 Personality and susceptibility to social influence. In E.F. Borgatta, & W.W. Lambert (Eds.), *Handbook of personality theory and research.* Chicago: Rand McNally.
66) Miller, N.E. & Dollard, J. 1941 *Social learning and imitation.* New Haven:

Yale Univer. Press. (山内・祐宗・細田訳 1956 社会的学習と模倣 理想社)
67) Miller, N.E. 1944 Experimental studies of conflict. In J. McV. Hunt (Ed.), *Personality and the behavior disorders*, Vol. 1. New York: Ronald Press.
68) Newcomb, T.M. 1943 *Personality and social change*. New York: Holt.
69) Newcomb, T.M. 1953 An approach to the study of communicative acts, *Psychological Review*, **60**, 393-404.
70) Newcomb, T.M. 1961 *The acquaintance process*. New York: Holt.
71) Newcomb, T.M., Turner, R.H., & Converse, P.E. 1965 *Social psychology*. New York: Holt, Rinehart, & Winston.
72) Osgood, C.E., Suci, G., & Tannenbaum, P.H. 1957 *The measurement of meaning*. Urbana: Univer. of Illinois Press.
73) Osgood, C.E., & Tannenbaum, P.H. 1955 The principle of congruity in the prediction of attitude change. *Psychological Review*, **62**, 42-55.
74) Ostrom, T.M. 1968 The emergence of attitude theory: 1930～1950. In A.G. Greenwald, T.C. Brock, & T.M. Ostrom (Eds.), *Psychological foundations of attitudes*. New York: Academic Press, Pp.1-32.
75) Ostrom, T.M., & Brock, T.C. 1968 A cognitive model of attitudinal involvement. In R.P. Abelson, E. Aronson, W.J. McGuire, T.M. Newcomb, M.J. Rosenberg, & P.H. Tannenbaum (Eds.), *Theories of cognitive consistency*: A sourcebook, Chicago: Rand McNally, Pp. 373-383.
76) Ostrom, T.M., & Upshaw, H.S. 1968 *Psychological perspectives and attitude change*. In A.G. Greenwald, T.C. Brock, & T.M. Ostrom (Eds.), Psychological foundations of attitudes. New York: Academic Press, Pp. 217-242.
77) Peak, H. 1955 Attitude and motivation. In M. Jones (Ed.), *Nebraska symposium on motivation*. Vol. 3. Lincoln: Univer. of Nebraska Press, Pp. 149-188.
78) Rhine, J. 1958 A concept-formation approach to attitude acquisition. *Psychological Review*, **65**, 362-370.
79) Rokeach, M. 1960 *The open and closed mind*. New York: Basic Books.
80) Rokeach, M. 1968 *Beliefs, attitudes and values: A theory of organization and change*. San Francisco: Jossey-Brass.
81) Rokeach, M., & Rothman, G. 1965 The principle of belief congruence and the congruity principle as models of cognitive interaction. *Psychological Review*, **72**, 128-172.
82) Rosenberg, M.J. 1956 Cognitive structure and attitudinal affect. *Journal of Abnormal and Social Psychology*, **53**, 367-372.
83) Rosenberg, M.J. 1960 An analysis of affective-cognitive consistency. In M.J.

Rosenberg, & C.I. Hovland. (Eds.), *Attitude organization and change*. New Heaven: Yale Univer. Press, Pp. 15-64.
84) Rosenberg, M.J., & Hovland, C.I. 1960 Cognitive, affective and behavioral components of attitude. In M.J. Rosenberg, & C.I. Hovland (Eds.), *Attitude organization and change*. New Heaven: Yale Univer. Press, Pp. 1-14.
85) Rosnow, R.L. 1968 A "spread of effect" in attitude formation. In A.G. Greenwald, T.C. Brock, & T.M. Ostrom (Eds.), *Psychological foundations of attitudes*. New York: Academic Press, Pp. 89-107.
86) Sarnoff, I. 1960 Psychoanalytic theory and social attitudes. *Public Opinion Quarterly*, **24**, 251-279.
87) Schroder, H.M., Driver, M.J., & Strenfert, S. 1967 *Human information processing*. New York: Holt.
88) Scott, W.A. 1963 Conceptualizing and measuring structural properties of cognition. In O.J. Harvey (Ed.), *Motivation and social interaction*. New York: Ronald Press, Pp. 266-288.
89) Shaw, M.E.,& Wright, J.M., 1967 *Scales for the measurement of attitudes*. New York: McGraw-Hill.
90) Sherif, C.W., Sherif, M., & Nebergall, G.E. 1965 *Attitude and attitude change: The social judgment-involvement approach. Philadelphia*: Saunders.
91) Sherif, M., & Cantril H. 1945 The psychology of attitudes: Ⅰ. *Psychological Review*, **52**, 295-319.
92) Sherif, M., & Cantril H. 1946 The psychology of attitudes: Ⅱ. *Psychological Review*, **53**, 1-24.
93) Sherif, M., & Cantril H. 1947 *The psychology of ego-involvements*. New York: Wiley.
94) Sherif, M., & Hovland, C.I. 1961 *Social judgment*. New Heaven: Yale Univer. Press.
95) Sherif, M., & Sherif, C.W. 1969 *Social psychology*. Harper.
96) 島田一男・菊池章夫 1965 社会的態度の研究史 －問題意識と方法論を中心に－ 心理学評論, **9**, 190-212.
97) Smith, M.B. 1947 The personal setting of public opinions: A study of attitudes toward Russia. *Public Opinion Quarterly*, **11**, 507-523.
98) Smith, M.B., Bruner, J.S. and White, R.W. 1956 *Opinions and personality*. New York: Wiley.
99) Staats, A.W. 1967 An outline of an integrated learning theory of attitude formation and function. In M. Fishbein (Ed.) *Readings in attitude theory and*

measurement. New York: Wiley, Pp. 373-376.
100) Staats, A.W. 1968 Social behaviorism and human motivation: principles of the attitude-reinforcer-discriminative system. In A.G. Greenwald, T.C. Brock, & T.M. Ostrom (Eds.) *Psychological foundations of attitudes.* New York: Academic Press, Pp. 33 -66.
101) Thorndike, E.L. 1935 *The psychology of wants, interests and attitudes.* New York: Appleton.
102) Thurstone, L.L. 1928 Attitude can be measured. *American Journal of Sociology*, **33**, 529-554.
103) Thurstone, L.L. 1929 The theory of attitude measurement. *Psychological Review*, **36**, 222-241.
104) Thurstone, L.L. 1931 The measurement of social attitudes. *Journal of Abnormal and Social Psychology*, **26**, 249-269.
105) Upshaw, H.S. 1968 The personal reference scale. In L. Berkowitz (Ed.), *Advances in experimental social psychology.* Vol. 4. New York: Academic Press.
106) Weiss, R.F. 1962 Persuasion and the acquisition of attitude: Models from conditioning and selective learning. *Psychological Reports*, **11**, 709-732.
107) Weiss, R.F. 1968 An extension of Hullian learning theory to persuasive communication. In A.G. Greenwald, T.C. Brock, & T.M. Ostrom (Eds.) *Psychological foundations of attitudes.* New York: Academic Press, Pp. 277-296.
108) Zajonic, R.B. 1960 The process of cognitive tuning in communication. *Journal of Abnormal and Social Psychology*, **61**, 159-167.

第3章 態度構造と変容

― 一貫性理論と総和理論に関する概観 ―

はじめに

「一貫性原理についての理論的な概念は、長い過去と短い歴史を持つ。」とは、かの有名な Ebbinghaus の言葉を McGuire[53] がもじったものである。かつては論理的な人間という中世の概念や経済学における合理的な人間という概念から現在においてはバランスの概念にいたるまで、一貫性の概念は包括的な意味を含蓄してきた。合理的な人間という概念は、科学の初期の時代においては、人間行動を説明する響導仮定として非常に人気があった。その後、合理的な人間という概念は、行動科学の中で長い間日の目を見なかった。しかしながら現在では、態度構造論の文脈の中で再び脚光を浴び、一貫性の概念のルネッサンスと呼んでも過言ではないだろう。

現在の一貫性原理についての理論的基盤は、Heider[34] の「バランスに向かう傾向」から出発している。Heider の理論について最も完全な研究は、「対人関係の心理学」と題する本に見られる。[35] そして Heider の理論は、Carwright & Harary[15] の「バランス構造」や Abelson & Rosenberg[2] の「バランスマトリックス」に受け継がれている。Newcomb[55] は、異なった形にバランス理論を適用し、「シンメトリーに向かう緊張」という仮説を提出した。一方、Osgood & Tannenbaum[63] は、「適合を増大させる方向」という仮定に基づき、少々異なった文脈で理論化を行った。同様の傾向は Rokeach[70] にも見られる。また最も有名な理論として Festinger[21] による「認知的不協和」理論がある。

種々の文脈や用語によって使用されている一貫性の概念を代表的なものだけ整理してみると表 I-3-1 のようになる。

表 I-3-1 一貫性 (consistency) の概念

	一貫性 (consistency)	非一貫性 (inconsistency)
Heider	バランス (balance)	インバランス (imbalance)
Newcomb	シンメトリー (symmetry)	アシンメトリー (asymmetry)
Osgood と Tannenbaum	適合 (congruity)	不適合 (incongruity)
Festinger	協和 (consonance)	不協和 (dissonance)

以上のように概念化においては異なっているけれども、基本的な考え方は同じである。すなわち人間は、対人関係間、個々の認知間あるいは感情、信念、行動間において、内部的な非一貫性を最少にするような仕方で行動する。従って不一致、非一貫性が生じた際には、それは一種の心理的な緊張状態である。そうした緊張は、人間にとって不安定な状態であるので、緊張緩和に向かって作用が起こる。その結果が認知的変化であり、別の言葉で述べるなら態度変容である。このような考え方の背景を辿るならば、生理学者 Cannon, W. B. が唱えた「ホメオスタシス (Homeostasis)」という概念に到達する。

一貫性原理に基づく理論は、態度構造研究においては、認知理論という枠組みの中で論じられていることが多い。しかしながら一体一貫性理論が、態度理論の文脈の中で、どのような位置を占めているのか、ということは必ずしも明確ではない。特にわが国においてはその感が強い。たとえば、飽戸[4]は、態度構造研究における系譜を2つに分け、「態度構造論」と「態度成分論」という対比で把握している。前者は、Thurstone[91]、Carlson[12]、Ferguson[18]、Eysenck[17]、Sanai[71]、わが国では、田中[87]、藤野・岡路・福島[30]、河村・四方[41]などの研究によって代表される立場であり、後者は、Krech & Cruntchfield[45) 46)]、Smith[84]、Katz & Stotland[40]、Rosenberg[75]などによって代表される立場である。飽戸は特に認知理論との関連を「態度成分論」でとらえようとしている。飽戸の言葉[4]を借りるなら、「態度成分論」における研究の関心は、「a prioriに設定された、いくつかの（一般に、2つ又は3つの）成分により、態度の構造なるものを近似的に構成し、それらの成分間の一致、不一致、不一致の程度と変化の可能性、変化の様相など

について考察しよう」とするところにある (P. 269)。しかしながら彼は、注において一連のバランス理論、認知理論の流れを、「態度成分論」における志向とは区別したい、と述べている。なぜなら、認知的「要素」や要素間の「関係」が互いに均衡の状態にあるかないか、その時どう変化して均衡を達成しようとするのか、といった点に認知理論は焦点を置くので、どのような成分を設定すべきか、その結果設定された特定の成分間の均衡は？といった「態度成分論」の関心は副次的なものであるからである。このように認知理論が、態度理論の文脈の中で占める位置は比較的あいまいである。従って筆者らは、この一連の認知理論を、一貫性という概念で包括的に把握し、一方では、態度変容のダイナミックスを説明する基本的な原理として一貫性を仮定しつつ以下論を進めよう。

一貫性理論

1-1 Heider のバランス理論

　バランス理論の歴史は Heider[34)][35)] とともに始まる。いわゆる常識心理学から出発した Heider[35)] は、「対人関係の心理学」により、彼の理論を集大成している。この本では、タイトルが意味するよりも、むしろより広い人間の知覚や思考といった研究をも含んでいる。Heider のバランス理論は、一種の社会的知覚の理論である。しかしながら、知覚の社会的な決定要素に関心を持つ多くの社会的知覚論とは異なり、Heider は知覚それ自体を扱う。そして社会的知覚は、Gestalt - Like 構造原理、Gestalt - Like dynamics に従うのである。Heider は、人間と人間との関係あるいは人間と実体との関係が、個人によって認知的に経験される様式に関心を持った。Heider は関係を感情（sentiment）関係と単位（unit）関係とに分類する。感情関係とは、好意、賞賛、賛成、愛すること等を含む態度的、評価的関係である。一方、単位関係とは、人と対象(実体)や二つの対象が互いに結びつき、一つの全体として知覚された単位に帰着する。たとえば類似、近親、因果関係、会員、所有などがその例である。感情関係おける好き、好意的などは肯定的（positive）、嫌い、非好意的などは否定的（negative）と考えられる。単位

関係では、それが存在すれば肯定的とし、存在しなければ否定的とする。さらに Heider は、シンボリック・ロジックの表示法を用いることにより、彼のシステムを記号で表す。人はP、もう一人の人はO、実体はXという記号で表される。肯定的な感情関係はL、否定的な感情関係はnL、肯定的な単位関係はU、否定的な単位関係はnUという記号で示される。このように Heider の研究の目的は、P、O、X間の関係がPの生活空間において、どのように構成されているのか、またこれらの関係が経験される状態において、循環的、系統的傾向が存在するかどうかを見出すことであった。

　Heider は一般的にはバランスをどのように定義するのであろうか？しかし Heider 自身は、バランス（balance）、インバランス（imbalance）といった用語については、ゲシュタルト的な枠組みの中で述べているけれど、厳密な意味での定義は行っていない。ただ Heider[35] はつぎのように叙述している。「バランスの状態とは、状況を含む実体や実体に関する感情が互いに緊張なく調和している状態を意味する。」(P. 180)

　Heider は、同質な感情関係をバランスとして考察している。もしすべての特別な感情（賞賛、好み、賛成など）が評価において一致しているならば、あるいは、同じダイナミックな特性を持っているならば、その時われわれは、同質の感情関係にある。もし P L O あるいは P nL O が L のすべての意味を持ったならば、P と O との関係はバランスである。ただし L のすべての意味を持つとは、異なったダイナミック関係が論理的には含まれていないということである。というのは、「P が O を好む」ということは、「P は O を賞賛する」ということを意味しない。ある側面では肯定的であっても、他の側面では否定的な場合がありうるからである。たとえば、義務と好みとの間の葛藤などが往々にしてある。そこで、認知的再体制下の手段（言いわけ、合理化）によって、異なったダイナミック関係を互いに一致させようとする傾向が生じる。要するに、人間には、すべての感情関係を互いに一致するようにしむける傾向がある。たとえば、賞賛されている人を愛し、愛されている人を賞賛するといった具合に。よく知られているハロー現象とか、全て良いか、全て悪いか、という他人についての判断は、このように同

質性の感情関係に向かう傾向から生じる。Insko[36] (P. 162) は、同質性の感情関係に向かう傾向があると仮定する Heider の概念化と最大の単純化に向かう傾向があると仮定する Osgood & Tannenbaun[63] の概念化との類似性を指摘している。

Heider[34] は、人間と人間との特別なタイプの関係、あるいは、人間と実体との間の特別な関係を含むものとして、バランスを吟味している。彼はつぎの四つに分類している。

1. 人間と人間でないもの （P，X）
2. 二人の人間 （P，O）
3. 二人の人間と人間でないもの （P，O，X）
4. 三人の人間 （P，O，Q）

1. P と X

P と X とを含む二者関係では、もし感情関係と単位関係の両方共が肯定的であるか、あるいは、否定的であるならば、バランスが存在する。記号で表すならば、もし PLX ＋ PUX、PnLX ＋ PnUX のうちのどちらかが得られたならば、そのシステムはバランスである。たとえば、もし P が X を賞賛しており、X を所有しているならば、そのシステムはバランスである。

2. P と O

同様に、P と O とを含む二者関係は、もし感情関係と単位関係の両方が同じサインを持っているならば、バランスの状態である。加えて、もし PLO と OLP の両方が得られたならば、その二者関係はバランスである。もし P が O に対して肯定的な感情を持っており、O がその感情にこたえないならば、その二者関係はバランスではない。

ここで注意すべきこととは、PUO はシンメトリカル（symmetrical）な関係、つまり PUO は OUP を含むということである。しかし、PLO は OLP を含まないので、ノンシンメトリカル（nonsymmetrical）な関係である。もし PLO と OLP あるいは PnLO と OnLP が同時に存在するならば、バランスの状態と言える。P と O との間の attraction あるいは嫌悪は、そこで二面交通の事柄であり、その関係はシンメトリカルな調和の状態にある。PLO は、論理的にはノンシンメトリカルな関係であるが、心理的にはシンメトリカルになる傾向がある。たとえば、P は自分が尊敬している人 O によって愛されることを望み、P は彼を軽蔑する人を嫌う。このような心理的にシンメトリーに向かう傾向から、この理論はつぎのようなことを意味する。つまり、互いに類似していると知覚している人々はお互いに魅力を感じていると。しかしながら、異質なものが引き合うという諺はどのように説明されるのであろうか？ Heider[35] によると、そのような相補作用は、共通の目的、目標を達成することを容易にし、それに含まれた個人は、ある意味では、同類であるかもしれない、と述べている。「類似性と感情との間の上の関係についての明らかな例外、つまり、二人の人間がお互いに補い合うので二人の人間が互いに適合するならば、相違点が好意と結合に導くことがありうるということは、少なくともある場合には、その関係の検証となるかもしれない。多くのものは、類似の実体、相違の実体や補足的な実体についての指示のための基準で定まる。二つの明らかに異なった実体が、共通の目標に向かうならば、ある意味では、それらは類似なものと考えられるかもしれない。これはある種の補足的な関係であって、男と女というように"反対のものが引き合う"というような例で示される。そこでこの分析の観点から見ると、好きになることは相違の結果生じるという事実は、考慮中のバランスの場合における例外とは必ずしもならない。というのは、明らかな相違が実際には、類似性や例のような目的の類似性によって取って変られるかもしれないからである。」(Heider[35], Pp.186-187)

肯定的な感情関係の形成は、相互作用と接近の結果生じる、ということをこの理論はまた意味している。しかし、「なれすぎると侮りを招く、親しき中にも垣をせよ」という矛盾的な諺にわれわれは出会う。ただ二人の態度間にそれほどの相違がないならば、肯定的な感情関係は相互作用によって形成されるであろう、とHeider[35] は述べる。「同じような態度を持っているならば、接近は肯定的な感情関係の程度を増加させるであろう。態度がわずかに相違しているならば、相互に同一化が起こるかもしれないし、それととも

に親しさも増すかもしれない。強い相違があるならば敵意が増すかもしれない。」(P.190)

3. PとOとX

三者関係の場合についてHeider[35]は、つぎのように述べる。

「3つの関係がすべて肯定的であるか、あるいは2つの関係が否定的で、1つが肯定的である時には、三者関係はバランスの状態にある。」(P.202)

Zajonc[83]は、三者関係をつぎのように図示している。

バランスの状態　　　　　　　　　アンバランスの状態

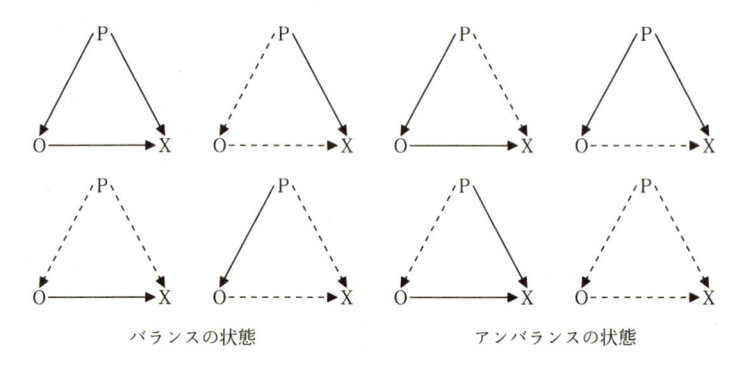

図Ⅰ-3-1　Heiderのバランスの定義によるバランスの状態とアンバランスの状態の例。直線は肯定的な関係、点線は否定的な関係を表す。

たとえば、PがOとXを好み、OがXを好んでいるとPが知覚したならば、あるいは、PがOを好み、Xを嫌っており、OがXを嫌っていると知覚したならば、そのシステムはバランスの状態にあるといえる。感情関係だけではなく、単位関係を含むバランスとインバランスの例としては、好きな本の著者を好きになること、あるいは、好きな本の著者が嫌いになることなどがあげられる。

4. PとOとQ

多くの可能な場合のうちで、(PLO)＋(OLQ)＋(PLQ)についてだけ考えてみる。たとえば、Pは、彼の二人の友人が互いに好きになることを望む。この例は、L関係についての心理的移行性を示している。しかしながら、恋の三角関係についてはどうなるのであろうか？　たとえば、Pと彼の友人Qの両方共が同じ少女を好きになった場合である。ここで

は三者は全部肯定的な関係である。けれどもこのシステムは、周知のようにインバランスである。Heider[34] はこれについてつぎのように述べている。

「P は P の女友達である O が、P の男友達である Q に好意を寄せることを望んではいない。なぜなら、この場合では OLQ は OnLP を含み、そして OnLP は PLO と葛藤状態になるからである。恨みや競争心と同じような嫉妬が、単位関係の間のもつれから生じている。」

このように P と O とを含む二者関係が、潜在的にはインバランスの状態にあるので、このシステムはバランスではない。

Heider[35] によると、3つの否定的な関係の場合には、「何かどっちつかずの」状態にある。Heider は、3つの否定的な関係のシステム（P が O と X とを嫌い、そして O が X を嫌っていると知覚している）がバランスであるか、否かは述べていない。ただ彼はつぎのように述べている。

「X に対する共通の否定的な態度が、P と O との間の類似性の感情をたやすく引き起こすかもしれない。その結果として起こってくる単位（P は O に類似している）それ自身は、肯定的な関係であり、われわれが見てきたように、その単位は2番目の肯定的な関係（PLO）を生ずる傾向がある。」(P. 206)

Heider バランス理論の基本的仮説とは、インバランスな状態は緊張を起こさせるのでバランス回復のための力がひき起こされる、ということである。バランスに向かう変化は、いくつかの形を取りうる。Heider は、こうした変化を、1つの肯定的な感情関係、1つの肯定的な単位関係、そして1つの否定的な感情関係におけるシステムに関して述べている（P は O が好きであり、O は X という意見を持っている。O は X について賛成ではない）。バランスは、たとえば P は O を嫌いになるか、あるいは、X に賛成するか、のどちらかの感情関係を変えることによって回復されうる。同様にバランスは、単位関係を変化することによっても得られうる。たとえば、O は本当には X という意見を持っていないのだと思い始めるわけである。これはある意味では misperception である。

Heider 理論の一般化は、Cartwright & Harary[15], Harary, Norman &

Cartwright[33] によって、直線グラフという数学理論からの概念を用いることにより行われている。特に彼らは、個人の認知構造つまり主観的なシステムよりもむしろ、コミュニケーションネットワーク、勢力体系、ソシオメトリック構造といったような客観的なシステムに関心を向ける。

Heider 理論の検証論文は非常に多い。バランスとインバランス一般について焦点を合わした論文を拾ってみると、Jordan[39]、Morrissitte[54]、Price, Harburg & Newcomb[66]、Pirce, Harburg & McLeod[65]、Sampson & Insko[80] などがある。

1-2 Newcomb の A－B－X モデル

Newcomb[55) 56) 57) 58)] は、Heider のバランス理論をコミュニケーション行動や対人的方向づけ (interpersonal orientation) に適用することにより、相互作用理論の枠組内で理論的展開をはかった。とりわけ相互作用の基本的な型「人が他の人とどのように知己の間柄になっていくのか」という問題がその出発点となる。具体的には、ある人（A）が他の人（B）に何か（X）について情報を相互伝達する過程を考える。A と B 、A と X 、B と X の相互依存的な関係を構成する過程を A－B－X システム、あるいは、方向づけのシステム (system of orientation) と考える。このように方向づけのシステムは、B（コミュニケーター）と X（方向づけの対象）と A が判断した X と A に対する B の方向づけよりなる。そしてこの A の B に対する方向づけと A の X に対する方向づけが相互に依存的な関係にある場合を同時的方向づけ (co-orientation) と呼ぶ。A、B、X の関係を図式的に表現すると図Ⅰ-3-2のようになる。図を一見すると理解できるように、Heider のバランスモデルの P、O を A、B で置き換えたもののようである。

しかしながら、Newcomb の場合には、人間と人間とのコミュニケーションの相互作用過程が重要な要素となる。従って、Heider のように、ある一人の人間の認知構造内だけにとどまらず、ある程度「客観的な」システムとしての意味を含ましている。Newcomb[55] はつぎのように述べる。

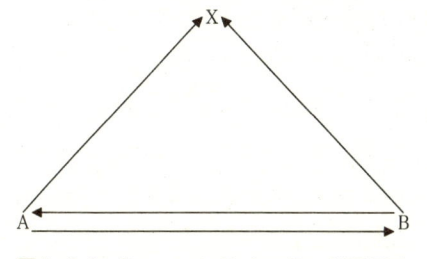

図Ⅰ-3-2　Newcomb の A－B－X モデル

「従って A－B－X は、一つのシステムを構成していると考えられる。すなわち、A と B、A と X、B と X との間の定義できる関係はすべて相互依存的な関係と考えられる。ある目的に関して言えば、システムは A あるいは B の生活空間内の現象的なシステムと考えられるし、他の目的に関して言えば、A の行動や B の行動の観察から推論できるように、あらゆる可能な関係を含んでいる。"客観的な"システムとしてみなされるかもしれない。」(P. 393)

Newcomb は、「シンメトリーに向う緊張」(strain toward symmetry) を仮定する。つまり、A と B との X に対する態度は互いに一致へ向かう傾向があり、両者の間に食い違いがある時には、それらが一致するように A と B との間にコミュニケーション活動が起こるというものである。たとえば、X に関して、A 、B 間にシンメトリーが欠如しており、ある個体 A に方向づけの要求のある場合には、A のとりうる行動の可能性として、Newcomb[55] はつぎのようなものをあげている。

1．X についてシンメトリーに到達しようと努める。
　(a)　自分の方向づけに向かって B を変化させる。
　(b)　自分の方向づけを B に向かうように変化させる。
　(c)　B の方向づけを認知的に歪曲させる。
2．そのシステムの他の部分に変化を誘導する。
　(a)　A が B に対して持っている魅力を変える。
　(b)　B への魅力の判断を変える。
　(c)　A の自分自身に対する魅力の評価を変える。

(d)　B の B 自身の評価についての判断を変える。
3．変化なしにそのシンメトリーでない状態に耐える。

　Newcomb[56]は、対人的な魅力が類似性を増加させるという研究を発表している。互いに魅力を感じている二人の人間は、種々の物の考え方や他のグループの成員についての魅力の感じ方など多くの事柄について一致の程度が高くなる傾向があることを示している。

　Newcomb[57]は、彼の理論の中核をなす構成概念の定義を行っている。方向づけ（orientation）という概念は、少なくとも彼の理論を理解する上の手がかりとなるものである。「方向づけ」を Newcomb[57] は、つぎのように定義する。

　「概念的には、方向づけとは、有機体の心理過程のすでに存在している組織であり、それは弁別できる対象あるいは対象の階層に関して、後の行動に影響を与えるものである、と定義される。」(P.389)

　第一に方向づけは、対象の種類によって2つに分類される。コミュニケーターに向かう方向づけは魅力（attraction）と呼ばれ、コミュニケーションの対象に向かう方向づけを態度（attitude）と呼ぶ。第二に方向づけは、情動的な（cathectic）側面と認知的な（cognitive）側面とによって特徴づけられる。「前者（情動的方向づけ）は接近－回避傾向を示す。情動的方向づけは、サインと強度について概念的属性を持っている。」(P.391)「認知的方向づけは、方向づけの対象の"中に"認知されたものとしての属性の秩序や構造を示す。」(P.391) つまり、方向づけの認知的側面は、方向づけの対象の属性や特性についての非評価的知覚を示している。

　方向づけのシステムは B と X に対する A の方向づけと A によって判断された A と X に対する B の方向づけとで成る。これらの方向づけ全体は、システムを構成していると考えられる。なぜなら、ある仮説的な条件下においては、方向づけのうちのある1つが変化するならば、その他の方向づけのうちの1つあるいはそれ以上に変化が生じるからである。システムの行動に影響を与える2つの変数とは、重要性（importance）と対象の関連性（object relevance）である。重要性とは、対象に対する情動的な方向

づけと関連があり、肯定的あるいは否定的態度の程度によって操作される。「対象の関連性とは、コミュニケーターの一人によって判断されるような特殊なコミュニケーションの対象についての二人あるいはそれ以上のコミュニケーターの共同の依存程度と関係する。」(Pp. 392-393)「それ（対象の重要性）は特殊な対象や特殊な他の人に向かって同時的方向づけを個人に起こさせる力の強さである。」(P. 393) 対象の重要性は、その対象が他の人と関係する緊密さと頻度に関するステイトメントによって操作される。

　方向づけのシステムは、バランスあるいは均衡から出てきたものである。シンメトリーに向かう緊張、バランスの回復に向かう緊張は方向づけのシステムより生じる。システムがより多い緊張状態から、より少ない緊張へと向かうための手段の１つはコミュニケーションであり、シンボルの送信と受信である。

　Newcombによると、X に対する A と B との方向づけが異なっている時には、B に対するA の肯定的な魅力が大きければ大きいほど緊張は大きくなる。さらに、異なった A と B との間の方向づけと B に対する A の肯定的な魅力が与えられた時には、X の重要性、X についての対象の関連性、X に対する A と B との方向づけのコミットメントの程度とともに緊張は増加する。緊張は、A と B との間の肯定的な魅力と関連する方向づけの食い違いについての単なる不確かさによってもまた生み出されるかもしれない。

　一般的には、Newcomb[57]によると、緊張は５つの変数とともに変化する。
  (1) 方向づけの食い違いの程度
  (2) 魅力のサインと程度
  (3) X の重要性
  (4) コミットメントの程度あるいは方向づけの重要性
  (5) 対象の関連性

　Newcomb[57]は、構成概念の定義を行って後に、構成概念間の主な相互関係についての仮説を提出するその仮説は次の５つに分けられる。
１．コミュニケーション対象、コミュニケーターに対する個人の方向づけや、

知覚されたコミュニケーターの方向づけについてのある組合せ、つまり方向づけシステムのある状態において緊張が生じる。
2．コミュニケーション行動とは、このシステムの緊張に対して、それを解消しようとする習得的反応である。
3．コミュニケーション行動によって、緊張を解消されるような変化が方向づけのシステム内に生じる。
4．システムが緊張している条件下で、外的なコミュニケーション行動以外の緊張解消が要素の方向づけ、あるいは判断された方向づけのうちの一つまたはそれ以上を変化させることにより生じるかもしれない。すなわちシステムのバランスが実際の情報交換による緊張解消の代償や補足として、自閉的緊張解消（autistic strain reduction）によってもたらされるかもしれない。

なお、1から4までの4つの関係をNewcomb[57]はつぎのように図示している。

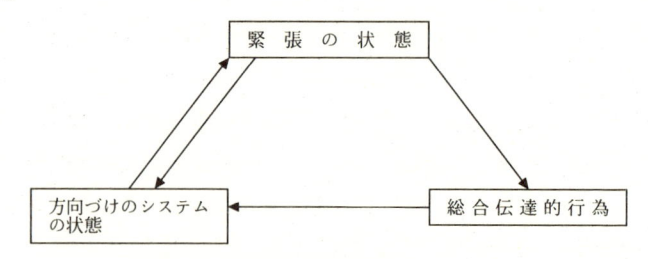

図Ⅰ-3-3　構成概念間の関係（P.397）

5．システム内の変化は緊張に等しい影響を与える。そしてコミュニケーションおよび自閉作用（autism）の結果、緊張はつぎのような変化を通じて解消される。
　(1)　魅力の強さの減少
　(2)　対象の関連性の減少
　(3)　知覚された他者の対象関連性の減少
　(4)　コミュニケーションの対象の重要性の減少
　(5)　知覚された他者におけるコミュニケーションの対象の重要性の減少

(6) 自分自身の態度についての情動的、認知的構造の変化、つまり他者の知覚された態度との類似性を増加させること。

(7) 他者の知覚された態度の変化。

　Newcomb はこのようにして構成概念間の相互関係についての複雑なシステムについて考察する。この過程を通じて、個人は緊張解消をはかりまた全体のシステムの変化をもたらし、均衡を保持するのである。

　Newcomb の理論と関連して態度の類似性と魅力 (attraction) の問題についての調査研究は非常に多い (Backman & Secord[10], Burdick & Burnes[11], Festinger[19)20)], Izard[37], Levinger & Breedlove[47], Steiner[86] など)。要するにこれらの論文は、一致が増加するとともに魅力が増し、魅力が増加するとともに一致が増す、ということを示唆している。

1-3　Festinger の認知的不協和理論

　Festinger[21] の認知的不協和理論は、態度変容理論の領域の中で、最も人気のある理論の1つである。単一の理論で、恐らくこれほどの検証実験が行われている理論は、ほとんどないであろう。この論文では、認知的不協和理論に関する検証文献は一切割愛し、Festinger の理論的立場[21]を略述するにとどめたい。

　（認知的要素）

　認知的不協和理論の基礎的な単位は、認知的要素である。Festinger によると、認知的要素とは種々の対象、事実、環境、行動などに関する「知識」であると述べる。「知識」という言葉の中には、信念、意見、態度をも含むのでそれはむしろ包括的な概念なのである。

　（認知的要素間の関係）

　2つの認知的要素は、無関連な関係あるいは関連のある関係があるかもしれない。もし認知的要素が互いに完全に無関係ならば、それらの間の関係は無関連 (irrelevance) の1つである。たいていの人々にとっては、二週間前に雨が降ったという知識は、ある日に一時間郵便が遅れたという知識とは無関連である。もしある人が、これら2つの事柄と関連する情報を持っていたならば、それらの間の関係は、もちろん、その人間にとって関連のうちの

1つである。

関連のある関係は、不協和と協和の2つの型に分類される。Festinger[21]によると「この2つの要素だけを考えて、1つの要素の逆の面が他の要素から帰結されるならば、これら2つの要素は不協和関係にある。」(末永監訳[21] P. 13)たとえば、もし借金をしている人が車を買ったとしたら、2つの認知的要素間の関係は不協和であろう。つまり車を買わないということは、借金をしているということから帰結される。Festingerはさらに、上述した不協和の定義における「帰結する」(Follow from)という言葉が異なった意味を持つ、と述べる。つまり、ある認知的要素の面が、他の要素から、厳密に論理的に、帰結する故に、不協和が生じるかもしれない。ある人の現在の行動の逆の面が、文化的慣習から帰結される故に、あるいは、ある人の現在の経験の逆の面が、過去の経験に基づく期待から帰結する故に、不協和が生じるかもしれない。「帰結する」という言葉は、明らかに、かなりルーズに使用されている。

協和的な関係とは、ある認知的要素がもう1つの認知的要素から帰結する、ということを意味している。

（不協和の大きさ）

認知的要素間の不協和の大きさは、要素の重要性と関連する要素が不協和である割合との両方に依存する。不協和な関係にある認知的要素の重要性が大きければ大きいほど、不協和の大きさはより大きくなる。たとえば、必要としていない乞食に10セント与えることは、わずかな不協和しか生じないであろう。なぜなら重要性はほとんど認知的要素に加えられていないからである。一方では重要な試験に対して十分に勉強していない場合には、より多くの不協和を生ぜしめるであろう。また不協和な関係にある認知的要素の割合の増加とともに増える。たとえば、たばこを吸う人に禁煙するような理由を知らしめれば知らしめるほど、絶えずたばこを吸うことによって生み出される不協和はより大きくなる。

（不協和の低減）

認知的不一致性は、不協和を低減するような圧力を生み出す。この圧力は

不協和の大きさの関数である。不協和低減は次の3つのうちのどれかにより達成される。

　　1. 行動の認知的要素を変化させること。
　　2. 環境の認知的要素を変化させること。
　　3. 新しい認知的要素を付加すること。
　（不協和の大きさの限界）
　Festinger[21]はつぎのように述べる。
　「任意の2つの要素の間に存在しうる最大の不協和は、変化に対する抵抗の少ない方の要素が示す抵抗の総量に等しい。不協和の大きさはこの量を越えることができない。というのは、最大の不協和が生ずるその点において抵抗の少ない方の要素は変化し、かくして不協和は除去されるであろうから。」
（末永監訳[21] P.28）

1-4　AbelsonとRosenberg

　Abelson & Rosenberg[2]、Abelson[1]、Rosenberg & Abelson[77]は、バランス理論をより緻密に、分子的に扱いながら理論的な展開をはかっている。特に、多要素の認知をマトリックスで表し、数学的な解法に基づきインバランス回復の方法を示している点は興味深い。

　（認知的要素）

　Abelson & Rosenberg[2]によると、認知的構造の要素的単位を「具体的、抽象的な物についての概念作用」と考える。そして彼らは要素を3つに分類する。

　　1. actors：自分自身、他人、集団
　　2. means：行動、手段的反応
　　3. ends：結果、価値

（認知的関係）

　認知的要素間の関係は、肯定的（positive）、否定的（negative）、無（nul）、アンビバレント（ambivalent）というように4つに分類される。それらは、p、n、o、a という記号で表される。肯定的な認知的関係の例としては、「好む」、「使う」、「所有する」、「助ける」、「一致する」などがあげられる。

否定的な認知的関係として、「嫌う」、「反対する」、「妨げる」、「矛盾している」などがあげられる。無の認知的関係は、「無関心である」、「責任がない」、「興味を持っていない」、「無関係である」などの例で示される。アンビバレントな関係としては、肯定的な関係と否定的な関係とが結合したものがあげられる。

　（認知的単位）

　認知的単位とは、関係によって結びつけられた一対の認知的要素である。つまり、態度的認知についての基本的な「文章」は、ＡｒＢ という形をとる。そこでは Ａ と Ｂ とは要素であり、ｒは関係である。Abelson & Rosenberg[2] はつぎのような例をあげて説明する。「ナセル（Ａ）は、スエズのすべての通行税（Ｂ）はエジプト（Ｃ）のものである（ｐ）と主張する。」

　記号ではこの文章は、Ａｐ（ＢｐＣ） と表される。しかし、（ＢｐＣ）を新しい要素（Ｄ） として見ると、上の文章は ＡｐＤ と変形される。このようにして、多くの文章は、基本的には、ＡｐＢ、ＡｎＢ、ＡｏＢ、ＡａＢ という四つのカテゴリーに分類される。

　（conceptual arena）

　conceptual arena は、一定の事柄、態度対象と現象的に関連するすべての認知的要素すなわち actors, ends, means, そして関係のそれぞれから成なっている。たとえば、「Yale 大学における honor system（監督なしで試験を行う自治制度）」や「ヴェトナム戦争のエスカレーション」は conceptual arena である。conceptual arena の基本的な認知的、態度的要素を分析するためのデータは、被験者にそのトピックについて考えさせ、そして頭に浮かんできたことを言葉や短い句で書き留めてもらうことにより得られる。マトリックスの形で表される conceptual arena は、このような方法で得られる。マトリックスの行と列とがそれぞれの認知的要素を表し、cell がすべての可能な要素の対間の関係を示している。Abelson & Rosenberg[2] は、このマトリックスを「構造マトリックス」と呼び、例として、「Yale 大学で honor system を持つこと」というトピックに関連して、つぎのような6つの要素に分類する。

A － 自己（被験者自身）
B － 正直な生徒
C － カンニング者を報告すること
D － 信じてもらいたいという感情
E － 少数のものによってカンニングが行われること
F － honor system

構造マトリックスは、それぞれの要素間の関係を単純化するために用いられる。上に述べられた6つの要素について、ある個人の構造マトリックスは次のように示される。

	A	B	C	D	E	F
A	p	p	n	p	n	o
B	p	o	n	p	o	p
C	n	n	p	o	n	p
D	p	p	o	p	o	p
E	n	o	n	o	p	n
F	o	p	p	p	n	p

（心理的論理、サイコ・ロジック）

ある個人が、その人の conceptual arena の中の認知的要素について考えるように刺激された時にはいつでも、心情的論理というルールによって導かれる。これらのルールによって、個人は古い2つの文章を共通な要素と結び付け、新しい記号的文章を発見する。心情的論理のルールとはつぎのようなものである。(Abelson & Rosenberg[2], P.4)

1. ApB と BpC は ApC を含む。
2. ApB と BnC は AnC を含む。
3. AnB と BnC は ApC を含む。
4. AoB と BrC は r に関係なく A と C との間には関係がないことを意味する。
5. もし ApC と AnC の両方が含まれるならば、あるいはもし1つが最初に含まれて、そしてもう1つが含まれるならば、AaC である。これはアンビバレントな関係の定義である。

6. AaC と CpD は AaD を含む。
7. AaC と CnD は AaD を含む。
8. AaC と CaD は AaD を含む。

　上述したそれぞれのルールに関して注意すべきことは、ArB＝BrAというシンメトリカルな仮定に立っているということである。アンビバレントな関係や無関係を含むルール以外は、理論的な含蓄はバランス理論と同じである。Insko[36]によると、「バランス理論においては、奇数の否定的関係を含む三者関係はバランスではない。最初の3つのルールにおいては、含まれた関係（implied relation）とは、常に、奇数の否定的関係を生み出さない関係である。」と述べる（P.182）。

　Abelson & Rosenberg は、上述したルールは心情的論理であって、論理ではないと指摘する。Osgood[60]は、こうしたサイコ・ロジックの考え方が現在の東西緊張関係を規定する心理的な一要因となっていると指摘している。たとえばOsgood[60]はつぎのような例をあげる。「普通の日常生活にあっては、もし友人がX君を嫌いだといい、その結果、我々もX君を何がしか嫌いになり始めたとしても、このX君に自分自身で会うことによって、X君に対する意見を修正する余地が残されています。ところが、こうしたことを国際事情に当てはめようとしても、我々のほとんどすべての者にとって、それはとうてい可能なことではありません。……そして、その結果、インドの首相がインドの中立を主張する時、多くの人は彼が共産主義の支持者であるに違いないと信ずるようになってしまうのです。（つまり、これは「我々の味方でないならば、我々の敵に違いない」という考え方です。）」（南・田中訳P.42）このようにサイコ・ロジックは論理的な一貫性のかわりに感情的な一貫性が生じる作用のことである。またOsgood[60]の言葉を借りるなら、「できるだけ単純で安定した世界観を持ち続けようとして、複雑な世界をこうした非常に単純化した型の中で当てはめようと常に努力しています。」（南・田中訳、P.41）

　（インバランスの解消）
　conceptual arena 内の非一貫性は、思考を通じてのみ発見される。いっ

たん非一貫性が発見されたならば、そのインバランスを解消するためのいくらかの試みがなされる。インバランスの解消は3つの方法でなされうる。
　1．一つあるいはそれ以上の関係を変える。
　2．一つあるいはそれ以上の要素を再定義したり、分化、分離させたりする。
　3．思考を停止する。
　たとえば、Yale大学で女友達を持ちたいと思っている学生が、同時に、良い成績を取りたいと望んでいる。しかし、Yale大学で女友達を持つことは、良い成績をとるのに妨げになると信じている学生の例を考えてみよう。そのインバランスはその学生がYale大学で女友達を持ちたくない、あるいは、良い成績をを取りたくない、あるいは、Yale大学で女友達を持つと良い成績を取る妨げになるということを信じたくなる、というように3つの関係のうちの一つを変えることにより解消される。また、「良い成績を取ること」を「Cを取ること」と「Aを取ること」に分化することによって、インバランスを解消できる。もし良い成績を取ることとは、Cの成績を取ることであるということを意味するならば、不一致はないわけである。最後に、単にそうしたことを考えることを停止することによりインバランスは解決されうる。
　このような例においては、1つだけの認知的関係を変化させることによりインバランスの解消がなされる。しかしながら、多要素の conceptual arena においては、多くの認知的関係を変化させることがインバランスの解決のためには必要である。こうした場合のことを考慮して Abelson & Rosenberg は構造マトリックス（structure matrix）という概念を提出する。そして、バランスを回復する際には、すべての関係は同じように変化することに抵抗すると仮定する。そこで Abelson & Rosenberg は、関係の変化数が最も少なくてすむような仕方でインバランスが回復されるであろう、と推論する。彼らは、数学理論の定理から生じた一定のルールを使用することにより、最も変化が少なくてすむバランス回復作用を予測する。
　その予測は、conceptual arena についてのマトリックスに基づいてなさ

れる。

　Abelson[1]は、別の論文でインバランスの解消つまり信念ジレンマの解消モデルについて考察している。彼は、2つの要素と1つの関係というような簡単なモデルから分析を始める。基本的には六つの可能な場合を考慮して、つぎのように図示する。

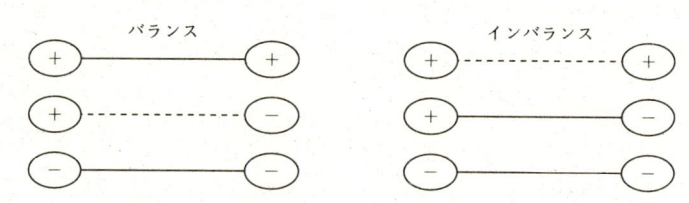

図Ⅰ-3-4　2つの要素と1つの関係を持つ認知構造。
　　　　　実線は結合的（肯定的）関係を、点線は分離的（否定的）関係を意味する。

　Abelson[1]は、インバランスの解決について四つのモデルを提出する。
　1．denial（否定）
　2．bolstering（支えること）
　3．differentiation（分化）
　4．transcendence（超越）

　最初に、denialとは、1つあるいはそれ以上の認知的要素を変えることである。denialによる解決をYale大学の学生の例で示すなら、Yale大学で女友達を持つことは、良い成績を取る妨げになる、ということを信じなければいいわけである。第二に、bolsteringと呼ばれるメカニズムとは、不一致で認知的な単位に付加的な一致する関係を加えることにより相対的にインバランスを最少にすることである。（図Ⅰ-3-5）このメカニズムはFestingerの認知的不協和理論で重要な役割を果たす。例で示すなら、肺ガンを心配をしながらたばこを吸っている人は、絶えず自分自身に喫煙は非常に楽しく、精神の安定にも良く、社会的にも必要であると言いきかせているかもしれない。つぎにdifferentiationとは、認知的要素が強い分離的関係でもって2つの部分に分けられることを意味する。たとえば、水爆の実験には肯定的な価値を持っているけれど、大気の汚染に対しては否定的な価値を持っているとす

ると、これら2つの認知的対象が結合的に関連づけられたならば、この二者関係はインバランスである。そこで、「空気を汚す水爆」と「空気を汚さない水爆」というように分化作用が起こり、バランスが回復されるかもしれない。

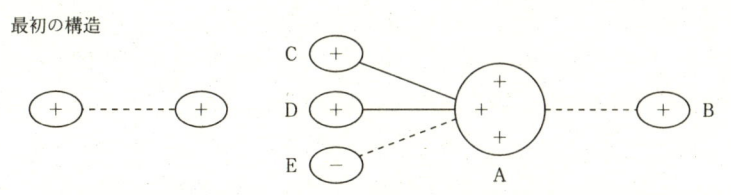

図Ⅰ-3-5 認知的バランスを回復する bolstering のメカニズム

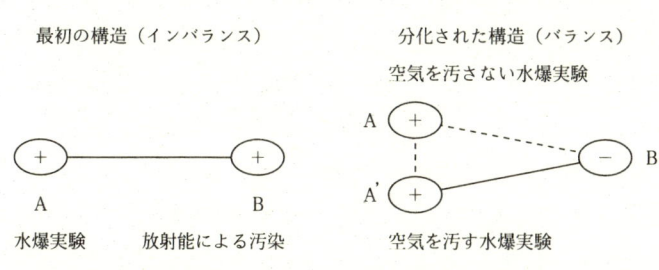

図Ⅰ-3-6 認知的バランスを回復する differentiation のメカニズム

最後に、transcendence のメカニズムとは、ある意味では、differentiation のメカニズムの反面である。図Ⅰ-3-7に示されているように、要素は分離される代わりに、superordinate なレベルで組織されるより大きな単位となって結び合わされる。たとえば、科学と宗教との不一致について言うならば、科学と宗教の両者共、より充実した生活を成就し、全人類をより深く理解するためには必要であると結論することにより transcendence がなされるかもしれない。

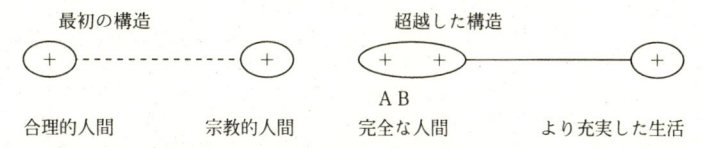

図Ⅰ-3-7 認知的バランスを回復する transcendence のメカニズム

Abelsonはさらに、信念ジレンマの解決方法には、denial、bolstering、

denial（2番目）、differentiation、transcendenceという順序でヒエラルヒーが存在する、と述べる。解決の試みのヒエラルヒーは、バランス回復の相対的な容易さに基づいている。もしインバランスが、自分の持っている認知と不一致な説得的コミュニケーションを通じて起こったならば、説得的コミュニケーションの否定が最も起こりやすい。もしdenialが失敗したならば、bolsteringが試みられ、さらに熟考した後にdenialあるいは1つ以上の関係を変化させる試みがなされるであろう。しかし、denialやbolsteringはdifferentiationやtranscendenceのメカニズムより簡単であるけれど、インバランスを低減する方法としては必ずしも効果的なものではない。認知的要素を分離するdifferentiationは、知的な能力や融通性を必要とするので（特に認知的対象に対して強い感情がある時には）denialやbolsteringに比べて難しい。transcendenceは解決の最後の手段である。なぜなら、有力なsuperordinate構造を作り出すことは非常に難しいからである。

　Rosenberg & Abelson[77]は、インバランス解消の際には、人間は必要な変化の数を最も少なくてすむような方法すなわち最少の労苦原理にしたがって行動する、という仮説を検証した。さらに実験の結果によるとつぎのようなことが判明した。すなわち、認知的な食い違いを解消する際には、被験者はバランスや一貫性の成就をめざすだけではなく、またポテンシャルな利益を最大にし、ポテンシャルな損失を最少にするような解決を見つけようと努力する。要するに認知的バランスの過程においても、欲求充足が重要な役割を果たすことがわかった。

　さらにRosenberg[76]は、ある仮説的な状況の非論理的な性質によって悩まされる感情に関して2つの変数（快楽の－禁欲の、個人的な－一般的な）の効果について研究している。

1-5　Rosenbergの感情－認知の一貫性理論

　（態度の定義）

　Rosenberg[72]は、最初、態度を「ある対象に対する比較的安定した感情的反応」というふうに定義していた。しかしながら彼は、ある対象に対する感情は認知や信念と密接な関係を持っていると考えているので、後には態度

とは、感情的要素、認知的要素、行動的要素から成り立っていると考えるようになった。Rosenberg & Hovland[78] はこれをつぎのように図式化している。(P.3)

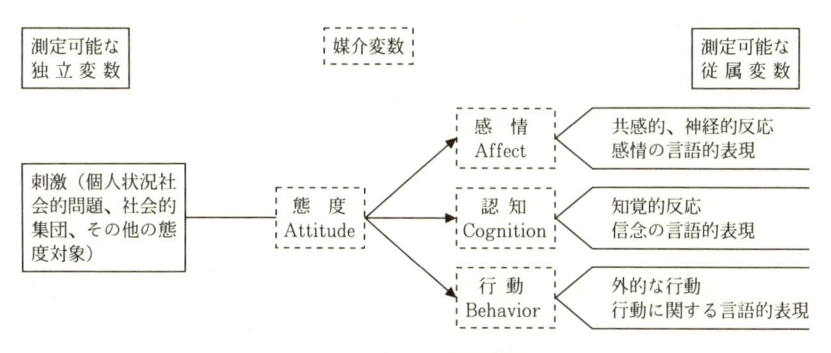

```
測定可能な           媒介変数              測定可能な
独立変数                                    従属変数

                              感情      ┌ 共感的、神経的反応
                              Affect   └ 感情の言語的表現
刺激(個人状況社
会的問題、社会的    態度      認知      ┌ 知覚的反応
集団、その他の態    Attitude  Cognition └ 信念の言語的表現
度対象)
                              行動      ┌ 外的な行動
                              Behavior └ 行動に関する言語的表現
```

図 I-3-8　態度の図式的概念

Rosenberg 理論のユニークな点とは、態度対象が他の感情的意味ある対象と道具的な (instrumental) な仕方で関連しているということである。たとえば、安保条約に対して肯定的な態度を持っているということは、その対象つまり安保条約に対して肯定的な感情を持っていると同時に、極東状勢の安全保障やアメリカとの友好関係に導くといった信念を含んでいる。このように態度と信念とは互いにダイナミックな関連を持っており、システムのある部分の変化は、他の部分の変化を生み出すであろうと Rosenberg は考える。
　(態度構造)
　Rosenberg[73] [74] [75] によると、態度構造内の感情的要素の変化は、認知的要素の変化をもたらす。そして逆もまた同様である。たとえば、安保条約に対する態度を肯定的なものから否定的なものに変えるなら、安保条約はアメリカとの友好関係に導くという信念を変化させる傾向がある。あるいはその逆の場合も考えられる。このように Rosenberg によると、態度構造内の一貫性はつぎのような予測を可能にする。すなわち、態度対象に対する賛成－反対の感情についての予測は、種々の対象の重要性に基づく価値と、種々の対象と態度対象との間に知覚された道具的関係とに基づいてなされうる。この予測は、態度と相関する指標を計算することによってなされる。その指標

計算の手続きはつぎのような順序でなされる。
 1．被験者は、種々の対象についての感情的重要性に基づく価値を評定する。
 2．被験者は、それぞれの対象についての感情的重要性が態度対象と道具的に関連していると知覚した程度を評定する。
 3．それぞれの対象の感情的重要性に関する、被験者の価値の評定値とそれぞれ同じ対象についての道具性の評定値とが掛け合わされる。
 4．価値評価と道具性評価との積が総計される。
（態度変容）
Rosenberg[75]によると、態度変容についての構造的理論はつぎのような基本的命題によってうちたてられた（P.322）。
「1．態度の感情的要素と認知的要素とが互いに一致している時には、その態度安定した状態にある。
 2．これらの要素が相互に不一致である時にはそのような不一致について個人の"耐性限界（tolerance limit）"を超える程度にまでその態度は不安定な状態にある。
 3．そのような不安定な状態においては、3つの可能な結果のうちの1つが起こるまで、態度は再組織化の活動に耐えるであろう。3つの結果とは、
　(a) コミュニケーションの拒否、あるいは、感情と認知との間に最初に不一致を引き起こし、態度を不安定なものにした他の力の拒否。つまり、最初の安定した、一貫性のある態度への回復。
　(b) 相互に不一致な感情的要素と認知的要素とを分離することにより態度の"分裂"をはかる。
　(c) 最初に不一致性を生じさせた変化に適合すること。その結果、その変化と一致した新しい態度が安定化される。つまり態度変容。」
このような Rosenberg の出発点はホメオスタティック（homeostatic）な仮定に基づいている。
わが国では、原岡[31)32)]が構造的均衡仮定に立って、態度変容の過程とそ

の段階について議論している。原岡[32]によれば、態度変容過程は、(1)抵抗の段階、(2)変容準備段階、(3)不安定不均衡段階、(4)構造的再体制化の段階、(5)安定強化の段階、の5つに分けて考察されている。

Rosenbergの態度構造理論の検証実験として、Rosenberg[71)72)]自身のものがある。Rosenbergにアイデアを与えた研究として、Woodruff & DiVesta[94]、Cartwright[14]、Smith[84]などがある。これらはいずれも態度と価値との関連によって一貫性をとらえている。

一方態度変容理論に関する研究としては、Carlson[13]、DiVesta & Merwin[16]やRosenberg[73)75)]などの検証実験があげられる。

1-6 McGuireの論理 — 感情の一貫性理論

（2つの仮定）

McGuire[49)50)51)]による論理的－感情的一貫性理論は、2つの仮定すなわち論理的思考（logical thinking）と希望的思考（wishful thinking）に基づいている。論理的思考は、個人の信念あるいは期待が、形式的論理のルールに従って関連づけられる傾向がある、と仮定する。一方、希望的思考は個人の信念が欲望や願望と一致するような傾向がある、と仮定する。これら2つの仮定は、ともにいくらかの個人の信念間に存在する関係を説明する手助けとなる。

McGuireによると、個人の信念は、個人が賛成したり、反対したりすることができる一連の主張に対して潜在的に向かっている。現にMcGuireは48の主張によって表される信念システムの部分や側面を研究している。被験者は、それぞれの主張を100点尺度で正しいという確率でもって評定する。また5点尺度でそれぞれの主張の望ましさを評定する。このようにして信念の強さの測定と望ましさの量が得られる。

（Socratic Effect）

McGuireによると、個人の信念は完全に一致した関係にはなく、希望的思考のような種々の傾向によって歪められうる。しかしながら、もしいくつかの不一致な信念が、一緒に引き出されたならば、そこで個人はその不一致に気づき、論理的一貫性の程度がより大きくなるように個人の信念を変化さ

せる。この変化は、認知的一貫性に向かう傾向の結果生じる。McGuire は、不一致な信念が引き出された後にすぐに、論理的一貫性の程度が増す方向に向かう運動の全過程を Socratic Effect と呼んだ。

　もし説得的コミュニケーションが特定の信念に変化を生じさせたならば、そこで論理的に関連する信念もまた論理的一貫性を維持するために変化する。たとえば論理的関連の薄い信念が、コミュニケーションで述べられなかったとしても、この効果は起こりうる。しかしながら、認知的慣性（inertia）仮定に基づくと、この予測はいくらか変更される。認知的慣性の存在によって、McGuire はつぎのように述べる。つまり、関連の薄い信念の変化量は、完全な一貫性を論理的に必要とする信念の変化量ほど多くはないであろうと。そしてさらに、関連の薄い信念に関する変化はすぐには起こらず、徐々に時間をかけて変化するだろうと。コミュニケーションによって影響される標的信念ほど関連の薄い信念は変化せずまた変化も遅い。こうした変化は惰性の結果生じる。

　（論理と確率）

　上述した考察には、論理的一貫性の量的な程度が含まれており、論理的一貫性は伝統的、一般的には、定量的あるいは全か無か（2つの信念がもし関連があるなら一致しているのか、あるいは、不一致なのか）と考えられていた。しかし McGuire は、そうした問題を公式的論理の側面と確率理論の側面とを結合することにより巧妙に取り扱っている。

　　　$(a \cap b) \cup k \rightarrow c$　①

これはもしaとbあるいはkが正しかったならば、そこでcが論理的に帰結される、ということを意味する。McGuire[51]によると、公式の記号はつぎのようにして説明される（P. 68）。

　　a．大きな核戦争が起こると少なくとも地球人口の半分は死ぬだろう。
　　b．大きな核戦争はここ10年以内に起こるかもしれない。
　　k．核戦争以外の原因でここ20年以内に少なくとも地球人口の半分は死ぬかもしれない。
　　c．少なくとも地球人口の半分はここ10年内に死にみまわれるかもしれ

ない。

　この論理的表現は、確率の加算的、乗法的法則の点から変更される。乗法的法則によると、2つの独立な事象が起こりうる確率は、それぞれ別の確率の積に等しい。加算的法則によると、2つの相互に背反しあう事象のどちらかが起こりうる確率は、それぞれ別の確率の合計に等しい。aとbとの相互依存（$a \cap b$）とkとの相互背反のようないくらかの仮定を作ることによってMcGuire[51]はつぎのような方程式に表す（P.105）。

　　$P'(c) = P(a)P(b) + P(k)$　②

この式は、cが正しいと予測された確率は、aとbとが正しいという確率の積とkが正しいという確率を加えたものに等しい、ということを意味している。

　（$P(k)$の困難さと変化の方程式）

　方程式②についての最大の問題とは、$P(k)$を測定するということと、aとbとはcを意味するということ以外に、その他の主張や信念がありそうであるということである。上述した例で説明すると、「もし大きな核戦争が起こると地球人口の半分は死ぬだろう」という主張aの確率評定と「大きな核戦争がここ十年内に起こるかもしれない」という主張bの確率評定がわかるならば、そこで「少なくとも地球人口の半分はここ10年内に死にみまわれるかもしれない」という帰結は、aとbとの別々の確率の積と同じあるいはそれ以上の確率評価が与えられるであろう、と予測される。

　　（$P'(c) \supseteq P(a)P(b)$、McGuire[51] P.69）

　しかしながら、cに与えられうる確率評価は正確には予測しえない。なぜなら、$P(k)$を測定することが困難であり、不可能であるからである。McGuireは$P(k)$を測定するための3つの可能な方法を考えているけれど、どれも十分に満足ではない。従って彼は$P(k)$の値を無視している。この点に関しては、Rosenberg[79]によっても批判されている。

　McGuireは、さらにaとbとの両方の確率についての変化に従って、帰結の確率の予測された変化を記述するためにつぎのような等式を提出する（P.70）。

$$\Delta'P(c) = \Delta P(a)P(b) + \Delta P(b)P(a) - \Delta P(a)\Delta P(b) \quad ③$$

この等式において、$P(a)$ と $P(b)$ とは変化する前の最初の信念を示しており、$\Delta P(a)$ と $\Delta P(b)$ とは、a と b における変化を示し、$\Delta'P(c)$ は c において予測した変化を示している。この等式から論理的一貫性に必要な変化量に関して正確な予測が可能である。もし $P(a)$ が実験的に取り扱われ $P(b)$ が取り扱われずに、$P(b)$ がほんのわずかしか変化しないならば、等式③の最後の2つの項目 $\Delta P(b)P(a)$ と $\Delta P(a)\Delta P(b)$ は消える。

1-7 Osgood と Tannenbaum の適合性の理論
(態度測定)

Osgood, Suci & Tannenbaum[62] は、SD法 (Semantic Differential 法) として知られているテクニックを発展することにより、意味の理論と測定の研究に従事してきた。7段階の評定尺度 (反対語の対) でもって、異なった被験者が、異なった概念に対して、異なった方法で判断した結果を因子分析にかけることにより、Osgood et al.[62] は、3つの一般的な意味の因子 (評価因子、力量因子、活動性因子) を見い出した。これら3つの意味次元を主軸として意味空間が成立している、と Osgood et al.[62] は仮定する。評価因子は、意味の持つ態度的側面と同じものと考えられ、良い-悪い、愉快な-不愉快な、肯定的-否定的などの尺度で特徴づけられる。力量因子は、評価と直交するものであり、強い-弱い、重い-軽い、柔らかい-固いなどの尺度で特徴づけられる。活動的因子は、速い-遅い、積極的-消極的、興奮しやすい-冷静なような尺度で特徴づけられる。従って、Osgood & Tannenbaum[63] による態度変容の予測に関する研究は、ある意味では、意味の測定研究の副産物であるといえる。

社会心理学のテキストブックを繙いてみるならば、態度とは、感情的要素、認知的要素、行動的要素の3つから成り立っていると述べられている。Osgood et al. によって発展せられたSD法は、態度に含まれた感情的要素の測定を可能にする一方法である。Osgood et al.[62] は態度をつぎのように定義している。

「セマンティック・ディファレンシャルによる測定の操作という点から見ると、われわれは、ある概念の意味を多次元的な意味空間のある点に位置するものとして定義する。そこでわれわれは、ある概念に対する態度を、その空間の評価的次元上に投影されたものと定義する。」(P. 190)

さらに Osgood et al. は、セマンティック・ディファレンシャルの評価的次元が、態度の指標として信頼性と妥当性を兼ね備えていることを検証している。ここで留意すべき点は、同じようにニグロに対して等しく否定的な態度の二人の人間がいたとしても、一人はニグロを強く、積極的であると考えているかもしれないが、他の人はニグロを弱く、消極的なものと考えている点では異なっているかもしれない。つまり、ある概念に対して同じ態度を持っていたとしても、意味空間の次元に関しては厳しく区別されうるのである。

(適合性の原理)

Osgood & Tannenbaum[63] は、人間思考における適合性の原理をつぎのように定義する。

「評価における変化は、その時に存在している準拠枠（frame of reference）との適合性を増加する方向に常に向かう。」

態度は、肯定的にか、否定的にか、どちらかに最大に分極化（polarization）する傾向があるので異なった評価（evaluation）の2つの態度対象が主張（assertion）を通じて結合される場合、それぞれの対象の評価に関して、均衡あるいは適合の点に位置を変える。彼らのいう理論的モデルを図式化するとつぎのようになる。

```
Source ——————— assertion ——————— Concept
         evaluation S      evaluation C
                    Person
```

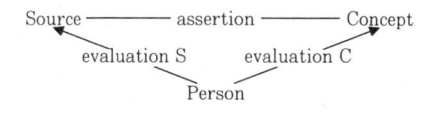

図Ⅰ-3-9　適合性理論

適合性の原理が働くためには、2つの判断対象（source と concept）が、主張を媒介として結合されねばならない。主張は2つの型に分類される。関

連的 (associative) な主張と分離的 (dissociative) な主張とである。関連的な主張とは、A は B である、A は B を愛している、A は B と握手をする、といった形で示される。分離的な主張とは、A は B ではない、A は B を嫌っている、A は B を避ける、といったステイトメントで示される。そして Osgood et al.[62] は、主張の形態をつぎの4つに分類している。

1. 簡単な言語の修飾
2. 簡単な知覚的接触 (contiguity)
3. 分類のステイトメント
4. source − object 主張

しかしながら、主張の明確な定義はなされていない。この点は問題点の1つである。

(適合性原理の論理的展開)
1. ある判断対象が主張によって他の判断対象と結合する時にはいつでも、評価次元にそって適合する位置は、常に他の判断対象への分極の程度 (d) に等しい。適合の位置は、同じ(肯定的な主張)か、あるいは、その反対(否定的な主張)の評価的方向のどちらかに等しい (Osgood & Tannenbaum[63])。

判断対象 OJ_1 に対する態度の分極の程度は、d_{oj1}、同様に OJ_2 については d_{oj2} となる。

このような判断対象は、+3から−3の7段階にわたってセマンティク・ディファレンシャル尺度の評価的次元に位置する。もし肯定的な主張を通じて OJ_1 と OJ_2 が関係づけられたならば (OJ_1A+OJ_2)、あるいは否定的な主張を通じて両対象が関係づけられたならば (OJ_1A-OJ_2)、どちらかの判断対象の適合点 (c) をつぎのように定義する。(Osgood & Tannenbaum[63])

もし OJ_1A+OJ_2 ならば

$dc_{oj1} = d_{oj2}$ ①

$dc_{oj2} = d_{oj1}$ ②

もし $OJ_1A - OJ_2$ ならば

$dc_{oj1} = -d_{oj2}$ ③

$dc_{oj2} = -d_{oj1}$ ④

2．主張によって他の判断対象と関係づけられたある特定の判断対象に関する適合への有効的な全圧力（P）は、態度尺度単位において、評価的次元にそった元の位置と最大の適合の位置との間の差に等しい。適合の位置がもとの位置よりも好意的である時には、この圧力のサインは肯定的（＋）であり、適合の位置がもとの位置よりも非好意的である時には、圧力のサインは否定的（－）である。

すなわち

$P_{oj1} = dc_{oj1} - d_{oj1}$ ⑤

$P_{oj2} = dc_{oj2} - d_{oj2}$ ⑥

それ故、①式から④式でもって置き換えると

もし $OJ_1A + OJ_2$ ならば

$P_{oj1} = d_{oj2} - d_{oj1}$ ⑦

$P_{oj2} = d_{oj1} - d_{oj2}$ ⑧

もし $OJ_1A - OJ_2$ ならば

$P_{oj1} = -d_{oj2} - d_{oj1}$ ⑨

$P_{oj2} = -d_{oj1} - d_{oj2}$ ⑩

⑦式から⑨式の方程式から生じるサインは、それでPの方向を示している。

3．態度変容が起こる観点から見ると、適合に向かう全圧力は、主張によって関連づけられた判断対象の間で、それぞれの分極の程度と逆比例して分配される。

比較的より分極化が少ない判断対象が、比較的分極化のより多い判断対象と関連した時には、適合に向かう圧力の量は比例して大きくなり、従って変化も大きくなる。この原理を適用することにより、つぎのような公式ができる。これにより相対的な態度変容を予測することが可能である。

$$AC_{oj1} = \frac{|d_{oj2}|}{|d_{oj1}| + |d_{oj2}|} P_{oj1} \quad ⑪$$

$$AC_{oj2} = \frac{|d_{oj1}|}{|d_{oj1}| + |d_{oj2}|} P_{oj2} \quad ⑫$$

この式で AC は態度変容を示しており、d_{oj1} と d_{oj2} は、サインに関係のない絶対値で表されており、P_{oj1} と P_{oj2} は、方程式⑦から⑨により決定される。

さて主張が肯定的な場合における source と concept に対する最初の態度から、すべての組合わせについて態度変容の予測を公式⑫を適用することにより計算して見ると表Ⅰ-3-2のごとくなる。注目すべきことは、予測された変化が、source に対する最初の態度とは変っていないということである。(右上と左下の直線で囲まれた部分)

表Ⅰ-3-2　source と concept の両方の最初の位置の関数としての concept に関する予測された態度変化－肯定的な主張（不信頼のための修正はない）

source に対する最初の態度	concept に対する最初の態度						
	+3	+2	+1	0	-1	-2	-3
+3	0.0	+0.6	+1.5	+3.0	+3.0	+3.0	+3.0
+2	-0.4	0.0	+0.7	+2.0	+2.0	+2.0	+2.0
+1	-0.5	-0.3	0.0	+1.0	+1.0	+1.0	+1.0
0	0.0	0.0	0.0	0.0	0.0	0.0	0.0
-1	-1.0	-1.0	-1.0	-1.0	0.0	+0.3	+0.5
-2	-2.0	-2.0	-2.0	-2.0	-0.7	0.0	+0.4
-3	-3.0	-3.0	-3.0	-3.0	-1.5	-0.6	0.0

この予測は、受け手側がメッセージを完全に信頼している、と仮定している。しかし、アイゼンハワー（+3）が共産主義を賞賛するといったメッセージが提示された時には、被験者はその情報を信用するだろうか？こうした点を考慮するならば、予測を行う際には信頼の変数を考慮しなければならない。

4. ある判断対象が主張によってもう1つの判断対象と関連づけられる時に生み出される不信頼の量は、不適合量の肯定的に促進された関数である。その関数は、態度変化を減ずるように存在し、働くもので、最大の時には変化を完全に削除する。

逆に評価された判断対象が、肯定的な主張によって関連づけられた時のみならず（表Ⅰ-3-2の右上と左下のコーナー）、評価において非常に似ている判断対象が、否定的な主張によって関連づけられた時にも不信頼は存在すると考えられる。不信頼のための修正量は、不適合の程度とともに増加する。図Ⅰ-3-10は、不信頼のための修正を扱った図解である。最初の

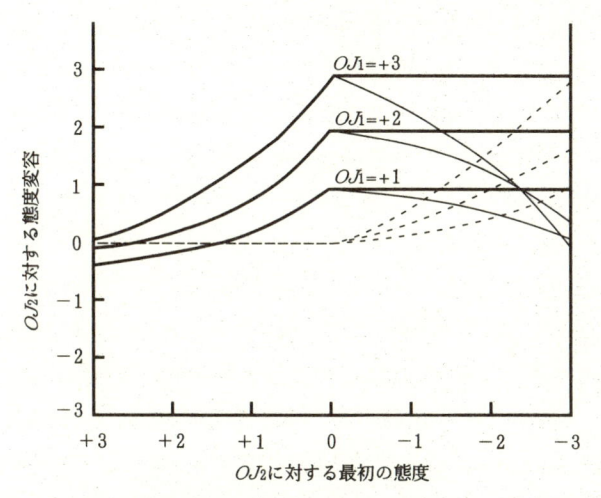

図Ⅰ-3-10　OJ_2に対する態度における予測された変化と不信頼のための修正
（仮定された不信頼は点線によって示されている）

カーブが中立の点からむこうは水平になっており、表Ⅰ-3-2の右上のコーナーから引き出されたもので source（OJ_1）に対する三段階の最初の態度を示している。点線は仮定された不信感を表しており、適合に向かう全圧力の肯定的に促進された関数である。もちろん、この関数の形は純粋な直感に基づいているもので、たぶん修正されねばならない。細い実線のカーブは、予測された態度変化から不信頼関数を引いた結果を表している。同様のことが表Ⅰ-3-2の左下のコーナーについてもいえる。不信頼の場合に

は、態度変化を予測する公式は次のようになる。

$$AC_s = \frac{|d_c|}{|d_s|+|d_c|} \; P_s \pm i \quad ⑬$$

$$AC_c = \frac{|d_s|}{|d_s|+|d_c|} \; P_c \pm i \quad ⑭$$

ここで二番目の要素のサイン（$i=$不信頼のための修正）は、いつも第一番目の要素（P）のサインと逆であり、効果を減少するように働く。sとcという記号は、それぞれ source と concept を示している。注意すべき点は公式⑬と⑭は、不信頼の場合にだけ適用され、信頼できる場合には$i=0$という具合に考えねばならない。i関数の正確な性質は、実験的に決定されねばならぬが、Osgood & Tannenbaum は、関数 $i = a\,(ds^2+b)(ds^2+dc)$ に近い、と述べている。そこで定数aとbとは、それぞれ1/40と1である。従って$i=f(ds, dc)$であるということは明らかで、態度変容はやはり、2つの分極の程度の関係であり、主張の方向は関数である。

適合性のモデルによると、source と concept との両方の変化は、主張を通じて適合された結果生じる。しかし、特別な source－concept の場合においては、1つの付加的な要因を考慮しなければならない。すなわち、一般的には、source よりもむしろ concept の方が影響を受けやすいということである。たとえば、X が Y を賞賛する時には「賞賛する」という好意的な結果は、主に Y にあてはまるということである。従って、concept に対する態度変化を予測する場合には、主張のサインと常に同じである定数（$\pm A$）を方程式につけ加えねばならない。

なお、関連的主張のみで2つの判断対象が結合される際には、適合の点はつぎのような公式で示される。（Osgood et al.[62], P. 207）

$$Pr = \frac{|P_1|}{|P_1|+|P_2|} P_1 + \frac{|P_2|}{|P_1|+|P_2|} P_2$$

適合性理論に関する検証実験として Tannenbaum[88,89]、Kerrick[42,43,44]、Tannenbaum & Gengel[90]、Janicki[38]、Stackowiak と Moss[85] や、わが国では、瀬谷[83] の研究があげられる。瀬谷[83] の研究を除くと上述した研究

は、いずれも適合性理論を検証している。しかしながら、最近になって、Triandis & Fishbein[92], Fishbein & Hunter[29] らによって、適合性理論に疑問が投げかけられている。彼らの批判点とは、2つの概念が結合した時には、適合の点は2つの概念の平均であるか、総和（summation）であるか、という点である。Triandis & Fishbein[92] の研究では、「あなたと宗教を異にするニグロのポルトガル人」といった合成要素に関する評価を、それの構成要素（宗教を異にする、ニグロなど）の評価から予測する際には、合成的要素の平均になるか、あるいは総和になるか、といった問題を扱っている。彼らの研究の結果を見ると、平均（適合性）理論よりもむしろ総和理論の方を強く支持している。なおこの問題については、後で詳細に述べる。

問題点をもう1つあげるならば、Osgood & Tannenbaum の適合性理論の数学的モデル式が、2つの特別な修正すなわち不信頼修正と主張の定数を含むことである。これらの修正のうちのどちらも、適合性の原理から生じたものではなく、モデル式と実際に得られたデータとが合致するように導入されたきらいがある。従って、Osgood & Tannenbaum[63] によると、予測値と実際値との相関係数は.91と高いけれど、予測値と実際値とを合わすためにとりつくろわれた修正のように思えるのである。

しかしながら、他の一貫性理論と異なり、数学的なモデルを提出することで態度変化の方向と量との予測を可能にせしめ、その理論の含蓄を正確に検討することを可能にしている点で、Osgood & Tannennbaum の適合性理論は、優れていると思われる。

1-8 Rockeach の信念適合性の理論

信念適合性の理論（belief conguence theory）は、Rokeach & Rothman[68] によって発展せられた。理論的背景は、Rokeach[67] や Rokeach, Smith & Evans[69] による初期の研究をさらに洗練、拡張した結果出てきたものである。

（信念適合の原理）

信念適合性の原理によると、われわれは、われわれ自身の信念システムに適合する程度に応じてある一定の信念、信念のサブシステム、信念システム

を評価する傾向がある。さらに、人々が示した信念と適合するようにその人々を評価する傾向がある。言語的な概念、事柄のような刺激は、その刺激と関連する個人内の信念システムの部分に反応を喚起させる傾向がある。たとえば、「共産主義」といった言語的概念は、経済、政治、戦争といったものに関連する信念に反応を喚起させるかもしれない。2つの刺激を結びつける主張 (assertion) を Osgood & Tannenbaum[63] に従って Rokeach[70] は、関連的と分離的に分ける。そしてその型として、1．簡単な言語の修飾、2．簡単な知覚的接触 (contiguity)、3．分類のステイトメント、4．source-object 主張、に分類する。

Rokeach[70] によると、characterized subject (cs) を示す認知的な布置 (configuration) は、主張の結果生ずる。cs とは、人、物、観念であり、ある方法で記述されるものである。この cs は2つの要素を持つ。つまり、特徴づけられることができる subject (s) と多くの subject に適用されることができる characterization (c) とである。たとえば、「共産主義である白人」という cs において、「白人」は subject (s) を表し、「共産主義者」は characterization (c) を表している。

（関連性の比較）

cs が提示された時には、個人は最初2つの要素つまり c と s とが互いに関連しているか、否かを確かめる。もし個人がそれらは関連がないと判断したならば、認知的相互作用を予測する心理学的な根拠はなく、その無関連な要素は無視されることになる。すなわちそれは cs の評価にどんな影響をも及ぼさない。しかし、2つの要素が関連があると判断されたならば、重要性 (importance) と関連する2番目の判断が起こる。

（c と s との相対性重要性）

少なくとも部分的な関連性がある場合には、個人はつぎに s と c との相対性重要性について比較するであろう。そしてそれは、既存の信念システムによって規定される一般的な準拠枠内で判断される。布置 (configuration) cs の評価は、c と s との評価の単純平均であり、c と s は、cs の文脈内での c と s との判断された相対的重要性によって重みづけられる。Rokeach[70] は、

これをつぎのような公式で表している。(P. 85)

$$d_{cs} = (w)d_c + (1-w)d_s \quad ①$$

d_{cs}＝characterized subject の分極化の程度
d_c＝characterization の分極化の程度
d_s＝subject の分極化の程度
$(w) = d_s$ に対する d_c の知覚された重要性の程度
$(1-w) = d_c$ に対する d_s の知覚された重要性の程度

Insko[36]は、Osgood & Tannenbaum[63]、Osgood et al.[62] によるモデル式との類似点と相違点をつぎのように述べる。「この公式は、2つの関係づけられた判断対象を均衡点に予測するという点でOsgood & Tannenbaumの公式に類似している。しかし、Osgood & Tannenbaumの公式においては、関係づけられた判断対象、csの要素は、判断された相対的重要性に応じて重みづけられるのではなく、分極の程度に応じて重みづけられている。(Pp. 142-143)」

（cs と c との相対的重要性）

c の重要性が100％に達する時、（そしてsは0％）、cとsとの比較の上に、付加的な比較つまりcsとcとの相対的重要性について一層比較しなければならない。たとえば、「責任感のない父親」という文脈において、「責任感のない」を100％重要であると考える人の例について考えてみよう。そのような場合に、公式①を用いるならば、csの評価は、完全にcの評価によって決定されるだろう。そのように仮定するならば、csの評価は、cとsとの相互作用によって、cの評価よりも大きくなる可能性が生じる。換言するならば父とは特に「無責任」であるべきでないと感じられるので、「責任感のない父親」といった場合には、「責任感のない」といった言葉よりも否定的に感じられるかもしれない。、このように「overassimilation」を考慮に入れ、Rokeachはさらに一歩進める。

csの評価に関して、2つの比較過程（c対s、cs対c）について結びつけられた効果はつぎのように示される。(Rokeach[70], P. 86)

$$d_{cs} = d_c + (v)d_s \quad ②$$

d_{cs}＝characterized subject の分極化の程度

d_c＝characterization の分極化の程度

d_s＝subject の分極化の程度

$(v)d_s$＝2番目の比較過程（cs 対 c）の付加的効果

(v)＝c よりも cs に重要性を置く程度

なお個人が、cs と c の重要性が等しいと判断したならば、$v=0$ で $d_{cs}=d_c$ となる。また個人が、cs の方が c をより重要であると判断したならば、v は cs が c よりも重要であると知覚した程度を表す率に等しい。そして d_{cs} は、(v) の値によって d_c よりも大きくなるであろう。だから d_c が肯定的な時には、d_{cs} はより肯定的になり、その反対に d_c が否定的な時には、d_{cs} はより否定的になるであろう。1つの限定されなければならない重要なことは、d_{cs} の値は調査で用いられている尺度の最高値（±3、−3から＋3の尺度の場合）以上にはならない、ということである。従って、もし d_c が最高値の場合には、$d_c+(v)d_c$ と同じ値をとることになる。

（信念適合性の原理と適合性の原理との比較）

Rokeach[70] は、Osgood & Tannenbaum[63] の適合性の概念との比較を通して、信念適合性理論について叙述している。(Pp. 87-91)

1. 適合性の原理は、additive モデルであり、均衡点は、別々に考慮された2つの判断対象に基づいて予測される。一方、信念適合性の原理は、configurationist モデルであり、2つの要素によって形成された唯一のゲシュタルト（Gestalt）は別々に評価された知識から単に予測されえない。

2. 2つのモデルは、不適合の心理的意味についての概念化の点でも異なっている。適合性の原理によると、不適合は c と s との間に位置するが、信念適合性の原理によると、c と cs、s と cs との間に不適合が位置する。

3. 適合性理論は、overassimilation 効果を説明することができないけれど、信念適合性理論によると、それを説明することが可能である。

4. 適合性理論による予測は、主張の定数によって修正される。というのは、source−object 主張の場合に、主張の source よりもむしろ object の方が相対的により大きい変化を受けるからである。それに反して、信念適合性

理論によると、相対的重要性という概念（c と s との重みづけ）によって、そのような主張の定数は不必要である。

総和理論（summation theory）

Osgood & Tannenbaum の適合性理論のところで少し述べたように、態度形成や変容が起こる場合に、2つの態度対象の平均の点に適合するのか、あるいは総和の点に適合するのか、といった問題が存在する。こうした問題はむしろ、印象の形成に関する研究領域で論議されてきた。たとえば、Rosenberg[79]は、印象形成についての総和モデルと平均モデルを図Ⅰ-3-11のようにまとめている。

この図についての詳細な説明は行わないが、少なくとも総和対平均という対比で Fishbein（Fishbein & Hunter[29]，Anderson & Fishbein[5]など）が態度理論の文脈の中へ問題を投げかけた背景となるものである。

2-1 Fishbein の総和理論
（態度、信念の定義）

Fishbein[22]は、ある対象に関する信念とその対象に対する態度との関係に基づいて、態度構造と変容の理論を提出した。Fishbein[23]は、その理論的核心を自分自身で要約してつぎのように叙述している。
1. 個人は、ある一定の対象に関して多くの信念を抱いている。つまり、多くの異なった特性、特質、価値、目標、対象が、一定の対象と肯定的にか、否定的にか結びついている。
2. 媒介的評価的反応つまり態度は、これら「関係のある対象」と相互に関連する。
3. これら評価的反応は総和する。
4. 媒介過程を通じる総和した評価的反応は、態度対象と関連する。
5. 将来、態度対象は、この総和した評価的反応つまり態度を喚起させるであろう。

Fishbein はこのように、態度は感情的成分、認知的成分、行動的成分を

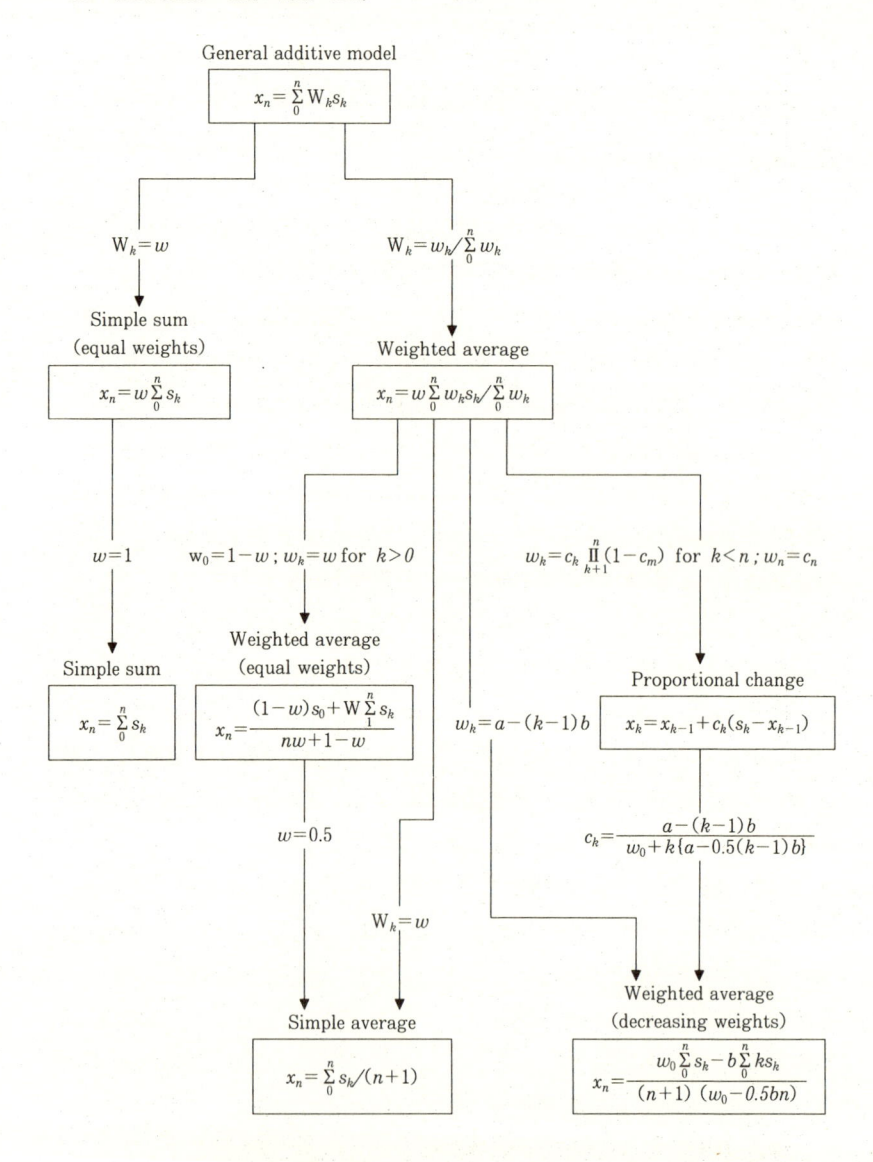

General additive model

$$x_n = \sum_0^n W_k s_k$$

$W_k = w$ → Simple sum (equal weights)

$$x_n = w \sum_0^n s_k$$

$W_k = w_h / \sum_0^n w_k$ → Weighted average

$$x_n = w \sum_0^n w_k s_k / \sum_0^n w_k$$

$w = 1$ → Simple sum

$$x_n = \sum_0^n s_k$$

$w_0 = 1 - w\ ;\ w_k = w$ for $k > 0$ → Weighted average (equal weights)

$$x_n = \frac{(1-w)s_0 + W \sum_1^n s_k}{nw + 1 - w}$$

$w_k = a - (k-1)b$

$w_k = c_k \prod_{k+1}^n (1 - c_m)$ for $k < n\ ;\ w_n = c_n$ → Proportional change

$$x_k = x_{k-1} + c_k(s_k - x_{k-1})$$

$$c_k = \frac{a - (k-1)b}{w_0 + k\{a - 0.5(k-1)b\}}$$

$w = 0.5$

$W_k = w$ → Simple average

$$x_n = \sum_0^n s_k / (n+1)$$

Weighted average (decreasing weights)

$$x_n = \frac{w_0 \sum_0^n s_k - b \sum_0^n k s_k}{(n+1)(w_0 - 0.5bn)}$$

図 I -3-11　印象形成における総和モデルと平均モデル（Rosenberg, 1968）

含むといった多次元的な概念規定は行わない。たとえば、人種差別に同じように反対している2人の人間は、人種差別の特質、原因、結果について異なった意味を抱いているかもしれないし、人種差別を廃止するために行われている行動に関しても異なった見解を持っているかもしれない。従って、人種差別に対して同じ態度を持っているということは、人種差別について同じ信念を持っているということを意味しない。Fishbein[25]によると、態度と信念はつぎのように定義される。

「態度とは、ある対象や対象の階層に対して好意的にあるいは非好意的に反応する学習された行動傾向（predisposition）である。一方、信念とは、それら対象の性質やタイプについての仮説である。」（P. 257）

多くの研究者達は、態度と信念との差異を吟味することなしに、一般的には態度という単一の言葉の中に種々の成分（評価、信念など）を包含して態度を定義してきた。その反面、態度尺度によって測定されているものは、単にある対象や概念についての評価（賛成－反対）だけであって、認知的、行動的要素の測定を無視するきらいがあった。概念的定義と操作的定義との間の大きなギャップをはらみながら態度理論と測定の研究がなされてきたのである。そこでFishbeinは、感情的（評価的）成分のみで態度を定義するという一次元的な概念化を行う。そして一方では、認知的成分と行動的成分とが信念を構成するものと考える。Fishbeinは、Osgood & Tannenbaum[63]、Osgood et al.[62]に従って、態度を「概念についての評価的次元」として操作的定義を行う。Osgood流の態度概念の規定はつぎのような点で有利であるとFishbein[25]は述べる。

1. 態度をある対象、概念についての評価的意味と同じであると考えることにより、一次元的な概念として扱うことができる。
2. Osgood et al.[62]が指摘しているように、意味空間におけるそれぞれの点は評価的要素を持っているので（評価の判断が中立の時にはその要素は0の大きさであるけれど）ある対象について個人が、肯定的、否定的、あるいは中立的態度を持っているということがこの定義により明らかになる。
3. 態度とは、ある刺激に対して、好意的、非好意的に反応する学習された

行動傾向と考えられるが、これは Osgood による行動理論的用語における態度の定義と（態度とは、ある刺激と関連する評価的反応の媒介過程と考える点で）一致する。従って、操作的には、Ogood et al.[62] による SD 法によって態度は測定されうる。

Fishbein & Raven[28] は、態度の定義と類似した信念の定義を行った。すなわち、態度を「概念についての評価的次元」として定義するのに対して、信念を「概念についての確率的次元」として定義する。たとえば、個人は、ある概念について「良い」とか「悪い」とか評価するのみならずその概念が「存在している」のか、「存在していない」か、という概念の存在を信じなかったり、信じたりする。そこでこの後者の判断を「信念」と考える。このような観点に立って、Fishbein & Raven[28] は、信念の測定法を発展し、これをB尺度と名付けた。これは被験者に一連の対になっている確率的尺度（たとえば、ありそうな－ありそうもない、可能な－不可能な、正しい－まちがった、など）でもってある概念について評定してもらうことにより得られる。

一見すると信念についてのこの概念規定は特別なもののように思われる。つまり、対象についての存在の確率のみに関心を向けており、従来の信念の定義とは異なっているように思える。特に従来の研究者たちは、対象についての信念（belief about an object）に注意を払っており、対象の存在についての信念（belief in an object）を無視していた。このような問題点から、Fishbein & Raven[28] は信念を「対象の存在についての信念（belief in an object）」と「対象についての信念（belief about an object）」とに分類する。前者は、対象の存在自体に関する信念であり、後者はその対象とその他の対象、性質との間の関係の存在についての信念である。たとえば、神の存在について信じるか否か、というのは belief in であり、神を含む関係の存在（神は全能である。神は全知である。神は子供を持っている。など）について信じるか否か、というのは belief about である。

Fishbein は、一般的には、belief about an object とは、信念の対象とその他の対象、概念、価値、目標との間に特別な関係が存在する probability あるいは improbability と定義する。この belief about an object は、(X)－

(Y) のように図式化される。(X) は信念対象を示し、Y は他の対象、概念を示し、−という線は (X) と (Y) とを結ぶ関係、主張を表している。本質的には、この (X) と (Y) との関係自体を信念と定義する点では従来の研究者による信念の定義と一致する。

(態度構造と変容のモデル式)

Fishbein の理論によると、ある対象に対する個人の態度とは、その対象に関するその人の信念(つまり、その対象が、その他の対象、概念、価値あるいは目標と関連する確率)とそれらの信念の評価的側面(つまり、「関連した対象」に対する態度)との関数である。代数学的には、この仮説は次のようにして表現されうる。

$$Ao = \sum_{i=1}^{N} B_i a_i$$

$Ao=$ 対象 "O" に対する態度
$B_i=$ "O" に対する信念 "i"
　　つまり特別な関係が "O" とその他の対象、価値、概念あるいは目標"Xi"との間に存在する"probability"あるいは"improbability"
$a_i=B_i$ の評価的側面
　　つまり関連のある対象 "Xi" に対する態度
$N=$ "O" についての信念の数

(Fishbein[22])

この公式について非常に興味深い点とは、価値評価と道具性の評価との積の総和に基づいて態度構造を把握する Rosenberg[71,72] の仮説によく類似しているということである。Fishbein[26] 自身もこの点を認めて、代数学的に Rosenberg の仮説をつぎのように表示している。

$$Ao = \sum_{i=1}^{N} Ii Vi$$

$Ao=$ 対象に対する態度
$Ii=$ 信念あるいは対象がある一定の価値ある状態 "i" の達成に導くか、妨げるかという確率

$Vi=$ 価値の重要性あるいは価値ある状態 "i" から予期される感情量

(Fishbein[26], P.394)

またFishbein[26]は、その他の類似理論としてSmith[84], Cartwright[14], Peak[64]などをあげている。多少の相違はあるにせよ、本質的には、ある対象に対する個人の態度とは、その対象についての個人の信念とそれら信念の評価的側面との関数であると予測する点においては同じである。

一貫性理論と総和理論との相剋

Fishbeinと彼の仲間 (Triandis & Fishbein[92], Fishbein & Hunter[29], Anderson & Fishbein[5], Anderson & Hackman[6], Anderson[7]) は、態度構造と変容の基礎となる原理として総和理論の立場に立つ研究に従事してきた。この総和理論は一貫性の原理に基づき態度構造と変容とを把握する一貫性理論とは全く異なっている。すなわち、Fishbeinの態度構造と変容のモデル式から理解できるように、総和理論は、ある対象に対する個人の態度とは、その対象についての信念と関連する感情の総量の関数である、と予測する。一方これに対して、一貫性の概念に基づくたいていの理論は、個人の態度とは、基本的には、対象についての信念と関連する感情の平均量の関数である、と予測する。このようにFishbeinは、態度構造と変容を「認知的総和」の過程としてとらえるのに対して、一貫性概念に基づく研究者たちは、態度構造と変容を「認知的バランス」の過程としてとらえる。このように「認知的総和」と「認知的バランス」の理論的差異に加えて、態度形成、印象形成における刺激の連合ルールとして、「付加 (adding)」対「平均 (averaging)」の問題が存在する (Anderson[8,9])。Fishbein & Hunter[29]は総和（付加）理論とバランス（平均）理論とを比較するために表Ⅰ-3-3のような仮説的状況に基づいて両理論の検証実験を行っている。

表 I-3-3 総和理論とバランス理論との間の差異のいくらかを示すための仮説的な例 ある対象（たとえば Mr. A）に関する信念とそれら信念の評価的な側面が以下のように習得される

グループ I		グループ II		グループ III	
信　念	a_i	信　念	a_i	信　念	a_i
Mr. A is Honest	+3	Mr. A is Honest	+3	Mr. A is Honest	+3
		Loyal	+2	Loyal	+2
				Successful	+1
				Determined	+0.5
$\Sigma Ai = +3$		$\Sigma Ai = +5$		$\Sigma Ai = +6.5$	
$\Sigma Ai/N = +3$		$\Sigma Ai/N = +2.5$		$\Sigma Ai/N = +1.6$	

(Fishbein & Hunter.[29], P. 506)

　表 I-3-3で見られるように、総和理論の観点からでは、個人が対象（刺激人物 Mr. A）について習得するそれぞれの肯定的な情報は、その対象に対する態度の好意度を増加させるように作用する。しかしながら、バランス理論の観点に立つと、ある条件下では、新しい肯定的な情報を習得することは、実際、個人の態度を低くするように働く、と予測できる。一方、否定的に評価された情報の場合にも同様である。すなわち、バランス理論によると、ある条件下では、対象に関して新しい否定的な情報を学ぶことは、その対象に対する個人の態度を増加するように働く、と予測する。これに対して、総和理論は常に、新しい否定的な情報を学ぶということは、個人の態度を減らすように働く、と予測する。こうした仮説を検証するためにFishbein & Hunter[29] は、表 I-3-3に示された状況と同一のものを実験的に作った。被験者は最初一連の形容詞をそれぞれ評定し、つぎに刺激人物（Mr. A）を評価した。刺激人物は、異なった数（1、2、4、8）の肯定的な形容詞でもって修飾されていた。最初の評価に基づく形容詞の平均評価を吟味すると、刺激人物を修飾している形容詞の数が増加するとともに、その平均量は有意に低くなる傾向は見られなかった。しかしながら、総和理論の観点と一致して、刺激人物の評価は、修飾された形容詞の数が増加するにつれて、有意に増加

した。このようにこれらの結果は、総和理論の解釈を強く支持した。

Anderson & Fishbein[5]は、実験的に記述された刺激人物の評価に関連する研究を報告している。この研究の目的として、第一に、態度変容とは、態度対象についての個人の信念それぞれに関連する感情の全体量の関数であるという仮説を検証すること、第二に、Fishbein の総和理論に基づく予測式と Osgood & Tannenbaum の適合性理論に基づく予測式の間に質的な比較を行うこと、第三に、Osgood[61]によって新しく拡張された適合性理論の予測式と Triandis & Fishbein[92]によって拡張された適合性理論の予測式との質的な比較を行うことである。第一の目的と関連して、Fishbein & Hunter[29]によってすでに同様の研究が行われているが、信念の強さ (Bi) については考慮が払われなかった。この Anderson & Fishbein[5]の研究においては、信念の強さ (Bi) が実験条件の中に挿入され、結果は同じく総和理論を支持した。しかしながら、このような結果は「付加」対「平均」との間の差異を示しているだけであって、実際には、総和理論とバランス理論の妥当性ないし有用性については何も示していない。この2つの相争っている理論を比較するためには、はっきりと異なった質的な予測がそれぞれの理論によって行われなければならない。不幸にも、バランス理論の中では、Osgood & Tannenbaum の適合性理論を除いては、数量的に扱えうる理論はない。その点適合性理論は、態度を予測しうることが可能なように公式化されている。Triandis & Fishbein[92]によって拡張された適合性理論のモデル式を一般化した形で示すとつぎのようになる。

$$予測される態度 = \frac{\left[\sum_{i=1}^{N} |a_i|(a_i)\right] + |a_n|(a_n)}{\left[\sum_{i=1}^{N} |a_i|\right] + |a_n|}$$

$|a_i|$=形容詞 "i" についての評価の絶対値

(a_i)=形容詞 "i" についての代数的評価

$|a_n|$=名詞についての評価の絶対値

(a_n)=名詞についての代数的評価

N ＝名詞と関連する形容詞の数

このように適合性理論によると、本質的には、複雑な刺激に対する個人の態度を、その要素の部分評価の重みづけられた平均としてみる。これに反してFishbeinの理論（ΣBia_i）によると、複雑な刺激に対する個人の態度は、その要素の部分評価の重みづけられた信念総和としてみることができる。

一方Osgood[61]によって拡張された適合性理論のモデル式を示すとつぎのようになる。

$$予測される態度 = \frac{|a_i|(a_i) + |a_{ni-1}|(a_{ni-1})}{|a_i| + |a_{ni-1}|}$$

$|a_i|$と(a_i)＝i番目の形容詞についての絶対値の評価と代数的評価

$|a_{ni-1}|$と(a_{ni-1})＝i-1番目の形容詞によって修飾された名詞についての絶対値の評価と代数的評価

実験の結果によると、刺激人物について実際得られた評価は、2つの適合性理論に基づく相関（+.38、+.39）よりも、Fishbeinのモデル式の予測と有意に相関（+.66）した。

Anderson & Hackman[6]による研究は、態度対象に「現実の生活」でよく知られた人（被験者のcourse instructor）を用いて、やはり総和理論を支持している。

おわりに

昨今のアメリカにおける態度研究、なかでも態度構造に関する研究は目ざましいものがある。これらについては既に、わが国においても紹介されてはいるが、部分的、断片的に行われるか、また、態度研究という側面よりは、認知理論として扱われることが多かったといっても誤りはない。

また、近年、その勢力的な研究でもって名の高いFishbeinの総和理論もまだ十分な紹介は行われていない。

この小論が、不十分さをかえりみず、態度構造論から一貫性理論と総和理

論の概観を試みた理由はそこにある。さらに、僅かばかりであるがこの両理論の比較検討をも加えた。既にこうした観点から筆者らは、"適合性理論と総和理論の数学的モデルの比較検討"と題する実験研究（日本教育心理学会11回発表論文集、1969、Pp. 354-355）をも発表したが、ここではそれらについてはすべて割愛した。アメリカのそれに比べ、停滞を続けるわが国の態度に関する理論的研究の進展を望んでやまない。大方の御批判を期待している。

引用文献

1) Abelson, R,P. 1959 Modes of resolution of belief dilemmas. *Journal of Conflict Resolution*, **3**, 343-352.
2) Abelson, R.P. & Rosenberg, M .J. 1958 Symbolic psycho-logic: a model of attitudinal cognition. *Behavioral Science*, **3**, 1-13.
3) 飽戸弘 1964 均衡の理論と変革の理論（その1）サンケイ・アド・マンスリー, **21**, 58-62.
4) 飽戸弘 1956 態度構造研究の方法論に関する諸問題 要因分析との関連を中心に, 心理学評論, **9**, 267-288.
5) Anderson, L.R., & Fishbein. M. 1965 Prediction of attitude from the number, strength, and evaluative aspects of beliefs about the attitude object. *Journal of Personality and Social Psychology*, **2**, 437-443.
6) Anderson, L.R., & Hackman, J .R. 1967 Further comparisons of summation and congruity theories in the prediction of attitude structure. *Journal of Psychological Studies*, **15**, 49-56.
7) Anderson, L.R. 1970 Prediction of negative attitude from congruity, summation, and logarithm formulae for the evaluation of complex stimuli. *Journal of Social Psychology*, **81**, 37-48.
8) Anderson, N.H. 1962 Application of an additive model to impression formation. *Science*, **138**, 817-818.
9) Anderson, N.H.1965 Averaging versus adding as a stimulus-combination rule in impression formation. *Journal of Experimental Psychology*, **70**, 394-400.
10) Backman. C.W. & Secord, P.F. 1959 The effect of perceived liking on interpersonal attraction. *Human Relations*, **12**, 379-384.
11) Burdick, H.A. & Burnes, A.J. 1958 A test of "strain toward symmetry" theories. *Journal of Abnormal and Social Psychology*, **57**, 367-370.

12) Carlson, H.B. 1934 Attitudes of undergraduate students. *Journal of Social Psychology*, **5**, 202-212.
13) Carlson, E.R. 1956 Attitude change through modification of attitude structure. *Journal of Abnormal and Social Psychology*, **52**, 256-261.
14) Cartwright, D. 1949 Some principles of mass persuasion. *Human Relations*, **2**, 253-267.
15) Cartwright, D. & Harary, F. 1956 Structural balance: a generalization of Heider's theory. *Psychological Review*, **63**, 277-293.
16) DiVesta, F. & Merwin, J. 1960 The effects of need-oriented communications on attitude change. *Journal of Abnormal and Social Psychology*, **60**, 80-85.
17) Eysenck, H.J. 1954 *The psychology of politics*. London: Routledge & Kegan Paul.
18) Ferguson, L.W. 1942 The isolation and measurement of nationalism. *Journal of Social Psychology*, **16**, 218-228.
19) Festinger, L. 1950 Informal social communication. *Psychological Review*, **57**, 271-282.
20) Festinger, L. 1954 Theory of social comparison processes. *Human Relations*, **7**, 117-140.
21) Festinger, L. 1957 *A theory of cognitive dissonance*. Row, Peterson and Company. (末永俊郎監訳 1965 認知的不協和の理論 誠信書房)
22) Fishbein, M. 1961 A theoretical and empirical investigation of the relationships between beliefs about an object and the attitude toward the object. Unpublished doctoral dissestation. University of California, Los Angels.
23) Fishbein, M. 1963 An investigation of the relationships between beliefs about an object and the attitude toward that object. *Human Relations*, **16**, 233-239.
24) Fishbein, M. 1965 A consideration of beliefs, attitudes and their relationships. In I.D.Steiner & M.Fishbein (Eds.), *Current studies in social psychology*. New York: Holt, Rinehart and Winton, Pp. 107-120.
25) Fishbein, M. 1967 A consideration of beliefs and their role in attitude measurement. In. M.Fishbein (Ed.) *Readings in attitude theory and measurement*. New York: John, Wiley and Sons, Pp. 257-266.
26) Fishbein, M. 1967 A behavior theory approach to the relations between beliefs about an object and the attitude toward the object. In. M.Fishbein (Ed.) *Readings in attitude theory and measurement*. New York: John, Wiley and Sons, Pp. 389-400.
27) Fishbein,M. 1967 Attitude and the prediction of behavior. In M.Fishbein (Ed.)

Readings in attitude theory and measurement. New York : John, Wily and Sons, Pp. 477-492.
28) Fishbein, M. & Raven. B.H. 1962 The A B scales: An operational definition of belief and attitude. *Human Relations,* **15**, 35-44.
29) Fishbein, M. & Hunter, R. 1964 Summation versus balance in attitude, organization and change. *Journal of Abnormal and Social Psychology,* **69**, 505-510.
30) 藤野武・岡路市郎・福島正治 1953 社会的態度の因子分析的研究 北海道学芸大学紀要, **4(2)**, 1-33.
31) 原岡一馬 1963 態度変容に関する実験的研究 ―積極的参加度が態度変容およびその過程に及ぼす影響― 教育・社会心理学研究, **4**, 77-91.
32) 原岡一馬 1966 態度変容過程に関する研究 年報社会心理学, **6**, 勁草書房
33) Harary, F., Norman, R.Z. & Cartwright, D. 1965 *Structural models : an introduction to the theory of directed graphs.* New York: Wiley.
34) Heider, F. 1946 Attitude and cognitive organization. *Journal of Psychology,* **21**, 107-112.
35) Heider, F. 1958 *The psychology of interpersonal relations,* New York: Wiley.
36) Insko, C.A. 1967 *Theories of attitude change.* New York: Appleton, Century-Crofts.
37) Izard, C.E. 1960 Personality similarity, positive affect, and interpersonal attraction. *Journal of Abnormal and Social Psychology,* **61**, 484-485.
38) Janichi, W.P. 1964 Effect of disposition on resolution of incongruity. *Journal of Abnormal and Social Psychology,* **69**, 579-584.
39) Jordan, N. 1953 Behavioral forces that are a function of attitudes and of cognitive organization. *Human Relations,* **6**, 273-287.
40) Katz, D. & Stotland, E. 1959 A preliminary statement to a theory of attitude structure and change, In S. Koch (Ed), *Psychology: a study of a science.* Vol. 3. New York: Mc Graw-Hill, Pp. 423-475.
41) 河村豊次・四方耀子 1960 社会的態度の発達 心理学評論, **4**, 146-165.
42) Kerrick, J.S. 1958 The effect of relevant and non relevant sources on attitude change, *Journal of Social Psychology,* **47**, 15-20.
43) Kerrick, J.S. 1959 News pictures, captions and the point of resolution. *Journalism Quarterly,* **36**, 183-188.
44) Kerrick, J. 1961 The effects of instructional set on the measurement of attitude change through communications. *Journal of Social Psychology,* **53**, 113-120.
45) Krech, D. & Crutchfield, R.S. 1948 *Theory and problems of social psychology.*

New York: McGraw-Hill.
46) Krech, D., Crutchfield, R.S. & Ballachey, E.L. 1962 *Individual in society*. New York: McGraw-Hill.
47) Levinger, G. & Breedlove. J. 1966 Interpersonal attraction and agreement: a study of marriage partners. *Journal of Personality and Social Psychology*, **3**, 367-372.
48) 松村康平・板垣葉子 1960 適応と変革 誠信書房
49) McGuire, W.J. 1960a Cognitive consistency and attitude change. *Journal of Abnormal and Social Psychology*, **60**, 345-353.
50) McGuire, W.J. 1960b Direct and indirect persuasive effects of dissonance producing messages. *Journal of Abnormal and Social Psychology*, **60**, 354-358.
51) McGuire, W.J. 1960c A syllogistic analysis of cognitive relationships. In M.J., Rosenberg & C.I. Hovland and (Eds.), *Attitude organization and change*. New Haven: Yale Univer. Press, Pp. 65-111.
52) McGuire, W.J. 1964 Inducing resistance to persuasion, In L. Berkowitz (Ed.) *Advances in experimental social psychology*. Vol.1. New York: Academic Press, Pp.191-229.
53) McGuire, W.J. 1966 The current status of cognitive consistency theories. In S. Feldman (Ed.) *Cognitive consistency: motivational antecedents and behavioral consequences*. New York: Academic Press.
54) Morrissette, J. 1958 An experimental study of the theory of structural balance. *Human Relations*, **11**, 239-254.
55) Newcomb, T.M. 1953 An approach to the study of communicative acts. *Psychological Review*, **60**, 393-404.
56) Newcomb, T.M. 1956 The prediction of interpersonal attraction. *American Psychologist*, **11**, 575-586.
57) Newcomb, T.M. 1959 Individual systems of orientation. In S.Koch (Ed.), *Psychology: A study of a science*. Vol. 3. Formulations of the person and the social context. New York: McGraw-Hill, Pp. 384-422.
58) Newcomb, T.M. 1961 *The acquaintance process*. New York: Holt, Renehart and Winston.
59) Osgood, C.E. 1960 Cognitive dynamics in the conduct of human affairs. *Public Opinion Quarterly*, **24**, 341-356.
60) Osgood, C.E. 1962 *An alternative to war or surrender*. Urbana: Univer. of Illinois Press. (田中靖政・南博訳 1968 戦争と平和の心理学 岩波書店)
61) Osgood, C.E. 1963 An understanding and creating sentences. *American

Psychologist, **18**, 735-751.
62) Osgood, C.E., Suci, G.J. & Tannenbaum, P.H. 1957 *The measurement of meaning*. Urbana: Univer. of Illinois Press.
63) Osgood, C.E. & Tannenbaum, P.H. 1955 The principle of congruity in the prediction of attitude change. *Psychological Review*, **62**, 42-55.
64) Peak, H. 1955 Attitude and motivation. In M.Jones (Ed.), *Nebraska symposium on motivation*. Lincoln: Univer. of Nebraska Press, **3**, 149-188.
65) Price, K.Q., Harburg, E. & Mcleod, J.M. 1965 Positive and negative affect as a function of perceived discrepancy in A B X situations. *Human Relations*, **18**, 87-100.
66) Price, K.Q., Harburg, E. & Newcomb, T.M. 1966 Psychological balance in situations of negative interpersonal attitudes. *Journal of Personality and Social Psychology*, **3**, 265-270.
67) Rokeach, M. (Ed.) 1960 *The open and closed mind*. New York: Basic Books.
68) Rokeach, M. & Rothman, G. 1965 The principle of belief congruence and the congruity principle as models of cognitive interaction. *Psychological Review*, **72**, 128-172.
69) Rokeach, M., Smith, P. & Evans, R.I. 1960 Two kinds of prejudice or one? In M.Rokeach (Ed.), *The open and closed mind*. New York : Basic Books, Pp. 132-168.
70) Rokeach, M. 1968 *Beliefs, attitudes and values*. Jossey-Bass.
71) Rosenberg, M.J. 1953 The experimental investigation of a value theory of attitude structure. Unpublished doctoral dissertation, Univ. of Michigan.
72) Rosenberg, M.J. 1956 Cognitive structure and attitudinal affect. *Journal of Abnormal and Social Psychology*, **53**, 367-372.
73) Rosenberg, M.J. 1960a An analysis of affective-cognitive consistency. In M.J. Rosenberg & C. I. Hovland (Eds.), *Attitude organization and change*. New Haven: Yale Univer. Press, Pp. 15-64.
74) Rosenberg, M.J. 1960b Cognitive reorganization in response to the hypnotic reversal of attitudinal affect. *Journal of Personality*, **28**, 39-63.
75) Rosenberg, M.J. 1960c A structural theory of attitudinal dynamics. *Public Opinion Quarterly*, **24**, 319-340.
76) Rosenberg, M.J. 1965 Some content determinants of intolerance for attitudinal inconsistency. In S.Tomkins & C.Izard (Eds.), *Affect, cognition and personality*. New York: Springer Publishing Company, Pp. 130-147.
77) Rosenberg, M.J. & Abelson, R.P. 1960 An analysis of cognitive balancing, In

M.J., Rosenberg & C.I.Hovland (Eds.), *Attitude organization and change.* New Haven: Yale Univer. Press, Pp. 112-163.
78) Rosenberg, M.J. & Hovland, C.I. 1960 Cognitive, affective and behavioral components of attitude. In M.J.Rosenberg & C.I.Hovland (Eds.) *Attitude organization and change.* New Heaven: Yale Univer. Press, Pp. 1-14.
79) Rosenberg, S. 1968 Mathematical models of social behavior. In G. Lindzey & E.Aronson (Eds.), *Handbook of social psychology.* Vol. I 2nd edition, Cambridge: Addison-Wesley, Pp. 179-244.
80) Sampson, E.E. & Insko, C.E. 1964 Cognitive consistency and performance in the auto-kinetic situation. *Journal of Abnormal and Social Psychology*, **68**, 184-192.
81) Sanai, M., 1951 An experimental study of social attitudes. *Journal of Social Psychology*, **34**, 235-264.
82) 瀬谷正敏 1963 対人認知と対人関係の認知 年報社会心理学, **4**, 107-116.
83) 瀬谷正敏 1965 態度変化とバランス説 干輪浩先生 古稀記念心理学論集 誠信書房 Pp. 65-77.
84) Smith, M.B 1949 Personal values as determinants of a political attitude. *Journal of Psychology*, **28**, 477-486.
85) Stachowiak, J.G. & Moss, C.S. 1965 Hypnotic alteration of social attitudes. *Journal of Personality and Social Psychology*, **2**, 77-83.
86) Steiner, I.D. 1960 Sex differences in the resolution of A-B-X conflicts. *Journal of Personality*, **28**, 118 - 128.
87) 田中国夫 1964 日本人の社会的態度 誠信書房
88) Tannenbaum. P.H. 1956 Initial attitude toward source and concept as factors in attitude change through communication. *Public Opinion Quarterly*, **20**, 413-425.
89) Tannenbaum, P.H. 1966 Mediated generalization of attitude change via the principle of congruity. *Journal of Personality and Social Psychology*, **3**, 493-500.
90) Tannenbaum, P.H. & Gengel, R.W. 1966 Generalization of attitude change through congruity principle relationship. *Journal of Personality and Social Psychology*, **3**, 299-304.
91) Thurstone, L.L. 1934 The vectors of mind. *Psychological Review*, **41**, 1-32.
92) Triandis, H.C. & Fishbein, M. 1963 Cognitive interaction in person perception. *Journal of Abnormal and Social Psychology*, **67**, 446-453.
93) Zajonc, R.B. 1960 The concepts of balance, congruity and dissonance. *Public Opinion Quarterly*, **24**, 280-296.

94) Woodruff, H., & DiVesta, F. 1948 The relationship between values, concepts and attitude. *Educational Psychological Measurement*, **8**, 645-660.

第4章 態度変容の実験的研究

－適合性理論と総和理論の比較検討－

問　題

　近年、態度形成、変容あるいは印象形成の分野で、平均化（averaging）と総和（summation）の問題に関して論争がなされてきた（註1）。

　Fishbeinと彼の仲間達（Triandis & Fishbein[18]，Fishbein & Hunter[9]，Anderson & Fishbein[2]，Anderson & Hackman[3]，Anderson[1]）は、態度構造と変容の基礎となる原理として総和理論の立場に立つ研究に従事してきた。総和理論の唱えるところによれば、ある対象に対する個人の態度は、その対象についての信念と関連する感情の総量の関数として把握される。代数学的にはこの仮説は次のように表現される。

$$A_0 = \sum_{i=1}^{N} B_i a_i$$

$A_0 =$ 対象 "O" に対する態度

$B_i =$ "O" に関する信念 "i" の強度

　　つまり特別な関係が "O" とその他の対象、価値、概念あるいは目標 "X_i" との間に存在する "probability" あるいは "improbability"

$a_i = B_i$ の評価的側面

　　つまり関連のある対象 "X_i" に対する評価

$N =$ "O" についての信念の数

　　　　（Fishbein & Hunter[9]）

　これに対して、平均化理論の観点に立つ研究者としては、Osgood & Tannenbaum[14]、Anderson[4,5,6]などがあげられる。基本的には、個人の態度は、対象についての信念と関連する感情の重みづけられた平均量の関

数と考えられ、モデル式で示せば次の如くなる（註2）。

$$\text{予測される態度} = \frac{\left[\sum_{i=1}^{N} |a_i|(a_i)\right] + |a_i|(a_i)}{\left[\sum_{i=1}^{N} |a_i|\right] + |a_n|}$$

$|a_i|$＝形容詞"i"についての評価の絶対値

(a_i)＝形容詞"i"についての代数的評価（algebraic evaluation）

（註3）

$|a_n|$＝名詞についての評価の絶対値

(a_n)＝名詞についての代数的評価

N＝名詞と関連する形容詞の数

（Triandis & Fishbein[18]）

　こうした相対立する両理論を検討した研究としてTriandis & Fishbein[18]のものがあげられる。彼らは、態度対象として、たとえば「ポルトガル人であなたとは宗教が異なっているニグロの炭坑夫」といった合成概念を用いて、個々の評価からどれ位正確に、合成された評価が予測されうるかを、Fishbeinのモデル式と適合性理論のモデル式と両方を用いて検討し、前者のモデルの優秀さを支持している。

　Fishbein & Hunter[9]は、パーソナリティ特性を用いて、「総和」と「平均」の問題を解明しようと試みた。彼らの結果によれば、刺激人物を修飾している形容詞特性が増大するにつれて、態度対象に対する評価が増大することを見出し、このことは総和理論の解釈を支持するものと結論している。

　Anderson & Fishbein[2]は、この研究を更に発展させて、物語形式のパラグラフの中にパーソナリティ特性を挿入するという手続を用いて、両予測モデルをテストしている。彼らの実験結果によると、刺激人物について実際に得られた態度値と二つの適合性理論（註4）に基づく予測値との相関よりも、Fishbeinのモデルの予測値との相関の方が有意に高いことが報告されている。

　Anderson & Hackman[3]による研究は、「現実の生活」でよく知られた

表Ⅰ-4-1 総和理論と適合性理論の比較研究のまとめ

研 究 者	年代	手続および態度対象	被験者数	データ処理法	結 果
Fishbein	1963	ニ グ ロ	50	(順位)相関	A_0 と $\Sigma B_i a_i$ の対応(総和理論) $r=.801$ ($p<.001$)
Triandis と Fishbein	1963	合成概念 ex.ポルトガル人であなたとは宗教が異なっているニグロの炭坑夫	50 ギリシャ人 25 アメリカ人 25	相 関	総和理論 $r=.651$ ($p<.01$) 適合性理論 $r=.534$ ($p<.01$)
Fishbein と Hunter	1964	Mr.A,B,C,D ex.Mr.A is honest	160	分散分析	総和理論による解釈支持
Anderson と Fishbein	1965	Mr.Williams Literary Preference test という口実で物語を読ませる	100	分散分析および相 関	総和理論 $r=.66$ ($p<.001$) 適合性理論 $r=.38$ ($p<.001$) 適合性理論 $r=.39$ ($p<.001$) (拡張されたもの)
Anderson と Hackman	1967	course instructor	63	相 関	own belief の場合 / standard belief の場合 総和理論 $r=.49$ / $r=.62$ ($p<.01$) ($p<.01$) 適合性理論 $r=.43$ / $r=.55$ ($p<.01$) ($p<.01$)
Anderson	1970	Anderson(1965)と同じ、ただしパーソナリティ特性が negative	115	分散分析および相 関	総和理論 $r=.36$ ($p<.01$) 適合性理論 $r=.14$
		cultural truism			総和理論 $r=.07$ 適合性理論 $r=.37$ ($p<.01$)

人物（被験者の course instructor）を態度対象として用いて、調査研究的な立場からも、総和理論の妥当性の高さを検証している。

こうした総和理論と適合性理論とを比較検討した実験結果をまとめるならば表Ⅰ-4-1の如くになるであろう。

方　　法

1　態度対象

Anderson & Fishbein[2]の研究では、態度対象として架空の人物が使われているが、この研究はともすれば態度変容というよりもむしろ態度形成、印象形成といった感が強い。また Anderson & Hackman[3]の研究では、現実生活においてよく知られた態度対象として、course instructor が用いられたが、この研究は態度変容を扱ったというよりはむしろ態度構造を問題

としたものと考えられる。従って、本研究ではこうした点を考慮して、現実生活でよく知られ、一般的に好意的に思われている態度対象すなわちアリナミンとペニシリンが用いられた。

2　被験者

　大阪府立Y高校2年生（実験群50名、統制群51名）を被験者とした。しかし調査用紙への記入洩れ、記入誤り、欠席などの理由や、コミュニケーションの信憑性（註5）の評価の著しく低い者などを省くと、実質的に有効な調査用紙は、実験群で、ペニシリン41名、アリナミン33名、統制群で44名となった。

3　実験のデザイン

　実験のデザインとしては、実験群と統制群を設けるというオーソドックスなやり方を取った。実験群には、態度変容を生じさせる情報を呈示し、その後、態度対象としてのアリナミン、ペニシリンに対する態度調査を行なった。統制群には態度調査のみを行なった。

4　実験手続

　実験の手続は次の通りである。
　　　　ａ．実験前の態度測定
　　　　ｂ．実験（情報の呈示）
　　　　ｃ．実験後の態度測定と信念測定
　ａ．実験前の態度測定
　Osgood, Such & Tannenbaum[13] に従って、態度を概念についての評価次元として一次元的に扱い、操作的にはＳＤ法によって測定された。被験者の「ペニシリン」、「アリナミン」、「副作用のある薬」、「効き目のない薬」、「アレルギー」に対する態度（評価）を測定するために、次のような7段階評定尺度が用いられた。

　　　　　　よい：＿＿：＿＿：＿＿：＿＿：＿＿：＿＿：＿＿：わるい

尺度は11個あったわけであるが、態度得点を示すものとして実際に計算された尺度は、「正しい－不正な」、「かしこい－ばかな」、「よい－わるい」、「健康な－不健康な」、「価値のある－価値のない」、「有害な－有益な」の合計六つで、いずれも評価次元を代表する尺度である（註6）。この態度得点は、適合性理論の予測式に必要なものである。

　b．実験（情報の呈示）

　第1回目の態度調査の1週間後に、「分析的な思考能力と科学的な才能についてのテスト」という口実で実験（調査）が行なわれた。ペニシリンとアリナミンに対する態度を肯定的なものから否定的なものに変容させるために、態度対象に関して否定的なメッセージが実験群の被験者に与えられた。メッセージの内容は、ペニシリンについては Anderson[1] が用いた調査用紙の中から（註7）、アリナミンについては『保健薬を診断する』（高橋晄正他編、三一書房）と題する新書の中から選ばれた。メッセージの論点としては、1）ペニシリンを続けて使用することによりアレルギーにかかりやすくなる。2）ペニシリンの使用増加で、菌の低抗力が強くなり、効き目がなくなっている。1）アリナミンには副作用がある。2）アリナミンは実際には効き目のない薬である。

　c．実験後の態度測定と信念測定

　信念は Fishbein & Raven[10] による研究に基づき、概念についての確率的次元と定義し、操作的には Fishbein & Raven[10] のB尺度の変形したものを用いた。すなわち、「アリナミンを飲むことのマイナスは、経済問題だけでなく、その薬のもつ副作用にある」といった項目について、次のような尺度で信じる程度についてチェックしてもらうことにより信念は測定された。

　　　　正しい：＿：＿：＿：＿：＿：＿：まちがった

　　　　述べられた：　：　：　：　：　：　：述べられなかった

　この信念強度得点は、Fishbein の予測式の計算に使用される。なお実際にスコアを計算した尺度は「正しい－まちがった」についてだけであった（註8）。

　次に被験者は、ペニシリン、アリナミンを評定するように求められた。こ

れは実験によって変容せられた態度得点（実測値）を得るためである。またコミュニケーションの信憑性をチェックするために、情報源（コミュニケーター）すなわち高橋教授による報告と、ハリソン・クラーク博士の報告（ペニシリンのトピック）に対する態度もあわせて測定された。

この実験を図式化してみれば次のようになるだろう。

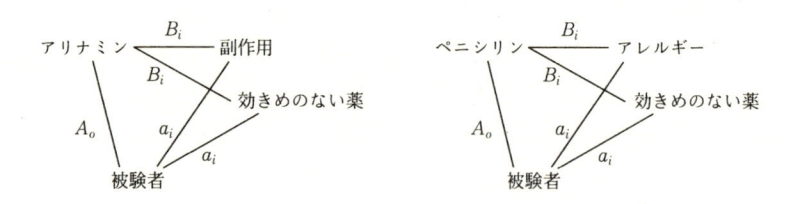

A_oとは態度対象に対する態度（評価）、B_iとは信念の強さ、つまり態度対象がその他の対象や概念と関連している確率、a_iとは信念の評価的側面のことである。

結果および考察

1 実験操作について

対照群は、1週間の期間を置いて、ペニシリン、アリナミンに対する態度が2回測定された（註9）。その結果は表Ⅰ-4-2に示されている。

また第1回目の態度得点と第2回目の態度得点は、ペニシリンの場合 $r=.3672$（$p<.02$）、アリナミンの場合 $r=.8357$（$p<.001$）。これらの結果から有意差検定をしてみると、ペニシリンの場合はネガティブな方向に変化が見られ（$t=3.74$, $p<.001$）、一方アリナミンの場合はポジティブな方向に変化が見られる（$t=2.74$, $p<.01$）。この原因については今のところ不明で

表Ⅰ-4-2　対照群における態度値（N＝44）挿入

	ペニシリン		アリナミン	
	平　均	標準偏差	平　均	標準偏差
第1回目　態度値	2.133	0.809	1.174	1.299
第2回目　態度値	1.651	1.200	1.497	1.388

（ただし range：−3 から ＋3 まで）

ある。しかしながら、実験群と対照群とを第1回調査時の態度得点と比較した場合、両群には若干差は存在したが（ペニシリン $t=1.46$, $p<.10$, アリナミン $t=2.08$, $p<.02$）、第2回目の態度得点に関しては、有意に高い差が存在することから（ペニシリン $t=3.46$, $p<.001$, アリナミン $t=6.22$, $p<.001$）、実験期間中に態度対象に関するネガティブなコミュニケーションがなかったと結論しても差支えないであろう。また実験群における態度変動量もかなり統計的に有意差が大なることから（ペニシリン $t=9.25$, $p<.001$, アリナミン $t=17.27$, $p<.001$）、一応実験操作はうまくいったと考えることができよう。

2 態度変容と予測のモデル式について

被験者のひとりひとりについて、その実験前の態度調査、実験後の態度調査、信念調査に基づき、はじめに述べた適合性理論予測式および総和理論予測式を用いて態度変容の予測値を計算した。以上の予測式に加えてわれわれは新たに、適合性理論のモデル式に信念の強度を組み入れた次の式を設定した。

$$予測される態度 = \frac{|A_f|(A_f) + \left[\sum_{i=1}^{N} |B_i a_i|(B_i a_i)\right]}{|A_f| + \sum_{i=1}^{N} |B_i a_i|}$$

A_f＝変容以前（メッセージを与える前）の対象"O"に対する態度
B_f＝"O"に関する信念"i"
a_i＝B_iの評価的側面
N＝"O"についての信念の数

三つの予測式を用いて計算された予測式と実験後に得られた態度得点（実測値）に関するローデータは、表Ⅰ-4-3に示されている（アリナミンについてだけ）。

またこれらのモデル式の平均および標準偏差、ペニシリン、アリナミン、アレルギー、効き目のない薬、副作用のある薬、ハリソソ・クラーク博士による報告、高橋教授による報告に対する態度（評価）、信念強度に関する諸

表Ⅰ-4-3 変容の実測値と予測値（アリナミン）

被験者	実測値	予測値 適合性モデル	予測値 総和モデル	予測値 修正モデル
1	0.67	−1.00	−2.57	−0.48
2	1.00	−0.56	−1.93	−0.80
3	−1.17	−1.91	−1.84	−1.75
4	−1.83	−0.66	−3.00	−0.58
5	−3.00	−1.25	−3.00	−0.32
6	1.17	−0.94	−2.45	0.11
7	−2.17	−0.92	0.12	−0.26
8	0.17	−1.01	−2.93	−0.63
9	0.00	−1.11	−1.93	0.35
10	−0.67	−0.83	−2.25	−0.08
11	0.67	−1.03	−3.00	−0.07
12	0.00	−0.77	−2.59	0.37
13	−0.33	0.26	−0.55	0.49
14	0.00	−1.13	−3.00	−0.46
15	1.00	−2.10	−3.00	−1.40
16	0.17	−0.33	−1.69	−0.03
17	−1.33	−2.05	−3.00	−1.35
18	−1.33	−2.76	−3.00	−1.76
19	−2.33	−0.74	−2.63	0.81
20	−0.83	−2.33	−2.98	−1.52
21	−1.00	−2.22	−2.80	−1.29
22	−0.17	−1.74	−3.00	−1.13
23	−2.17	−1.52	−3.00	−0.92
24	−2.50	−0.87	−3.00	−0.67
25	−0.17	−1.34	−3.00	−0.36
26	1.00	−0.54	−2.88	0.42
27	−1.33	−1.44	−2.41	−1.42
28	2.00	0.45	−0.67	2.07
29	1.67	−0.68	−0.68	1.15
30	−2.50	−2.04	−3.00	−1.28
31	−0.33	−1.70	−3.00	−1.53
32	0.67	0.17	−1.60	0.28
33	−1.67	0.62	−2.03	−0.20

（ただし range：−3 から +3 まで）

第4章 態度変容の実験的研究 109

表Ⅰ-4-4 実測値および各モデルの平均標準偏差

態度トピック 予測式	ペニシリン 平均	ペニシリン 標準偏差	アリナミン 平均	アリナミン 標準偏差
実 測 値 (第2回目態度得点)	0.708	1.286	−0.504	1.300
適 合 性 モ デ ル	−0.437	0.789	−1.129	0.742
総 和 モ デ ル	−2.530	0.790	−2.372	0.845
修 正 モ デ ル	−0.155	0.718	−0.432	0.880

(N=41)　　　　　　(N=33)

表Ⅰ-4-5 各対象に対する態度得点の平均と標準偏差

	平　均	標 準 偏 差
ペニシリン（第1回目態度得点）	2.381	0.736
アリナミン（第1回目態度得点）	1.750	0.954
効き目のない薬	−2.353	0.907
	−2.480	0.853
ア レ ル ギ ー	−1.439	1.043
副作用のある薬	−1.560	1.321
クラーク博士による報告	1.855	0.699
高橋教授による報告	1.641	1.060

表Ⅰ-4-6 各信念強度の得点の平均と標準偏差

	平　均	標 準 偏 差
ペニシリン→アレルギー	0.675	0.330
ペニシリン→効き目のない薬	0.939	0.142
アリナミン→副作用	0.715	0.254
アリナミン→効き目のない薬	0.629	0.257

(ただし得点の range は0～1まで、ペニシリン N=41　アリナミン N=33)

　結果は表Ⅰ-4-4、表Ⅰ-4-5、表Ⅰ-4-6に示された。
　次に適合性理論、総和理論、それにわれわれの修正式によるそれぞれの態度変容の予測値と実際に態度変容した後の態度値との相関係数を示すと、表Ⅰ-4-7の通りである。

表 I-4-7 実測値と予測値との相関

予測式＼態度トピック	ペニシリン (N=41)	アリナミン (N=33)
適 合 性 理 論	.25	.37*
総 和 理 論	−.23	.26
修 正 モ デ ル	.31**	.43**

** $p<.02$, * $p<.05$.

　表 I-4-7 から明らかなように、総和理論については妥当性を見出し得なかった。適合性理論は予測の可能性を示唆している。特にわれわれが、適合性モデル式を修正し、信念の強度を組み入れた式では、十分にその妥当性を実証しえたものと思われる。

　またこの結果は Anderson[1] の結果と類似している点は面白い。本実験で用いられたペニシリンに関する情報は Anderson の研究に用いられた調査用紙の一部を日本語に翻案したものなので、多少とも比較可能である。彼の結果は表 I-4-8 に示されている。

　表から理解できるように、態度トピックが Cultural truism である場合には、適合性理論に有意に相関している。それに対して、Fictional character の場合には総和理論と有意に相関している。態度トピックが Fictional character である同様の研究（Anderson & Fishbein[2]）でも総和理論を強く支持していることから推論すれば、実験結果は態度トピックに依存していると

表 I-4-8　2つのトピックに関する種々の予測の公式と実際に得られた態度との相関 (N=115)

	Attitude topic	
Prediction formula	Cultural truism	Fictional character
Summation	.07	.36**
Congruity	.37**	.14
Logarithm （註）	.07	.16

* $p<.05$
** $p<.01$

註) Manis, Gleason & Dawes (11) による Logarithm 予測式は次の如くである。

$$E_c = \log n \frac{\sum_{i=1}^{n} w_i S_i}{\sum_{i=1}^{n} w_i}$$

E_i = the evaluation of the compound
w_i = the weight associated with the 1th element
S_i = the scale value of the Ith element

も考えられる。すなわち、架空の人物を態度対象として用いて、肯定的ないし否定的な形容詞（パーソナリティ特性）で修飾された架空の人物を含む文章を読ませた後に、その架空の人物に対する態度を測定する、といった実験操作による研究は、態度変容の研究というよりもむしろ態度形成、印象形成の研究と考えられる（註10）。

　こうしたことから暫定的に結論すれば、態度変容においては適合性（平均）理論による説明がよく、態度形成（印象形成）においては総和理論による解釈と一致する。では何故、態度変容事態では適合性理論のあてはまりが良いのであろうか。態度変容の実験事態においては、被験者はすでに当該態度対象に関して、持続的な評価反応傾向を持っているのであって、決して白紙状態ではないのである。既存の態度の中に実験操作としての情報が入り込んで来るのである。一方、態度形成（印象形成）実験事態では、当該の態度対象についてはニュートラルな評価しか持っておらず、与えられた情報に沿ってほぼ態度（印象）が形成される。適合性理論の予測モデルは、情報を与えられる以前の態度（既存の態度）の強度を予測式の中に組み入れている。しかし総和理論の予測モデルにおいては既存の態度の強さは問題にされていない。こうした両モデルの差異（つまり全く同一次元の比較ではない）によって結果が異なるという点は考慮されねばならないが、態度変容過程と態度形成過程の差異に関しても理論的な吟味が必要であろうし、またそれを裏づけるような実験的研究もなされねばならない。

　また予測の精度を上げるためには、ウェイトの正確な測定が必要であろう。われわれは、適合性理論の予測モデルが持つウェイトに加えて、いわゆるFishbein のいうところの信念の強度を修正モデルに附加することによって、予測度を増大させることができた。ただ適合性モデルの場合は、不信頼のための修正が必要であるが、この研究においてはそれがなされていない。しかしながら、概念と概念との関係の確からしさのレベルを測定している信念の強度が不信頼係数になっているのかもしれない。

3　残された問題

　この研究においては、いわば二重に重みづけられた適合性理論修正式の妥

当性が検証され、態度変容過程においては平均化の原理と一致することが見出された。しかしながら総和か、平均か、といったふうに、二者択一をせまるのではなく、如何なる条件下で総和あるいは平均化が生じるのか、といった条件分析的研究がなされねばならない。単なるモデル式のあてはまりを検討するだけでは余り意味がないように思える。逆にモデルを用いることにより、如何なる条件下でモデルのあてはまりが良いのか、悪いのか、といった点の検討が必要であろう。

平均 vs. 総和の生起を条件分析的に行なった研究として Dustin & Baldwin[7] のものがあげられる。彼らは刺激相互の redundancy といった観点から平均総和の問題を明らかにした。すなわち、刺激要素の評価的意味における overlap の量が、少なげれば少ないほど（redundant でないほど）総和が生じ易いということを見出した。異なった実験操作ではあるが、Schmidt[15] も同様の結果を見出している。

また、総和が生じるためには極端な評価がなされねばならない。このことから、当該態度対象に関する認知構造がヴァラェティと複雑性に富んでいるほど実験操作の方向への変化は少ないように思われる。逆に認知構造が simple であるならば、操作方向への変化量は大で、総和が生じやすい。こうした特定の態度対象に関する認知構造を更に一般化して押し拡げると、個人差という考えに到達する。高橋らは[17]、認知的に複雑な者は低い者に比べ、より平均的な総和を行なうであろうという仮説を立てて研究を行なったが、個体変数（認知的複雑性）とは無関係に平均的統合を行なうということを見出している。この点は別のパーソナリティ変数を用いて確認することが必要であろう。

註1）この問題に関する（特にモデル式を中心とした）レヴューは高橋[16] の文献に詳しく紹介されている。

註2）Osgood, Suci & Tannenbaum[13] によるオリジナルは、結合的主張で二つの判断対象が結合されるとき、次の如くである。

$$P_r = \frac{|P_1|}{|P_1|+|P_2|}P_1 + \frac{|P_2|}{|P_1|+|P_2|}P_2$$

ここでの $\dfrac{|P_1|}{|P_1|+|P_2|}$ と $\dfrac{|P_2|}{|P_1|+|P_2|}$ は一種の重みづけ (weighting) になっている。

註3) 代数的符号を考慮した評価値。

註4) もう一つの拡張された態度予測値は次のような式で計算される。

$$予測される態度値 = \frac{|a_i|(a_i)+|a_{ni-1}|(a_{ni-1})}{|a_i|+|a_{ni-1}|}$$

註5) 刺激メッセージのソースに実験者が付与した信憑性。

註6) 評価次元を代表するものとして選ばれたこの6つの尺度は、Osgood, Tannenbaum & Suci をはじめとして、その後しばしば研究者たちによって態度の指標として用いられているものである。

註7) Anderson が用いたのは、いわゆる免疫理論 (inoculation theory) を検証するために McGuire[12] が用いている Cultural truism に関するものである。

註8) スコアリングの仕方であるが、1点から7点という range を0点から1点になるように換算しなおした。従って、全く正しいと信ずる場合には1点、全くまちがったと信ずる場合には0点になる。

註9) 一時、薬の効き目がないということがマスコミで精力的に取り上げられたことはあったが、この実験がなされたのは1968年11月頃で、それよりもずっと以前であった。

註10) これと同様のことは Anderson[1] 自身も指摘している。

引用文献

1) Anderson, L.R. 1970 Prediction of negative attitude from congruity, summation, and logarithm for the evaluation of complex stimuli. *Journal of Social Psychology*, **81**, 37-48.

2) Anderson, L.R. & Fishbein, M. 1965 Prediction of attitude from the number, strength, and evaluative aspect of beliefs about the attitude object: a comparison of summation and congruity theories. *Journal of Personality and Social Psychology*, **2**, 437-443.

3) Anderson, L.R. & Hackman, J.R. 1967 Further comparisons of summation and congruity theories in the prediction of attitude structure. *Journal of Psychological Studies*, **15**, 49-56.

4) Anderson, N.H. 1962 Application of an additive model to impression formation. *Science*, **138**, 817-818.

5) Anderson, N.H. 1965 Averaging versus adding as a stimulus-combination rule in impression formation. *Journal of Experimental Psychology*, **70**, 394-400.

6) Anderson, N.H. 1967 Averaging model analysis of set-size effect in impression formation. *Journal of Experimental Psychology*, **75**, 158-165.
7) Dustin, D.S., & Baldwin, P.M. 1966 Redundancy in impression formation. *Journal of Personality and Social Psychology*, **3**, 500-506.
8) Fishbein, M. 1963 An investigation of the relationships between beliefs about an object and the attitude toward that object. *Human Relations*, **16**, 233-239.
9) Fishbein, M., & Hunter, R. 1964 Summation versus balance in attitude organization and change. *Journal of Abnormal and Social Psychology*, **69**, 505-510.
10) Fishbein, M., & Raven, B.H. 1962 The A B scales: An operational definition of belief and attitude. *Human Relations*, **15**, 35-44.
11) Manis, M., Gleason, T.C., & Dawes, R.M. 1966 The evaluation of complex social stimuli. *Journal of Personality and Social Psychology*, **3**, 404-419.
12) McGuire, W.J. 1964 Inducing resistance to persuation. In L. Berkowitz(Ed.), *Advances in Experimental Psychology*. Vol. 1. New York: Academic Press, Pp.191-229.
13) Osgood, C.E., Suci.G., & Tannenbaum, P.H. 1957 *The measurement of meaning*. *Urbana*: University of Illinois Press.
14) Osgood, C.E., & Tannenbaum, P.H. 1955 The principle of congruity in the prediction of attitude change. *Psychological Review*, **62**, 42-45
15) Schmidt, C.F. 1969 Personality impression formation as a function of relatedness of information and length of set. *Journal of Personality and Social Psychology*, **12**, 6-11.
16) 高橋超 1969 印象形成過程における情報統合モデルに関する一考察：加算化（Summation）－平均化（Averaging）を中心にして広島大学教育学部紀要, 第1部, **18**, 91-101.
17) 高橋超・市河淳章・浜名外喜男 1970 認知的複雑性と情報統合過程 中国四国心理学会論文集, **3**, 45-47.
18) Triandis, H.C. & Fishbein, M. 1963 Cognitive interaction in person perception. *Journal of Abnormal and Social Psychology*, **67**, 446-453.

II
社会的態度の測定

第5章 態度の測定法

　態度を定義することはやっかいな作業であるが、態度を測定することは定義することに比べれば容易に思われる。態度測定における初期の関心事は、一次元的なものさし（好意－非好意の連続体）で態度を測定することにあった。古典的な態度尺度構成論はこうした基盤に立脚している。近年コンピューターの普及は著しい。莫大な記憶容量と演算速度を持つコンピューターは大規模な行列計算をいとも簡単に実行する。また従来、理論的模型にすぎなかったものが、たとえば反復計算による近似解が可能となり、現象解析のための道具になりつつある。こうした事情を背景にして、社会心理学の分野でも多変量解析の手法の開発や応用がさかんになされている。態度測定の面でもこうした趨勢の中にあって、一次元的な尺度から多次元的な尺度に興味の中心が移行しつつある。この節では一次元測定法と多次元測定法に分けて態度測定の手法を概観してみよう。

一次元測定法

(1)等現間隔法（Equal appearing interval method）

　これは、Thurston & Chave によって考案された方法である。[1] Thurston 法は、好意－非好意といった所与の一元連続体に関して、ひとつひとつのステイトメントの尺度値の分布が等間隔になるように尺度を構成し、被験者によって選択されたステイトメントの得点の平均によって、その個人の連続体上での位置を推定しようとする方法である。尺度作成の過程は次のごとくなる。まず測定しようとする態度対象に関するステイトメントを、好意的から非好意的なものにまでわたるよう、できるだけ多くの意見を集める。次に、一群の判定者に、各々のステイトメントがどれくらい好意的なのかを、11段階に分類させ、各々ステイトメントの中央値及び四分偏差値を算出する。

この中央値が態度尺度となる。また四分偏差値の大きいものは、ステイトメントの意味が多義的であるため捨て去ることにする。最終的には、11点から1点までの全域にできるだけ等間隔にちらばるようにステイトメントを選ぶ。このようにしてできあがった態度尺度を被験者に与え、自己の意見にまた近いものを選ばせる。選択されたステイトメントの尺度値の算術平均または中央値を算出し、各自の態度得点とする。

(2) Likert法（Likert method）

Thurston法は、特定の判定者による分類の結果にもとづいて、あらかじめ態度尺度値が決定されるが、Likert法は、[2] 測定しようとするサンプルの反応を基にして、態度尺度値ならびに態度得点を求めていくところに特徴がある。理論的には、ある個人のある特定のステイトメントに対する態度は、一つの態度尺度上で規準正規分布をする確率変数であると仮定する。この態度尺度の上で、5段階評定の場合には、a、b、c、dという4つの区分点があり、態度をあらわす確率変数 n が a 以下の値をとった時には、「強く反対」という反応が生じ、aとbの間の値をとった時には「反対」という反応が生じ……d以上の値をとった時には「強く賛成」という反応が生じると仮定する。この時、各段階の反応に対応する尺度値は、それぞれの区間における平均値（$z_1 \sim z_5$）と定める。以上はシグマ値法と呼ばれる尺度値算出法であるが、実際には、「強く賛成」から「強く反対」までの5反応に、5、4、3、2、1といった尺度値を与える簡略法を適用しても、結果には大差がないことが知られている。

実際の尺度構成の手段は、まず一定の態度に関する意見項目を数多く集め、その項目に対する賛成－反対の程度を5段階ないし7段階で評定を求める。次に簡略法ないしシグマ値法で、各カテゴリーのウェイトを定め、個人毎の合計得点を算出する。この後、項目分析や検査全体の信頼性を吟味し、不適当な項目を除去した後、採点し直し、各個人の態度得点とする。Likert法は、Thurston法に比べて労力が比較的少なくてすむのが長所である。

図Ⅱ-5-1　態度連続体

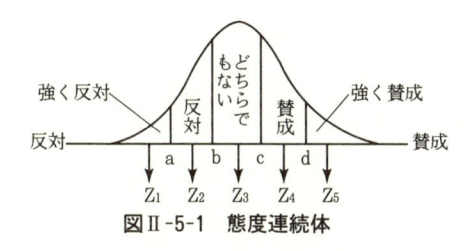

(3) Guttman 法（Guttman technique）

スケログラムアナリシス（Scalogram analysis）

　Guttman は態度項目を尺度化するために独特の方法を考え出した。[3] 彼によって定義された一元尺度を、どの程度満足しているかを吟味する手続きは、一般的に尺度解析（scale analysis）と呼ばれ、前述のThurston法やLikert法のような尺度構成法とはかなり異なっている。すなわち、特定の項目に肯定的な反応をした個人は、同時に、それより低い順位にある他の全ての項目に対しても肯定的に反応するような順位に、各項目を配列できるということである。具体的に、スポーツに対する態度で考えてみよう。今、項目1から項目4までの5人の反応パターンが、図Ⅱ-5-2のようになったと仮定する。この図は、完全尺度における

　　　項目1　野球が好き　　　　項目3　スキーが好き
　　　項目2　テニスが好き　　　項目4　サッカーが好き

スケログラムで、反応パターンが平行四辺形の型をなす。Guttman法においては、被験者と項目を適当に動かすことによって、反応の配列パターンをできるだけ平行四辺形に近づけるような操作を行う。その際、実際のデータでは、例に示したような配列になることはまずなく、次のような再現性指数を求め、0.90以上になれば尺度化可能（scalable）、0.85から0.90の時、準尺度化可能（quasi-scalable）と定義して処理する。

$$再現性指数 = 1 - \frac{エラーの総数}{項目数 \times 被験者数}$$

ここでのエラー数とは、平行四辺形から逸脱した総数のことである。

被験者	“はい”と答えた項目				“いいえ”と答えた項目			
	1	2	3	4	1	2	3	4
1	×	×	×	×				
2		×	×	×	×			
3			×	×	×	×		
4				×	×	×	×	
5					×	×	×	×

図Ⅱ-5-2　完全尺度スケログラム

⑷　社会的距離尺度（social distance scale）

Bogardus によって、人種間の社会的距離を測定するために考案された尺度である。[4] 評定の対象となる人種について、次のような選択肢の中で、自分の感情に最も近いものを被験者に選ばせる。社会的距離の大小

1）結婚して密接な親類関係を結んでもよい。

2）個人的友人として私のクラブに入れてもよい。

3）隣人として私の町に迎えてもよい。

4）同じ職場の同僚として迎え入れてもよい。

5）私の国の市民権を与えてもよい。

6）私の国への訪問者としてだけならよい。

7）自分の国から排斥したい。

として、数字でかかげた得点を与えるようになっているが、厳密な意味での尺度値とはいえない。この社会的距離尺度は、態度の行動的成分、すなわち人種に対する行動的意図を測定するものである。Triandis は、これを更に BD 法（Behavioral Differential method）へと発展させた。[5] 人種や人物といった態度対象に関して、たとえば、その人のアイデアをほめるといったような行為を20示し、各々について、そうしたい－そうしたくないの 9 段階で評定を求めることにより、行動的意図の測定を可能にした。更にこの意図の下位成分として、「服従を伴う社会的承認」「結婚の承認」「友好的承認」「社会的距離」「社会的上下関係」の 5 因子が見出されている。

(5) 展開法（Unfolding technique）

Coombs は、刺激と個人とを同一の空間内に位置づける手法である展開法を開発した。[6] この手法の特色は、順位という情報を利用して、刺激の位置ならびに個人の位置を、同一次元内に収めようとするところにある。順序というものについて、個人は自己に対応する点（理想点 ideal point）と対象との距離が小さいほどその対象を他の対象よりよく選好し、距離の大きさに従って選好順序が作られると考える。たとえば、A、B、C、Dという4つの政党が図Ⅱ-5-3に示されるように水平線上に位置づけられると仮定してみよう。

Xという個人にとって、政党支持の順序はA、B、C、Dの順であり、Yにとっては、C、D、B、Aの順となる。個人と刺激が共通して位置づけられている水平線をJ尺度（Joint Scale）と呼び、個人の理想点を通る垂線に展開されたものをI尺度と呼ぶ。実際には、個人の理想点や刺激の位置（J尺度）は未知のものであるため、観測によって与えられたI尺度を展開してゆくことでJ尺度を見出そうとする。しかし一次元J尺度では予想されないようなI尺度が得られたり、刺激や個人の数が多くなると困難な問題があったりして、実際的応用の可能性は少ない。

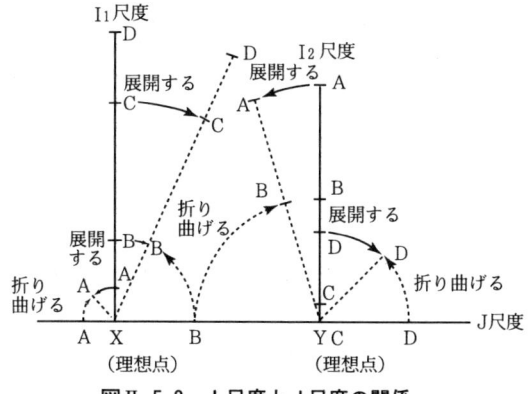

図Ⅱ-5-3　I尺度とJ尺度の関係

多次元測定法

(1) SD法 (Semantic Differential method)

　もともとは情緒的意味を測定するために、Osgood, Suci & Tannenbaum によって開発された手法である。[7] 下記の例のように、一連の両極性形容詞対の尺度上に、いろいろな概念（人物、争点、絵、制度など何でもよい）の評定を求める。文化の異なるさまざまの国で、いろいろな概念について評定を求め、その結果を因子分析したところ、常に「評価」「活動的」「力量性」といった3つの主要な因子が見出されている。特に、良い－悪い、美しい－みにくい、正直な－不正直な、公平な－不公平なといった形容詞対よりなる「評価」の因子を用いて、態度の感情的成分を測定することができる。

```
              女　性
よ　い ┠―――×―――――┨ わるい
強　い ┠―――――×――┨ 弱　い
積極的 ┠――――――×―┨ 消極的
```

　Osgoodらによれば、Thurston法やGuttman法といった尺度とSD法との間には高い相関があり、SD法が、態度尺度として充分に有用であることが指摘されている。SD法は、形容詞対の選び方によっては、感情的成分といった単一の次元のみならず、認知的成分をも測定可能となり、その点で多次元的な尺度ともいえよう。

(2) 潜在構造分析法 (Latent structure analysis)

　Lazarsfeldによって開発された手法で、実際に観測されたデータ（質的な2値反応）から、その背後にひそむ潜在構造を明らかにすることを目的としたものである。[8] この手法を適用すると、ある対象に対する態度に関して、被験者集団の下位クラスの数、下位クラスの大きさ、質問項目に対する肯定的反応の割合などを知ることができる。日本に対する態度（愛国心）といったものを材料にして、この一般模型について説明してみよう。図Ⅱ-5-4に示すような態度連続体 x（愛国心あり－なし）を考える。＋∞は完全な愛国主義者、－∞は完全な反愛国主義者を表す。この連続体上の x の位置にある

人の分布（確率密度）は$\phi(x)$であり、質問1には$y=f_1(x)$、質問2には$y=f_2(x)$、質問3には$y=f_3(x)$というように、各質問に各々のトレースラインが対応すると仮定する。換言すれば、態度xの人が、質問項目1に対して「はい」と答える確率は$f_1(x)$ということである。この時、質問項目1に「はい」と答える人の割合は、全体で$P_1=\int_{-\infty}^{\infty}f_1(x)\phi(x)dx$となる。また項目1と2についての反応確率は独立であると仮定すれば、両方の項目に同時に「はい」と答える人の割合は、$P_{12}=\int_{-\infty}^{\infty}f_1(x)f_2(x)\phi(x)dx$となる。一般に$n$個の項目に同時に答える人の割合は$P_{12\ldots\ldots n}=\int_{-\infty}^{\infty}f_1(x)f_2(x)\cdots\cdots f_n(x)\phi(x)dx$となる。同様にして項目間のさまざまな組合わせが考えられる。これらの式の左辺は実測値として得られるので、それをもとにしてこれらの式を連立させ、個々の項目特性のパラメータ（$f_1(x)$、$f_2(x)$、$f_3(x)$のトレースラインの型と、分布$\phi(x)$）を求める方法が、潜在構造分析法である。

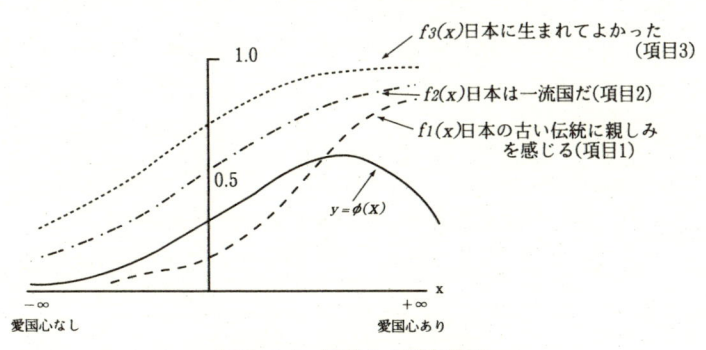

図Ⅱ-5-4　愛国心の潜在構造

(3) MSA (Multidimensional Scalogram Analysis) と POSA (Partial Order Scalogram Analysis)

　Guttmanのスケログラム分析を二次元または多次元に拡張したものがMSAであり、MSAに構造を持たせたものがPOSAである。[9] ここでは、法意識の研究でPOSAを適用した例を引用して、[10] この手法の説明を行おう。厳罰傾向を測るスケールとして表Ⅱ-5-1のような質問が用いられた。こ

れらの質問に対する1-0の回答の組合わせをうまく並べてやると図Ⅱ-5-5のようになる。このような回答パターンになるように並びかえることが、POSAの中心的課題となる。その際、比較的少数の被調査者を含む反応パターンは、エラーとみなして処理を行う。この場合の再現率は、80％（838人／1053人）であり、全体の80％の人がこの図の中にきれいに納まるということである。この図で、線でつないであるところは一次元尺度をなしている。下のものは上のものより1の数が多く、得点が高くなり、下に行くほど厳罰的な傾向を示す。線がつながっていないところは尺度をなしていない。こうしてみると、厳罰傾向は、ほぼ3つのスケールよりなっていることがわかる。左端のものさしは、キセル－キセル・未成年－キセル・未成年・死刑－キセル・未成年・死刑・姦通といった順序で厳罰的になってゆくもの、もう一方は右端を流れるものさしで、一人の無実－一人の無実・死刑－一人の無実・死刑・未成年－一人の無実・死刑・未成年・姦通となる。前者は軽いものを厳罰に処理しようとし、後者は逆に深刻なものについて厳罰に処理しようとするパターンである。残りは両者の中間型であるといえる。このようにPOSAは、全体的には一次元的な尺度になっていないが、部分的には一次元的尺度を構成しているのである。

表Ⅱ-5-1 厳罰傾向についての質問項目とその選択肢

番号	質問	肢	A 内容	B
1	姦通の処罰	1	処罰すべきである	それ以外
2	キセル	1	もっときびしくとりしまるべきだ	
3	死刑の問題	2	場合によって死刑もやむを得ない	
4	未成年犯罪の取扱い	1	いまよりきびしくすべきだ	
5	19人の犯罪と1人の無実	乙	20人とも処罰する	

（林知己夫, 1973）

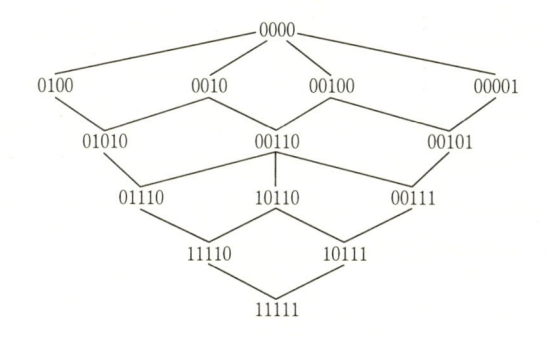

```
              0000
      0100    0010    00100      00001
        01010    00110    00101
          01110  10110  00111
             11110  10111
                11111
```

(注) ここに 1 と書いてあるのは A の回答を示すものとする。0 はそれ以外の回答 B をあらわす。左から右への順序は質問の番号のとおりとする。(林知己夫, 1973)

図 II-5-5 法意識の POSA

(4) 多次元尺度法 (Multidimensional scaling technique)

多次元尺度法は、対象や刺激を n 次元の空間(普通はユークリッド空間)に射影するための手法である。この手法の出発点となる入力データは、2つの組合わせごとに得られた刺激間の類似度、あるいは距離を表す測定値マトリックスである。入力データの性質に課せられる制約によって、さまざまな MDS が考案されている。[11)12)] この手法は、必ずしも態度測定法とはいえないが、適用の範囲が大きいうえ、使い方によっては有効な情報をもたらしてくれるので、ここに紹介しておこう。Abelson は、[13] 戦争、軍備、共産主義に関連した12の社会的態度ステイトメント間の類似性評定を求め、その平均値マトリックスを、Torgerson 法[14] による MDS によって解析した。二次元の直交座標軸上に各ステイトメントをプロットしてやると、図 II-5-6に示すような態度布置が得られた。これは保守主義者の態度布置であるが、社会主義者(反共産主義であるが平和主義者)の態度布置とは異なることが見出されている。このように、態度ステイトメントを単に好意-非好意の一元連続体上に位置づけるのではなく、何次元かの空間に態度項目を射影することを MDS は可能にしてくれる。また国に対する態度の認知的成分の構造を明らかにするために、藤原は MDS を適用し、「経済的発展性」「政治体制」「地理」といった3つの次元を抽出している。[15] 図 II-5-7は、抽出された第

126　社会的態度の理論・測定・応用

1軸（経済的発展性）と、第2軸（政治体制）を直交座標軸上に組み合わせ、各国のウエイトベクトルをプロットしたものである。この図は、被験者が認知している国の布置を示すものである。なおMDSには種々なものが開発されているが、この図はそのうちのTorgerson法と、数量化第Ⅳ類によって解析された結果を重ねあわせたものである。両手法ともよく似た布置を再現していることが理解できよう。

(Abelson, R. P., 1954-1955)

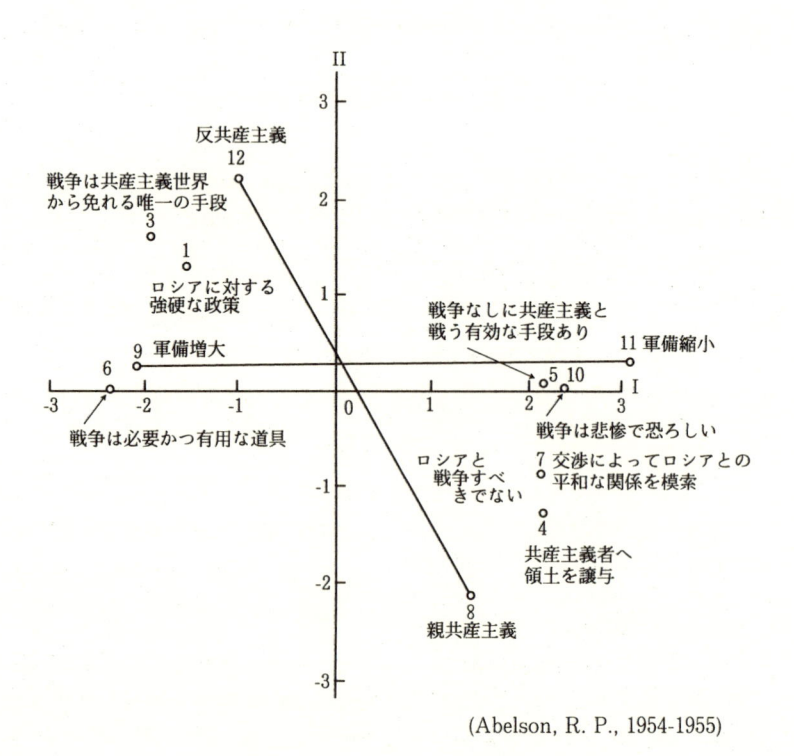

図Ⅱ-5-6　態度ステイトメントの布置

(藤原武弘, 1976)

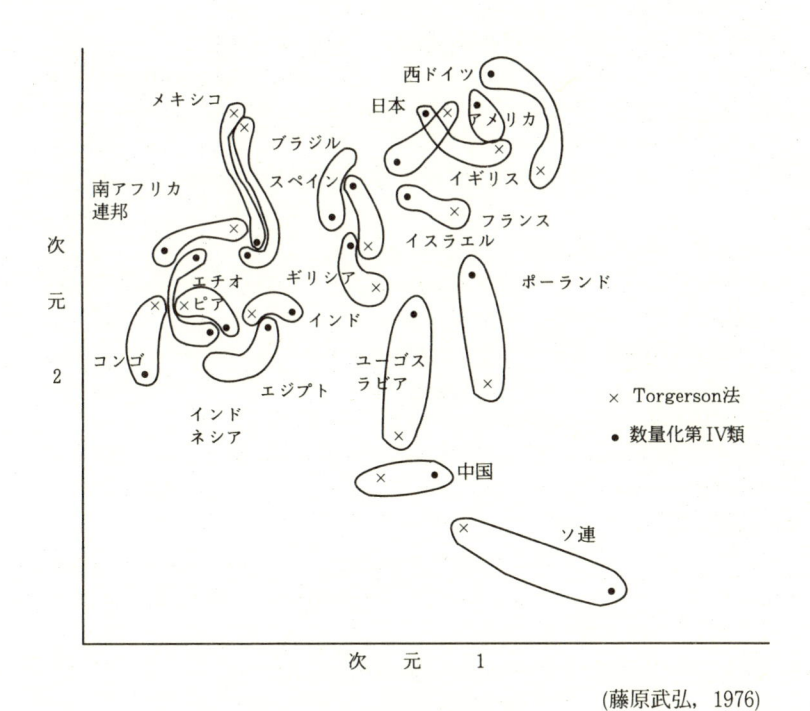

図Ⅱ-5-7 国家認知の布置

引用文献

1) Thurstone, L.L., & Chave, E.J. 1929 *The measurement of attitude.* Chicago: University of Chicago Press.
2) Likert, R.A. 1932 Technique for the measurement of attitudes. *Archives of Psychology,* **140**, 44-53.
3) Guttman, L.A. 1944 Basis for scaling qualitative data. *American Sociological Review,* **9**, 139-150.
4) Bogardus, E.S. 1925 Measuring social distances. *Journal of applied Sociology,* January-February, 216-226.
5) Triandis, H.C. 1964 Exploratory factor analysis of the behavioral component of social attitudes. *Journal of Abnormal and Social Psychology,* **68**, 420-430.
6) Coombs, C.H. 1964 *A theory of data.* New York: Wiley.
7) Osgood, C.E., Suci, G.J., & Tannenbaum, P.H. 1957 *The measurement of*

meaning. Urbana: Univ. of Illinois Press.
8) Lazarsfeld, P.F. 1950 The logical and mathematical foundation of latent structure analysis. In S. Stouffer et al. (Eds.), *Measurement and prediction.* Princeton, N.J.: Princeton Univ. Press, Pp. 362-412.
9) 林知己夫・飽戸弘 1976 多次元尺度解析法 －その有効性と問題点－ サイエンス社
10) 日本文化会議編 1973 日本人の法意識 至誠堂
11) 斎藤堯幸・小川定輝・野嶋栄一郎 1973 データ解析 (3) －多次元尺度構成に関する総合報告－ 総研紀要, 1973, **3**, 53-216.
12) 上笹恒・犬飼幸男 1974 心理学的多次元尺度法 心理学評論, **17**, 79-105.
13) Abelson, R.P. 1954-1955 A technique and a model for multidimensional attitude scaling. *Public Opinion Quartary,* **18**, 408-418.
14) Torgerson, W.S. 1958 *Theory and methods of scaling.* New York: Wiley.
15) 藤原武弘 1976 国家認知についての研究 －3つの MDS 手法の比較検討－ 広島大学教育学部紀要, **25(1)**, 217-226.

第6章 国家の認知についての研究

—多次元尺度法適用の試み—

問　題

　社会-心理学的な分析に基づき、国際的行動の研究を一冊の本に編集したのは Kelman (1965) である。彼はその本の中におさめられた論文で、社会心理学的なアプローチが、ここ数年の間に貢献してきた努力を次のような4つの観点に要約している。
　1. 個人の「国際的行動」の研究
　2. 国際政治や外交政策の研究
　3. 国際関係の理論と方法論の研究
　4. 政策勧告の定式化

　そして Kelman は、上述した4つのうち、第一の観点が、国際関係における人間の次元に最も関係が深いことを指摘している。ここでの関心というのは、個人が自分自身の国と他国とを関連づけているその仕方にまた、全体としての国際関係、外交政策の問題及びより広い意味での戦争と平和の問題といった事柄と個人との関連づけの仕方などにある。加えて国境を越えた個人間の実際的な相互作用の研究にもその関心が払われている。
　従って、このカテゴリーに含まれる諸問題は、社会的相互作用ならびに個人と社会構造（制度）との関係に特に密接なつながりをもつという点で、社会心理学固有の問題領域であり、その貢献しうる度合いは、最も明らかで直接的なものであるといえよう。
　一方、第二から第四の観点については、その問題の性格及び分析の対象からいっても、むしろ政治学的、とりわけ国際政治学の領域により近いものであるといえよう。もし社会心理学的な観点から上述した領域を取り上げるとしても、国際政治学との提携ないし他の学問領域とのインターディシプナリー

なアプローチ無くしては不毛に陥る可能性が考えられる。

Russell (1962) は、「心理学と国際関係のでき事」と題するシンポジウムの中で、自分自身の国に対して、また他国に対して人々が抱いているイメージや国家の認知構造についての研究の必要性を強調している。

Kelman は、更に、ここ10年から15年にわたって蓄積されてきた諸研究に基づき、国際的行動のカテゴリーに含まれる研究を次の4つに分類している。

1. 国際関係のでき事に対する態度
2. 国家的、国際的な忠誠心（愛国心）
3. 他国（民）のイメージとステレオタイプ
4. 交差文化的な接触

わが国では、田中 (1967) が上述した第三のカテゴリーに含まれる研究を行っている。すなわち、32の国家に対する認知を28対の SD 尺度によって測定し、尺度間の因子分析を行った結果、「評価」、「力動性」、「興奮性」、「特異性」、「精通度」といった5つの因子を見出した。更に彼は、「評価」、「力動性」、「興奮性」といった主要な3次元の意味空間の中に世界の各国を位置づけている。

山口・藤原 (1970, 1971) は、田中の研究に触発されて、彼の開発した国家認知に関する SD 法を測度の1つとして研究を行った。すなわち、ヨーロッパへ海外旅行に行く集団の成員を被験者として、出国前、帰国後の2度にわたって国家認知を測定し、国家認知に差異が生じるか否かを検討した。大まかにいえば、旅行行動といった独立変数が、従属変数としての国家認知にいかなる影響を及ぼすのかを明らかにすることが研究のねらいであったわけである。その結果、SD 法の使用によって、国家認知の変容部分をいくらか明らかにすることができ、一応の成果をあげたものの、SD 法が果たして国家認知を測定するための充分なものさしであるか否か、国家認知の布置を測るための充分な用具であるのか、といった点では未だ未解決の問題が多いように思われる。

一方、近年コンピューターの発展及びその使用頻度の増大とともに、いわゆる多変量解析法の適用が数多くなされている。多変量解析法の一手法であ

る、多次元尺度法（以下 MDS と略す）においてもその例にもれず、理論面ならびに適用面においてもその発展は著しい。一言でいえば、MDS とは刺激間の心理的距離マトリックスから出発し、多次元空間の中に刺激を位置づけ、刺激の多次元的布置を決定する手法であるといえよう。歴史的には、Torgerson（1952, 1958）に代表される計量的（メトリック）流れと、Kruskal（1964 a, b）に代表される非計量的（ノンメトリック）な流れに大まかには二分される。前者にあっては、入力データの水準が数量的にはっきり定義された、間隔、比例尺度という要件が満たされる必要があり、一方後者については、その水準が順序尺度であればよい。

さて MDS が国家認知の布置をどの程度明らかにしてくれるであろうか。国家認知の領域への MDS の適用例は、古くは Klinberg（1941）にみられる。彼は、国相互間の友好性といった関係指標に計量的 MDS を適用し、その結果、「力動性」、「共産主義」、「交戦状態」といった3つの軸を見出している。

また、Robinson & Hefner（1967）は、anchor country に最も似ている国を16の国の中から3つ選択させるという手続きを用い、選択比率を求めた。そして、相関係数算出 → 因子分析という手順を経て、「共産主義」、「経済的発展性」、「スペインの影響」、「アジア対ヨーロッパ（アフリカ）」といった4つの因子を見出した。

Wish, Deutsch & Biener（1970）は、21ヶ国の類似性評定の結果に、Carroll & Chang（1970）によって開発された INDSCAL モデルを適用して、「政治体制」、「経済的発展性」、「地理と人口」、「文化と人種」といった4つの次元を見出した。また INDSCAL モデルは、個人毎のウェイトベクトルを算出することが可能であるので、ハト派で、男性、先進国の被験者は、「政治体制」次元よりも「経済的発展性」の次元の方をより重要視することが明らかになった。一方、非ハト派、女性、発展途上国の被験者にとっては、その逆であることを見出している。

上述した諸研究はいずれもアメリカでなされたものであり、われわれ日本人の国家認知の布置とどの程度対応するかといった点は明らかではない。たとえ見出された次元が大まかに対応していたとしても、細部の布置において

は異なっていることが十分予想されうる。特に Robinson & Hefner（1967）の研究においては、一般の市民がサンプルの場合、共産主義という軸と、きらいという尺度との間に相関が見られている。また Wish et al.（1970）の研究においても、政治体制という次元と評価的尺度との間に高い相関がみられ、非共産主義国を好むという傾向を示している。このことは、評価的次元が、政治体制ないし共産主義という次元と密接に対応していることを示している。果たしてこうした事実がわが国についてもあてはまるだろうか。

　要約すれば、本研究の第一の目的は、自国及び他国をどのように認知しているのか、果たしてその認知の構造はいかなるものであろうか、といった国家認知の布置をMDSの適用によって探索することにある。また第二の目的は、田中（1967）によって見出された情緒的な意味空間次元と、MDS適用による空間次元とどの程度対応関係があるのか、といった点をもあわせて解明することにある。

方　　法

　被験者は、大学生10名（男子5名、女子5名）。実験に用いられた刺激は表Ⅱ-6-1に挙げられた20ヶ国である。Wish et al.（1970）の研究結果と比較可能にするために、ほぼ同一の刺激を使用した。ただキューバだけは除外された。その理由は、アメリカにとってのキューバは、地理的に最近接の国であるという点、また、最も近い位置にある共産主義国という点で、アメリカにとっては特に脅威の国であり、重要な意味を持つと考えられる。一方日

表Ⅱ-6-1　刺激として用いられた国々

アメリカ	ギリシア	ブラジル
イギリス	コンゴ	フランス
イスラエル	スペイン	ポーランド
インド	ソ連	南アフリカ連邦
インドネシア	中国	メキシコ
エジプト	西ドイツ	ユーゴスラビア
エチオピア	日本	

本にとってのキューバは、さほど重要な意味を持たないと考え、今回の研究においては一応除外した。また上述した国の選択にあたって、Wish et al. は、刺激として用いられるたいていの国々が、被験者にとってある程度の精通性を持っている必要があるため、主に人口が多くかつ面積が大きいという規準、あるいは、2つの属性のうちのどちらか一方の属性を持っているという基準で国を選び出している。

被験者は、ペアで提示される2つの国の全体的な類似性の程度を9段階尺度で評定するように求められた。2つの国が非常に類似している場合には1という数値で、非常に似ていない（異なっている）場合には9という数値で答えるように告げられた。国の具体的な提示法は、名刺大のカードに国名が印刷されたものが被験者毎にランダムな順序で提示された。必要判断数は190回、所用時間はほぼ2時間であった。

MDSによる解析結果とSD尺度評定結果とを対応づけるために、表Ⅱ-6-1にあげた国家の認知がSD法によって測定された。なお尺度は田中（1967）によって見出された5つの因子の中から負荷量の高い16尺度、Wish et al.（1970）の研究の中から4尺度を選択した。合計20尺度。評定者は高等看護学校の学生20名であった。具体的な尺度例は表Ⅱ-6-3に示されている。

結　果

1. 数量化理論第Ⅳ類モデル

類似性マトリックス解析のための手法として、林による数量化理論第Ⅳ類モデルが適用された（林・村山，1964）。この手法は、n個の刺激があった時、n個の間に相互親近性を表すなんらかの量e_{ij}行列が与えられる場合、親近性のあるものが近く、それの少ないものが相離れるように分類することにある。その際、親近性が強い刺激の間では、その数値の差が小さくなければならないと考え、xの分散を一定、xの平均を0という条件のもとに、

$$Q = -\sum_{i=1}^{n}\sum_{j=1}^{n} e_{ij}(x_i - x_j)^2$$

なるQの値が最大となるx_iを決定する。なお入力のデータ行列は、親近性

が強いほど大なる数値をとるように変換がなされた。

2. 次元の解釈

第IV類の適用によって与えられた数値は表II-6-2に示されている。そして国家認知の布置を明らかにするために図II-6-1が用意された。この図は、主要な次元である第1と第2の次元をプロットしたものである。まず第1次元でプラスの方向にきている国は、ソ連、西ドイツ、アメリカなどであり、一方、マイナスの方向では、コンゴ、南アフリカ連邦、インドネシアといった国々が大きいウェイトベクトルを示している。こうした結果から、第1次元は、「経済的発展性」を析出している軸と考えられる。この経済的発展性と

表II-6-2　MDS解析結果（数量化理論第IV類モデルによる）

国名	次元1	次元2	次元3	次元4	次元5
アメリカ	.243	.299	.115	.344	−.136
イギリス	.147	.287	−.006	.019	−.122
イスラエル	.007	.156	−.007	−.019	.927
インド	−.119	−.083	−.159	.037	.004
インドネシア	−.260	−.115	−.254	.214	−.032
エジプト	−.156	−.101	−.047	−.077	.064
エチオピア	−.231	−.112	−.034	−.050	.000
ギリシア	.008	.047	−.051	−.195	.027
コンゴ	−.381	−.198	.086	−.170	−.128
スペイン	−.034	.102	−.079	−.162	−.019
ソ連	.492	−.604	.319	.012	−.002
中国	.165	−.386	−.369	.475	.035
西ドイツ	.267	.354	.093	.042	−.132
日本	.097	.199	−.228	.211	−.029
ブラジル	−.187	.036	−.118	−.090	−.183
フランス	.110	.136	−.002	−.034	−.115
ポーランド	.232	−.009	.045	−.441	−.029
南アフリカ連邦	−.341	.030	.741	.332	.018
メキシコ	−.179	.045	−.102	−.072	−.133
ユーゴスラビア	.120	−.084	.056	−.376	−.015

いう次元は、国家認知において重要なウェイトを占める次元と考えられる。次に第2次元においては、ソ連、中国といった国がマイナス方向に位置し、西ドイツ、アメリカ、イギリスといった国々がプラスの方向に位置づけられる。従ってこの軸は、共産主義－資本主義といった「政治体制」を示す次元と考えられる。更に第3次元と第4次元をプロットしたものが図Ⅱ-6-2である。第3次元において、マイナスの方向に高い数値が与えられている国々は、中国、インドネシア、日本などのアジア諸国である。一方逆にプラスの方向に特にきている国は南アフリカ連邦である。この次元はやや解釈が困難であるが、「心理的な近さ－遠さ」を示していると考えられる。なお第4、5次元については解釈が困難である。

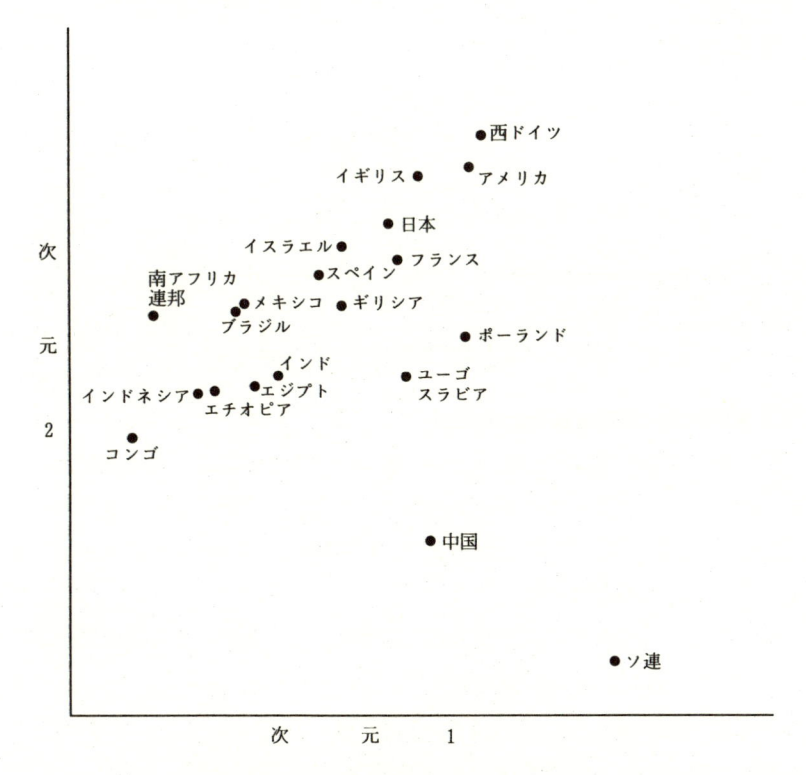

図Ⅱ-6-1　MDS 布置（次元1、次元2）

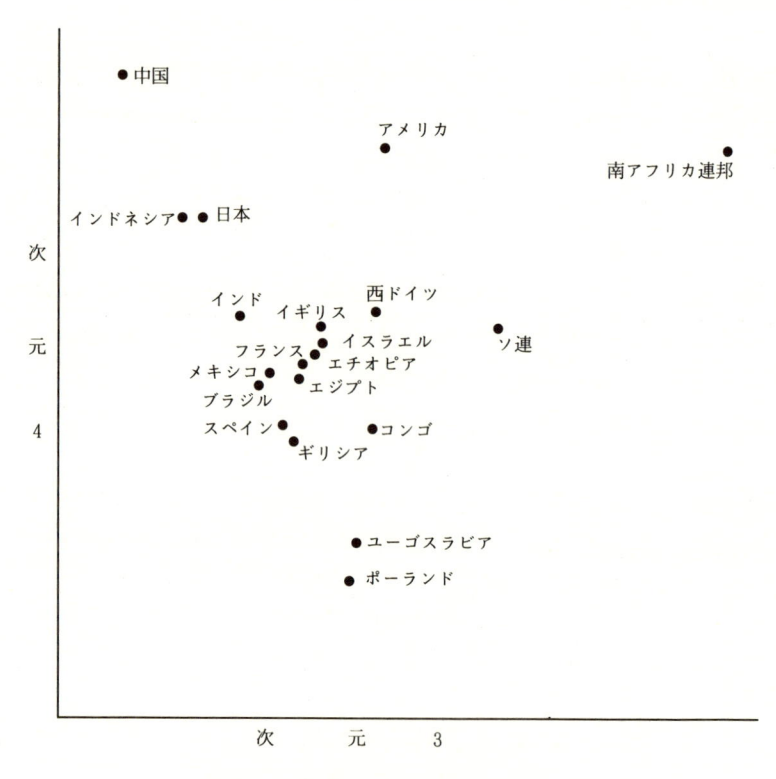

[図: MDS布置 次元3・次元4 の散布図。プロット点:中国、アメリカ、南アフリカ連邦、インドネシア、日本、インド、イギリス、西ドイツ、フランス、イスラエル、メキシコ、エチオピア、ブラジル、エジプト、ソ連、スペイン、コンゴ、ギリシア、ユーゴスラビア、ポーランド。縦軸「次元4」、横軸「次元3」]

図Ⅱ-6-2　MDS 布置（次元3、次元4）

3．評定尺度と MDS 次元との相関

　SD法の結果は、20（尺度）×20（概念）の尺度平均値行列に整理され、これにもとづいて20×20の尺度間相関行列が計算された。主因子法によって因子分析がなされ、固有値1.0を基準に4つの因子が抽出され、バリマックス法による回転が施された。

　第1因子は全分散の29.5%を占め、「力動性」の因子と考えられる。次のような尺度が高い因子負荷量を示す。

尺度		負荷量
感情的な	－ 非感情的な	.96
敏感な	－ 鈍感な	.89

尺度		負荷量
きざな	― 素朴な	.82
積極的な	― 消極的な	.76
速い	― 遅い	.75
進んだ	― おくれた	.66
強い	― 弱い	.56
豊かな	― 貧しい	.54
独特な	― 典型的な	.53
興奮しやすい	― 冷静な	.52

第2因子は、24.1%の分散を説明し、「評価」の因子と命名されうるものである。

尺度		負荷量
愛される	― 憎まれる	.95
評判のよい	― 評判の悪い	.94
正体の知れた	― 得体の知れない	.80
平和な	― 争いのある	.80
民主的な	― 非民主的な	.76
なじみのある	― なじみのない	.72

第3因子は、「安定性」を示す因子と考えられ、全分散の19.1%を占める。

尺度		負荷量
直観的な	― 論理的な	−.80
安定した	― 不安定な	.72
豊かな	― 貧しい	.66
進んだ	― おくれた	.65
強い	― 弱い	.59
速い	― 遅い	.55

第4因子は、13.7%の分散比を占める。解釈が困難なので、因子の命名は行わない。

尺度		負荷量
個性がある	― 個性がない	.93

138　社会的態度の理論・測定・応用

大きい　　　－　小さい　　　　　　.80

　本研究の因子分析結果においては、田中（1967）が抽出した「興奮性」、「特異性」、「精通度」といった因子に対応する因子は見出されず、各尺度は新たなまとまりの中に吸収されてしまった。この理由は明らかではないが、推測してみるに本研究の被験者の国家認知に関する分化度が低いためなのか、あるいは、用いられた国家概念の差異によるものなのかもしれない。この点は更に究明されるべきであろう。

　表Ⅱ-6-3は、SD法による評定尺度の平均値と、MDS次元との相関係数を示している。表の右端の数値は、MDSによって見出された5つの次元を予測変数とした場合、説明変数としてのSD尺度の平均値がどれ位説明され

表Ⅱ-6-3　SD尺度平均値とMDS次元との相関

SD 尺度	次元1	次元2	次元3	次元4	次元5	重相関
感情的な－非感情的な	.522*	.384	－.021	.292	－.293	.769*
敏感な－鈍感な	.678**	.268	－.089	.263	－.423	.887**
きざな－素朴な	.614**	.399	.002	.113	－.370	.828**
積極的な－消極的な	.725**	.302	－.119	.140	－.312	.865**
速い－遅い	.774**	.273	.064	.219	－.309	.906**
独特な－典型的な	.560**	－.179	.185	.302	－.421	.805**
興奮しやすい－冷静な	.081	.203	.317	.424	－.234	.619
愛される－憎まれる	－.293	.312	－.221	－.516*	－.123	.717
評判のよい－評判の悪い	－.129	.356	－.129	－.517*	－.112	.663
正体の知れた－得体の知れない	.220	.508*	－.449*	－.215	－.201	.772*
平和な－争いのある	.080	.121	－.135	－.366	－.249	.485
民主的な－非民主的な	.373	.400	－.245	－.332	－.422	.805**
なじみのある－なじみのない	.202	.443	－.419	.080	－.028	.648
直感的な－論理的な	－.786**	－.033	.042	－.024	.345	.861**
安定した－不安定な	.635**	.212	－.009	－.100	－.360	.766*
豊かな－貧しい	.731**	.127	.075	－.027	－.461*	.877**
進んだ－おくれた	.800**	.225	.015	.102	－.368	.915**
強い－弱い	.754**	.133	.058	.204	－.330	.860**
個性のある－個性がない	.329	.012	.051	.184	－.175	.419
大きい－小さい	.423	－.209	.286	.368	.021	.664

* $p < .05$　** $p < .01$

第6章 国家の認知についての研究　139

うるかという指標となる重相関係数を示している。

　MDS解析の結果見出された「経済的発展性」の次元は、SD尺度の因子分析によって抽出された「力動性」及び「安定性」の因子と対応している。特に高い相関係数を示す尺度としては、「進んだ－おくれた」、「直観的な－論理的な」、「速い－遅い」、「強い－弱い」、「豊かな－貧しい」などがあげられる。このことは、西ドイツ、ソ連、アメリカなどに代表される経済大国が、進んだ、論理的な、速い、強い、豊かな、積極的な、といった認知によって特徴づけられていることを意味する。一方、コンゴ、南アフリカ連邦、インドネシア、エチオピア、といった開発途上国が、おくれた、直観的な、貧しい、遅い、弱いといった見方がなされている。

　MDSによる第2次元は、「政治体制」を表す軸であるが、情緒的意味とは余り関連がないように思われる。しいていえば、「正体の知れた－得体の知れない」、「なじみのある－なじみのない」という2尺度とやや相関がみられる。このことは、資本主義国が正体の知れた、なじみのあるという風に認知され、一方、共産主義国が、得体の知れない、なじみのないといった認知が成立しているといえよう。しかし「評価」の次元に高い負荷を示す他の尺度と一貫して有意な相関を示さないことから、政治体制の次元と評価の次元との間には余り密接な対応関係があるとはいえないであろう。

　第3次元も、第2次元と同様に、「正体の知れた－得体の知れない」、「なじみのある－なじみのない」といった尺度とやや相関を示す。このことは、アジアの国々が地理的に日本と近い位置にあるため、心理的な親近感を部分的に表しているのかもしれない。

　次元4は、「愛される－憎まれる」、「評判のよい－評判の悪い」といった評価的尺度と有意な相関を示す。従ってこの次元は、評価の次元と部分的に対応するものであることを思わせる。

　しかしこの軸に関しては、軸の解釈を行っていないので、データー結果だけを指摘しておき、その考察については留保しておきたい。

考　察

　本研究においては、適用されたMDSの種類及びサンプル属性が異なるにもかかわらず、Klinberg（1941）、Robinson & Hefner（1967）、Wish, Deutsh & Biener（1970）によって抽出せられた主要な次元である、「経済的発展性（力動性）」ならびに「政治体制（共産主義）」に対応する軸が析出された。また、Robinson & Hefnerによって見出された、「アジア対ヨーロッパ（アフリカ）」ならびにWish et al. による「地理と人口」の次元と部分的に対応する「心理的な近さー遠さ」という次元もあわせて抽出された。
　しかしながらWish et al. の研究結果との差異もみられる。本研究においては、第3次元及び第4次元において、Wish et al. の研究ほど明瞭な国家布置が得られなかった。その理由としては、サンプル構成の差異によるものではないかと思われる。すなわち、彼らの用いた被験者は、15の異なった国々からアメリカに留学している大学院生である。従って、「地理と人口」と「文化と民族」といった明瞭な軸が第3、第4次元に析出されたのは、被験者の世界の国々についての認知の分化度が高いことに帰因するのかもしれない。
　次に田中（1967）の研究によって見出された「力動性」の因子は、「経済的発展性」の次元と密接に関係することが明らかになった。しかし「評価」の因子は、MDSの解析結果とは、一貫して、系統的には対応していないことも明らかになった。このことは、わが国においては、共産主義は悪く、資本主義は良いといった認知が成立していないことを示している。つまり、政治体制の軸が評価の因子によって色づけられていない、すなわち、両者の関係が希薄であることを示しているといえよう。これらの結果は、SD法による国家認知の意味空間次元と、MDS次元とは、部分的にしか対応していないといえよう。この点に関しては別の観点からの問題も考えられる。前にもふれたように、SD尺度に因子分析を適用したにもかかわらず、田中の解析結果のように、「興奮性」、「特異性」、「精通度」といった因子が明瞭に抽出されえなかった。これらのことから推察してみるに、サンプル自体に問題が

あったのかもしれない。更にサンプルを変え、またその数を増やして、この問題点を追求していく予定である。

本研究は端緒についたばかりで、数多くの問題点をかかえている。刺激としての国家数ならびにサンプル数を増やさなければならないのは言うまでもないことだが、種々の側面をカバーした属性評定尺度数も数多く用意されるべきであろう。更に、心理的指標だけでなく、客観的な国の属性を表す指標（人口、面積、輸出入量など）とMDS次元との相関性についても究明されねばならないだろう。

また、たとえば、国家主義－国際主義といった態度要因及び時系列要因によって、国家認知の布置がどのように異なるかといった研究も今後なされなければならない。

最後に、方法論的には、個人差をも析出可能にするMDSモデルや、計量的ならびに非計量的MDSモデルなど、数多くの種類のモデルが開発されているので、多種類のMDSを適用し、その解析結果の妥当性を保証させるような努力もなされねばならない。

しかしながら、上述した問題点や制約にもかかわらず、MDSは国家認知の布置を明らかにするかなり有用なものさしであるといえよう。

要　　約

本研究の第一の目的は、自国及び他国をどのように認知しているのか、果たしてその認知の構造はいかなるものであろうか、といった国家の認知布置を、MDSの適用によって探索することにある。また第二の目的は、SD法による情緒的な意味空間次元とMDS適用による空間次元とがどの程度対応関係をもつのか、といった点を解明することにある。

類似性評定の被験者は、10名（男子5名、女子5名）。被験者は、ペアで提出される2つの国の全体的な類似性の程度を9段階尺度で評定するように求められた。刺激としての国家数は20ヶ国で、必要判断回数は190回。

類似性マトリックスのMDS解析結果と情緒的意味空間次元とを対応づけるために、国家の認知が20個のSD尺度によって測定された。被験者は20名。

類似性マトリックス解析のための MDS 法として、林による数量化理論第Ⅳ類モデルが適用された。その結果、「経済的発展性」、「政治体制」、「心理的近さ－遠さ」といった3つの軸が析出された。第1次元に抽出された「経済的発展性」は、SD尺度の「力動性」ならびに「安定性」の因子と高い相関関係を示した。しかし「評価」の因子は、MDS解析によるいずれの軸とも、一貫して系統的に高い相関関係を示さなかった。このことから、SD法による主要な意味空間と MDS による解析次元とは、部分的にしか対応していないことが明らかになった。

付記　本研究の数量化第Ⅳ類ならびに因子分析によるデータ解析は、京都大学大型計算機センター（FACOM230－60／75）の SPSS を利用して行った。SPSS の使用に関しては、三宅一郎（編著）『社会科学のための統計パッケージ』東洋経済新報社　1973. を参照した。

引用文献
1) Carroll, J. D., & Change, J. J. 1970 Analysis of individual differences in multidimensional scaling via an N-way generalization of "Eckart-Young" decomposition. *Psychometrika*, **35**, 283-319.
2) 林知己夫・村山孝喜　1964　市場調査の計画と実際　日刊工業新聞社
3) Kelman, H. C. (Ed.) 1965 *International behavior: a social-psychological analysis*. New York: Holt, Rinehart & Winston.
4) Kruskal, J. B. 1964a Multidimensional scaling by optimizing goodness of fit to a nonmetric hypothesis. *Psychometrika*, **29**, 1-27.
5) Kruskal, J. B. 1964b Nonmetric multidimensional scaling : A numerical method. *Psychometrika*, **29**, 115-129.
6) Robinson, J. B., & Hefner, R. 1967 Multidimensional difference in public and academic perceptions of nations. *Journal of Personality and Social Psychology*, **7**, 251-259.
7) Russel, R. W. 1962 Can psychologists contribute? *Proceedings of the X Ⅳ International Congress of Applied Psychology*, Vol. 1. Copenhagen: Munksgrand.
8) 田中靖政　1967　記号行動論　－意味の科学－　共立出版
9) Torgerson, W. S. 1952 Multidimensional scaling: I. Theory and method.

Psychometrika, **17**, 401-419.
10) Torgerson, W. S. 1958 *Theory and methods of scaling.* New York: Wiley.
11) 山口茂嘉・藤原武弘 1970 外国旅行が国家認知に及ぼす影響について（Ⅰ）－西ドイツを中心とした1ヶ月のヨーロッパ旅行の場合－ 中四国心理学会論文集, **3**, 54-58.
12) 山口茂嘉・藤原武弘 1971 外国旅行が国家認知に及ぼす影響について（Ⅱ）－1ヶ月のアメリカ旅行の場合－ 中四国心理学会論文集, **4**, 130-131.
13) Wish, M., Deutsch, M., & Biener, L. 1970 Differences in conceptual structure of nations: An exploratory study *Journal of Personality and Social Psychology*, **16**, 361-373.

第7章 国家の認知についての研究

－3つのMDS手法の比較検討－

問　題

　多次元尺度法（以下MDSと略す）は、対象や刺激を多次元空間に点によって表示するための手法である。この手法の出発点となる入力データは、2つの組合わせごとに得られた刺激や対象間の類似度あるいは距離を表す測定値マトリックスである。

　一方何次元かの空間に対象を表示するという意味でMDSに類似した手法としてはSD法があげられる。SD法においては、測度たる尺度が研究者によってアプリオリに与えられるので、被験者の反応は、用意された尺度の枠組の中でなされる。加えて、SD法においては次元抽出のためにしばしば因子分析がなされることが多く、従って最大の寄与率を持つ第1因子は尺度の数によって重みづけられる。換言すれば、ある次元について用意された尺度の数が多ければ多いほどその因子分散は大となる。

　それに対してMDSにおいては、類似度の判断を求めるにせよ相違度の判断を求めるにせよ、salientな判断の次元は被験者自身にまかされているわけであって、測定者のバイアスからは自由である。従って、被験者自身の重要性に基づいた次元抽出がなされるという利点をもつ。

　MDSのモデルとしては数多くのものが提出されているが、入力データの性質に課せられる制約によって、およそ次の3つの系譜が考えられる（斎藤・小川・野嶋[1]，上笹・犬飼[2]）。

1. メトリックMDS　　間隔尺度以上
   Torgerson[3,4]　Ekman[5]
2. セミメトリックMDS　　距離らしきもの
   Hayashi[6]

3. ノンメトリック MDS　　順序尺度

　　Shepard[7)8)]　　Kruskal[9)10)]　　Guttman[11)]

　その他 Tucker & Messick、[12)] Carroll & Chang[13)] による個人差を扱うモデルや、その他数多くのものがあげられるが、しばしば適用される代表的なものをあげておいた。

　数多く輩出している MDS モデルの適用例は、純知覚的刺激をはじめとして、社会的刺激に至るまで数多い。そこで、社会的刺激の次元解析のために MDS を適用した代表的な研究例をひろってみよう。

　Abelson[14)] や Messick[15)] は、社会的態度ステイトメントを刺激として、Jackson, Messick & Solley[16)] は、実際の人物を対象として、Abelson & Sermat[17)] は、顔の表情を刺激として類似性評定を行わせしめ、古典的 MDS とも呼ばれる Torgerson 法を適用して、次元抽出を行っている。一方、データ収集に課せられる制約のゆるやかなノンメトリック MDS の台頭は、Rosenberg, Nelson & Vivekananthan、[18)] Rosenberg & Olshan[19)] によるパーソナリティ特性への Kruskal 法の適用をうながし、また、Shepard, Romney & Nerlove[20)] によって適用例が 1 冊の本にまとめられるに至った。わが国では、社会心理学関係に限っていえば、女性としてあるいは男性としての望ましさの特性[21)] や、権威意識の分析のために Torgerson 法を適用した吉田の研究[22)] や、国家認知の解析にセミメトリックな MDS である数量化第Ⅳ類（e_{ij} 数量化）を用いた藤原の研究[23)] などがあげられる。

　上述した諸研究は、いずれも単一のモデルだけを適用し布置を求め結論をくだしているので、いくつかの解析法を適用し、結果の妥当性を保証するような努力がなされていないという点で問題がある。従って 1 つのデータに何種類かの MDS モデルを適用し、得られた布置間の整合性を吟味することは必要な作業のように思われる。

　この点を総合的に研究したものとして Green & Rao[24)] のものがあげられる。彼らは食物を刺激対象として、類似性、preference、SD 法といった測定法によって集めたデータを基礎にして、Torgerson 法、Kruskal 法、INDSCAL 法、その他数多くの解析法を適用して、各種の手法を比較検討し

た。その中で、類似性データに関していえば、Kruskal法、Torgerson法いずれの手法を適用してもほぼ等質の布置が得られることを報告している。Lund[25]は、幾何学的図形を刺激とした類似性評定データに、Torgerson, Kruskal および Hays による MDS を施した結果、いずれの手法においても、ほぼ等価の布置を得ている。Coombs, Dawes & Tversky[26]は、心理学の研究雑誌のうち8種類について、雑誌間の相互依存と相互交渉の度合いを示すマトリックスを作成した。そして Hays, Kruskal および Guttman-Lingoes 法により解析した結果、ほぼ似た布置が得られたことを示している。

　本研究は、こうした研究の流れに沿って行われた。すなわち本研究の目的は、国家を刺激として類似性マトリックスを求め、メトリックなMDSとしてTorgerson法、セミメトリックな手法として数量化第Ⅳ類、ノンメトリックなものとしてKruskal法の各々を用いて入力マトリックスを解析した場合に、得られた布置間に整合性、一致性があるのか否かを検討することにある。既に藤原は第Ⅳ類の適用を行っているので、このデータをTorgerson法、Kruskal法によって再解析することにより3つのMDSモデルを比較することにする。

方　　法

1. 実験手続

　被験者は大学生10名（男子5名、女子5名）。実験に用いられた刺激は表Ⅱ-7-1に示される20ヶ国である。被験者はペアで提示される2つの国の全体的な類似性の程度を9段階で評定することを求められた。国名は名刺大のカードに印刷されたもので、被験者毎にランダムな順序で対提示がなされた。必要判断回数は190回である。

2. 解析手続

Torgerson法

　d_{jk}を要素とする距離行列Dが与えられると、すべての点に原点を示す点間のスカラー積のB^*マトリックスが次式によって計算される。

$$b_{jk}{}^* = \frac{1}{2}\left(\frac{1}{n}\sum_{j=1}^{n} d_{jk}{}^2 + \frac{1}{n}\sum_{k=1}^{n} d_{jk}{}^2 - \frac{1}{n^2}\sum_{j=1}^{n}\sum_{k=1}^{n} d_{jk}{}^2 - d_{jk}{}^2\right)$$

そして次に $b_{jk}{}^*$ を要素とする B^* 行列を次のように分解する。

$$B^* = A^* A^{*\prime}$$

これは B^* の固有値・固有ベクトルを求めることに他ならない。そして A^* の各要素は r 次元空間において n 個の重心に原点を持つところの各点の座標を表すことになる。

なお、本実験で得られた距離が比率尺度であるか否か、もし間隔尺度であるならば、附加定数（additive constant）といったやっかいな問題があるが、一応比率判断の可能性を仮定して計算を行った。附加定数の問題については稿をあらためて検討する予定である。

Kruskal 法

Kruskal 法においては、観察データから得られた非類似度（∂_{ij}）と、再構成された距離 d_{ij} との間に単調関係を仮定する。∂_{ij} については順序関係の情報だけを利用して、n 個の刺激の空間配置を最小次元の空間に定めようとする。その目的を達成するための基準として、回帰分析における残差平方和に相当するストレス（stress）なる適合度の基準を設定する。

$$\text{stress} = \sqrt{\sum_{i<j}(d_{ij} - \hat{d}_{ij})^2 / \sum_{i<j} d_{ij}^2}$$

そしてこの手法においては、ストレスを最小にする空間配置を最大傾斜法を用いて逐次近似によって定める。

結　果

1．次元数について

Kruskal 法において、次元数を 1 から 10 次元まで増やした場合の適合度の測定たるストレス値の変化は図Ⅱ-7-1のごとくなる。0％ストレスは、インプット測度と t 次元の布置における国家間 i と j との距離の間に、実に完全な単調関数があることを意味する。Kruskal は、ストレス値について次のような基準を提出している。

ストレス (stress)	適合度 (Goodness of fit)
20 %	poor
10 %	fair
5 %	good
2½ %	excellent
0 %	perfect

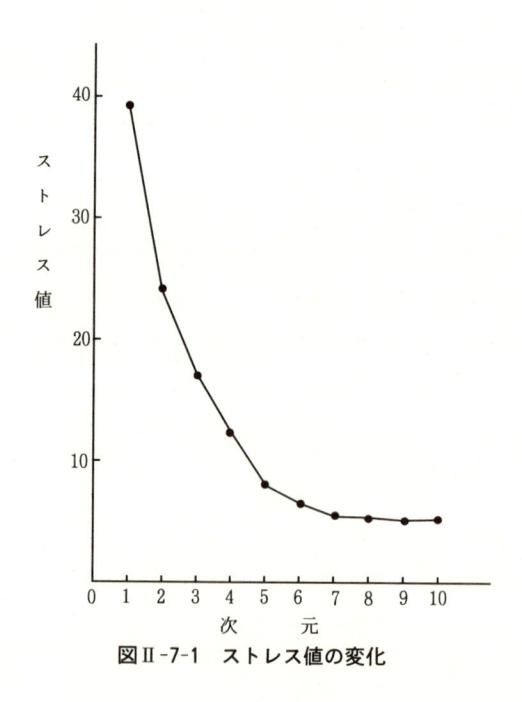

図Ⅱ-7-1　ストレス値の変化

　一方、Torgerson 法における次元採択の目安となる指標は、固有値の大きさの相対的変化である。図Ⅱ-7-2は10次元までの各固有値をプロットしたものである。
　Kruskal の基準によれば、5次元解でストレスが good と fair の間の7.2％になり、次元を追加してもストレスはほとんど改善されない。従って5次元解が一応妥当ありと考えられる。一方 Torgerson 法における固有値大

図Ⅱ-7-2　固有値の変化

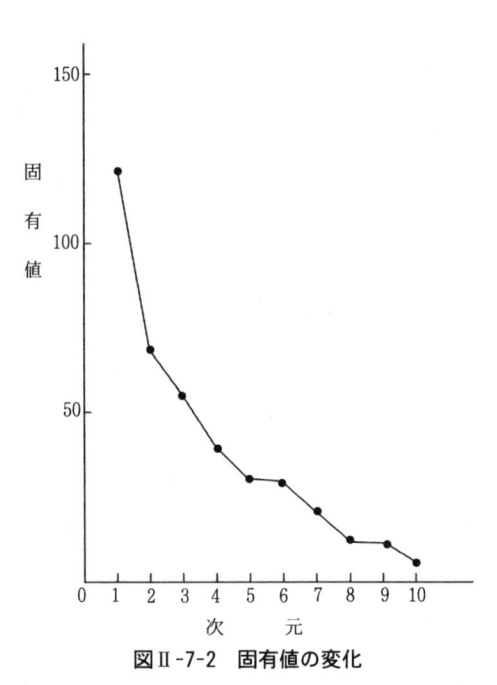

きさは漸次小さくなっており、どの次元で固有値を打ち切ればよいのかは、図Ⅱ-7-2からでははっきりとしない。しかし、人間の判断可能な次元はおよそ3・4次元位、数量化第Ⅳ類適用における藤原の研究では解釈可能な次元が3次元であったということ、ならびに従来の研究で見出された次元数等を考えあわせると、4次元が妥当ではないかと考えられる。従って、Torgerson法、Kruskal法による解析結果としては、4次元までのウエイトベクトルが表Ⅱ-7-1に掲げられた。

表Ⅱ-7-1　ＭＤＳ解析結果

国名	Torgerson法 次元1	次元2	次元3	次元4	Kruskal法 次元1	次元2	次元3	次元4
アメリカ	-2.92	2.04	0.54	-2.55	0.089	0.101	1.083	0.140
イギリス	-3.03	1.70	-0.31	0.70	-0.078	0.313	0.786	0.332
イスラエル	-0.25	0.39	-0.19	-0.08	0.058	-0.053	0.516	-0.925
インド	2.00	-0.68	1.97	1.50	-0.431	0.271	-0.610	0.244
インドネシア	3.21	0.22	2.72	0.05	-0.358	-0.169	-0.823	0.576
エジプト	2.53	-1.37	-1.26	0.71	-0.539	0.224	-0.420	-0.599
エチオピア	3.43	-0.53	-0.05	0.12	-0.474	-0.165	-0.708	-0.356
ギリシャ	-0.53	-0.30	-2.01	2.36	-0.488	0.389	0.259	-0.498
コンゴ	4.05	-0.52	-0.78	-1.41	-0.146	-0.655	-0.840	-0.359
スペイン	0.20	1.63	-2.13	1.63	-0.523	-0.418	0.431	-0.041
ソ連	-2.28	-4.01	0.15	-1.78	0.896	0.816	-0.150	-0.102
中国	-0.62	-3.15	3.59	0.16	0.225	0.936	-0.459	0.330
西ドイツ	-3.90	1.46	-0.62	-0.79	0.458	0.206	0.847	0.391
日本	-2.02	2.33	3.64	1.12	-0.072	0.356	0.366	0.836
ブラジル	2.29	2.22	-0.28	0.40	-0.706	-0.588	-0.034	0.275
フランス	-2.13	0.89	0.20	-0.30	0.514	-0.191	0.415	0.470
ポーランド	-2.84	-1.77	-1.43	0.76	0.978	0.139	0.033	-0.051
南アフリカ	2.33	0.66	-1.31	-3.48	0.266	-0.965	-0.400	-0.439
メキシコ	2.37	2.37	-0.17	0.33	-0.365	-0.817	-0.090	0.323
ユーゴスラビア	-1.06	-2.61	-1.69	0.94	0.695	0.271	-0.202	-0.548

2．次元の解釈

　まずTorgerson法における軸の解釈から始めよう。表Ⅱ-7-1によると、第1次元においてマイナスの方向に大きな数値を持つ国々は、西ドイツ・アメリカ・イギリスといった先進国であり、逆にプラスの方向には、コンゴ・インドネシア・エジプト等発展途上国が位置することから、第1次元は「経済的発展性」の次元と考えられる。第2次元は「政治体制」であり、共産主義国たる、ソ連・中国・ポーランドといった国々が、マイナス方向に大なる数値を示している。プラスの方向は、日本・アメリカ・西ドイツといった資本主義諸国が大きなウエイトベクトルを示している。次に第3次元に関してであるが、プラス方向で大なる数値を示すのは、インドネシア・日本・中国・インドといったアジア諸国であり、マイナス方向では、スペイン・ギリシャ・ユーゴスラビア・エジプトといった国々であり、これらは地中海周辺に位置

第7章 国家の認知についての研究

する国々である。このことから、第3次元は、アジア対地中海周辺諸国の因子あるいは「地理」の次元を抽出していると考えられる。なお第4次元は解釈ができない。

次に、数量化第Ⅳ類を適用した藤原の研究における国家布置と、今回のTorgerson解を対応づけるためウエイトベクトルの単位を統一して各国をプロットしたのが図Ⅱ-7-3・Ⅱ-7-4である。図Ⅱ-7-3によると、Torgerson法および数量化第Ⅳ類のいずれを適用しても、第1次元と第2次元の空間的座標はほぼ等質であることがわかる。ただ第2次元の「政治体制」に関して言えば、Torgerson法の方が、ポーランド・ユーゴスラビア・中国・ソ連といった共産主義国がより近い所に位置し、解釈しやすいようになっている。図Ⅱ-7-4に示された第3次元と第4次元の国家布置は、大まかには両解析法が対応していると言えるが、細部になるとかなりのズレが生じている。特にTorgerson法の場合には、中国・インドネシア・日本・インドといったア

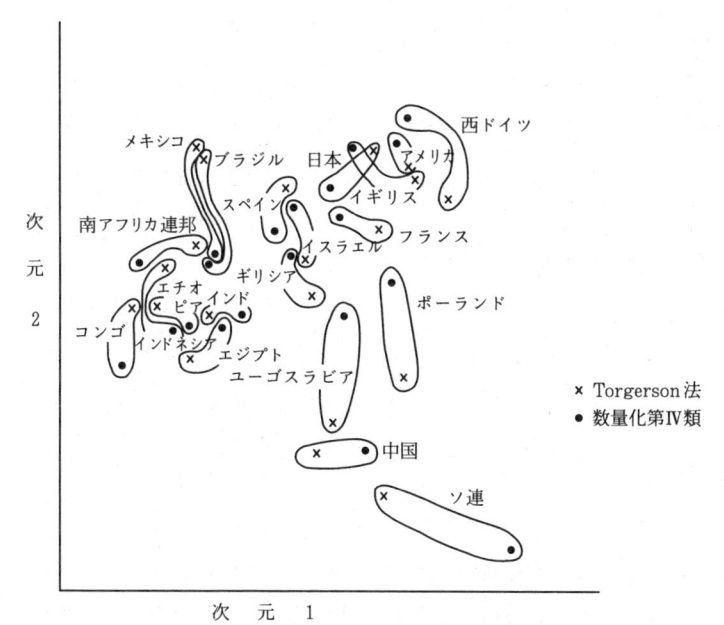

図Ⅱ-7-3 Torgerson法と数量化第Ⅳ類による国家布置（次元1、次元2）

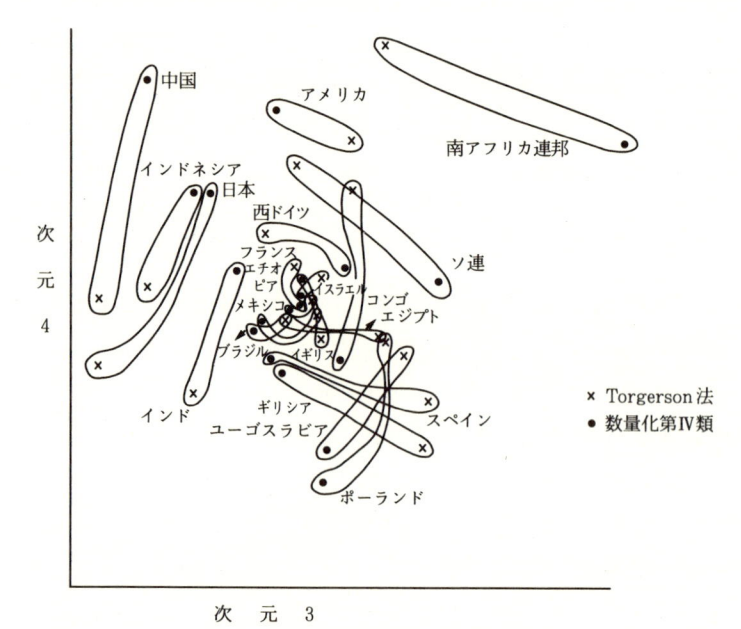

図II-7-4 Torgerson法と数量化第IV類による国家布置（次元3、次元4）

ジア諸国が1つのクラスターをなし、地中海周辺の国々もまとまる方向に位置している。この結果から、数量化第IV類よりもTorgerson法の方が、より豊富な情報を提供してくれる点において、データ解析の手法として優れているように思える。

さてKruskal法による解析であるが、この結果は、Torgerson法・数量化第IV類のような軸を中心とした解釈が困難なようである。そこで図II-7-5・II-7-6が用意された。いずれも2次元の座標上に各国をプロットしたものである。図II-7-5の示すところによれば、中国・ソ連・ユーゴスラビア・ポーランドといった共産圏の国々が右上にかたまっており、第1次元あるいは第2次元は「政治体制」の因子であると考えられる。ただこの次元に関しては、メトリックな手法の解析結果のように双極性の因子をなしてはいない。換言すれば、共産主義の反対側に資本主義国が位置しているような図柄は得られていないのが特徴である。次に図II-7-6に目を移すと、第3次元は先進国諸

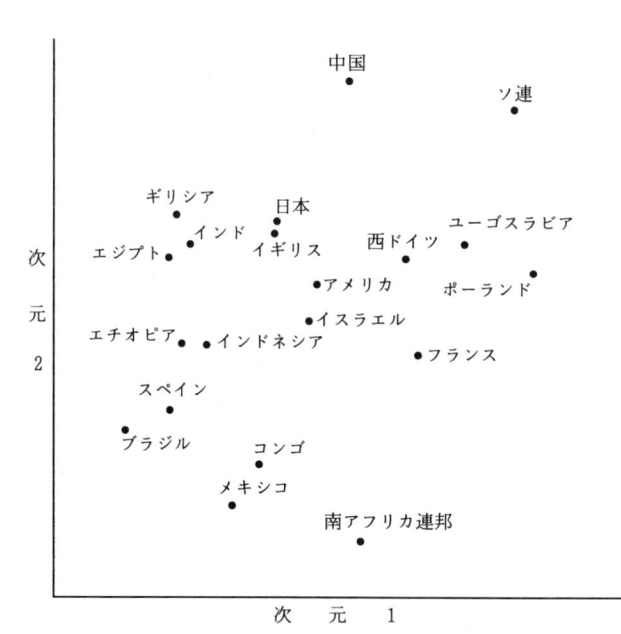

第7章 国家の認知についての研究 153

図Ⅱ-7-5 Kruskal 法による国家布置（次元1、次元2）

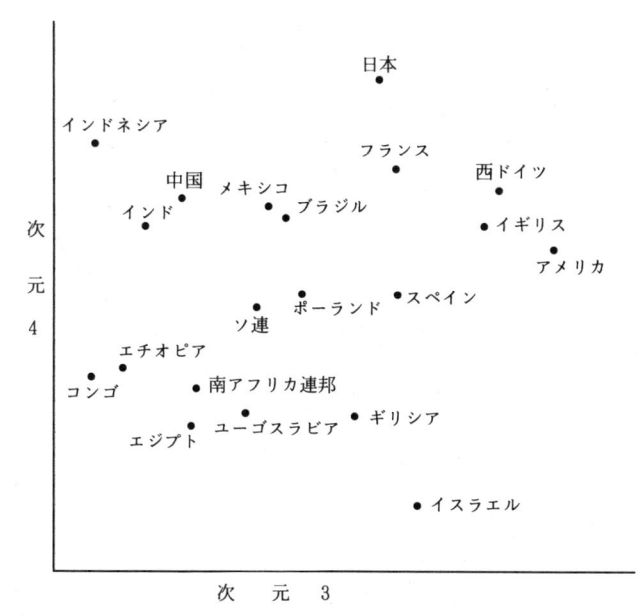

図Ⅱ-7-6 Kruskal 法による国家布置（次元3、次元4）

国と発展途上国を弁別している軸のように思える。従って「経済的発展性」の次元を示しているのであろう。第4次元は、主に日本・インドネシア・中国といった国々がプラスの方向に、一方イスラエル・ギリシアそれにアフリカの諸国がマイナスの方向に位置していることから、アジア対アフリカ（地中海周辺国も含む）の因子、すなわち「地理」次元を析出していると解釈される。

考　察

　従来の諸研究においては、同一のデータマトリックスに異なった種類のMDSを適用した場合、ノンメトリックなMDSであれ、メトリックなMDSであれ、ほぼ等価な布置を再生することが明らかになっている。本研究においても、3つのMDSモデルを適用した結果、大まかな次元に関してはほぼ対応関係があることが見出された。特にTorgerson法と数量化第IV類との間には、かなり親近性のある国家認知の布置が得られた。しかしながら、ノンメトリックMDSであるKruskal法による空間布置と、Torgerson法および第IV類によるそれとの間には、かなりのズレが見出された。そして前者による解よりも後者における解の方が解釈しやすく、納得のいく布置が得られており、加えて従来見出された国家布置と一致するものであった。[27)28)] 従って、本研究のデータ解析結果に関していえば、Torgerson法 ＞ 数量化第IV類 ＞ Kruskal法 の順で現象解析にあたってより有効な情報を引き出しうるといえよう。ただしこの結論は暫定的なものである。更に異なった社会的刺激特性分野でも、本研究のような手続きでもってデータを収集・解析しつつ、各々のMDSがどのような空間的布置を再生するのかについて着実に知見をつみあげる努力が必要なことはいうまでもない。

　ただしここで上述したようなズレがどのような理由によって生じたのかを言及しておく必要があるだろう。現在のところ考えられる理由の1つは、距離行列の要素にいくつかのtieがあったために退化（degeneracy）が生じたのかもしれないというものである。この点については、更にサンプル数を増やしてデータを集め、Kruskal法を適用して検討してみる予定である。

もう1つ考えられる理由としては、本研究に用いられた刺激特性の複雑さがある。国家のような刺激の場合には、いろいろな属性や特性を数多く含んだ刺激であり、被験者によってなされる判断にもさまざまな次元や基準が関与してくる。多くの基準を考慮した上で、国同志の類似性を評定するという作業は、誤差とノイズをその中に多分に含むかもしれない。その結果、MDSの入力マトリックスも錯綜としてくるのであろう。そうした誤差の中に埋没した潜在構造の中から、あざやかに国家布置を浮かび上がらせることは、MDSにとって過酷な条件なのかもしれない。逆説的には、判断次元が複雑なデータ構造は、MDSの有効性をテストするためには格好の材料なのかもしれない。それに対して、同一データにKruskal解とTorgerson解を適用した結果、両者とも等価な布置を再生したという従来の研究は、刺激特性が図形とか食物といった具合に、付与される属性そのものが比較的単純であると考えられる。従って、被験者にとっても判断は容易であると推測される。その結果、得られた類似性マトリックスの構造はシンプルで、刺激同士のクラスターが明瞭なことが多い。極端なことを言えば、そうしたマトッリクスにわざわざ複雑な計算をして次元の抽出を行う必要はないといえるかもしれない。ただ、各刺激の正確な空間的布置を検討するような研究目的の場合は別である。

次にKruskalのストレス基準について若干述べてみよう。図Ⅱ-7-1に示したように、確かに次元数を増やせばストレス値は下がり、7次元解で4.9％となり、goodの基準に達する。しかしながら、このようにたくさんの次元を抽出しても、解釈ができない軸がかなりある。これに対して2次元解のストレスは22.3％でpoorの基準にも達しないが、座標上に国をプロットしてみると、およそ納得のいく空間配置が得られている。より少ない次元に還元することを目的とするならば、たとえストレスは大きくても、2次元で充分ともいえよう。このことからKruskalの提供した基準は厳しすぎるようにも思われる。またこうした評価法は、一見もっともらしくみえるが、厳密な意味で統計的な誤差基準があるとはいえず、恣意性はまぬがれ得ない。

最後に付加的なことであるが、計算時間からいえば、HITAC-8700で、

Kruskal 法は130秒位、一方 Torgerson 法は2秒ほどである、演算時間量から言えば後者の方がはるかにエコノミカルである。また、もともと計量的な判断がなされている場合には、メトリックな手法で処理した方がすっきりしているかもしれない。

要　　約

　本研究の関心は国際行動における人間の次元にあり、とりわけ、自国及び他国をどのように認知しているのかといった国家の認知構造を、MDS の適用によって明らかにすることにある。MDS のモデルとしては多種多様のものが開発されているが、メトリックな MDS として Torgerson 法、セミメトリックな MDS として数量化第IV類、ノンメトリックな MDS として Kruskal 法の各々を用いて同一の類似性データを解析し、国家認知の布置に差が生じるのか否かを検討する。刺激として20の国家が用いられ、それらの類似性評定を行った被験者は10名（男子5名、女子5名）である。被験者は、ランダムにペアで提示される2つの国の全体的な類似性の程度を、9段階尺度で評定するように求められた。必要判断回数は190回である。

　3つの MDS によって解析した結果、「経済的発展性」「政治体制」「地理」といった3つの次元が析出された。しかしながら、大まかな次元に関しては三者の解法に対応関係があるものの、細部の布置についてはズレが観察された。Torgerson 法と第IV類との間にはかなりの親近性があるが、これらの解法と Kruskal 解との間には布置にかなりの食い違いが見られた。より適切で意味のある情報を引き出し得るという観点からすれば、Torgerson 法 ＞ 数量化第IV類 ＞ Kruskal 法の順で、MDS の解析結果の評価ができるといえよう。

　付記　本研究のデータ解析は、広島大学計算センター　HITAC-8700によった。

引用文献

1) 斎藤尭幸・小川定暉・野嶋栄一郎 1973 データ解析（3）多次元尺度構成に関する総合報告 総研紀要, **3**, 53-216.
2) 上笹恒・犬飼幸男 1974 心理学的多次元尺度法 心理学評論, **17**, 79-105.
3) Torgerson, W.S. 1952 Multidimensional scaling: I. Theory and method. *Psychometrika*, **17**, 401-419.
4) Torgerson, W.S. 1958 *Theory and methods of scaling*. New York: Wiley.
5) Ekman, G. 1963 A direct method for multidimensional ratio scaling. *Psychometrika*, **28**, 33-41.
6) Hayashi, C. 1952 On the prediction of phenomena from qualitative data and quantification of qualitative data from methematico-statistical point of view. *Annals of the Institute of Statistical Mathematics*, **3**, 71-96.
7) Shepard, R.N. 1962 The analysis of proximities: Multidimensional scaling with an unknown distance function I. *Psychometrika*, **27**, 125-140.
8) Shepard, R.N. 1962 The analysis of proximities : Multidimensional scaling with an unknown distance function II. *Psychometrika*, **27**, 219-245.
9) Kruskal, J.B. 1964 Multidimensional scaling by optimizing goodness of fit to a nonmetric hypothesis. *Psychometrika*, **29**, 1-27.
10) Kruskal, J.B. 1964 Nonmetric multidimensional scaling: A numerical method. *Psychometrika*, **29**, 115-129.
11) Guttman, L. 1968 A general nonmetric technique for finding the smallest coordinate space for a configuration of points. *Psychometrika*, **33**, 469-506.
12) Tucker, L.R., & Messick, S. 1963 An individual differences model for multidimensional scaling. *Psychometrika*, **28**, 333-367.
13) Carroll, J.D., & Chang, J.J. 1970 Analysis of individual differences in multidimensional scaling via an N-way generalization of "Eckart-Young" decomposition. *Psychometrika*, **35**, 283-319.
14) Abelson, R.P. 1954-1955 A technique and a model for multidimensional attitude scaling. *Public Opinion Quarterly*, **18**, 405-418.
15) Messick, S. 1956 The perception of social. attitudes. *Journal of Abnormal and Social Psychology*, **52**, 57-66.
16) Jackson, D.N., Messick, S., & Solley, C.M. 1957 A multidimensional approach to the perception of personality. *Journal of Psychology*, **44**, 311-318.
17) Abelson, R.P. & Sermat, V. 1962 Multidimensional scaling of facial expressions. *Journal of Experimental Psychology*, **63**, 546-554.
18) Rosenberg, S., Nelson, C., & Vivekananthan, P.S. 1968 A multidimensional

approach to the structure of personality impressions. *Journal of Personality and Social Psychology*, **9**, 283-294.
19) Rosenberg, S., & Olshan, K. 1970 Evaluative and descriptive aspects in personality perception. *Journal of Personality and Social Psychology*, **16**, 619-626.
20) Shepard, R.N., Romney, A.K., & Nerlove, S.B.(Eds.) 1972 *Multidimensional scaling: Theory and applications in the behavioral sciences.* Volume II. *Applications.* New York: Seminar Press.
21) 吉田正昭 1966 価値の心理学的研究 心理学モノグラフNo.4 東京大学出版会
22) 吉田正昭・森山美那子・玉井ちづ子 1962 日本人の権威意識の構造 心理学研究, **32**, 353-366.
23) 藤原武弘 1975 国家の認知についての研究-多次元尺度適用法の試み- 広島大学教育学部紀要, **24** (1), 303-311.
24) Green, P.E., & Rao, V.R. 1972 *Applied multidimesional scaling: A comparison of approaches and algorithms.* Holt, Rinehart & Winston.
25) Lund, T. 1970 Multidimensional scaling of geometrical figures. *Scandinavian Journal of Psychology*, **11**, 246-254.
26) Coombs, C.H., Dawes, R.M., & Tversky, A. 1970 *Mathematical psychology: An elementary introduction.* Englewood Cliffs, N.J.: Prentice-Hall. (小野茂 (監訳) 1974 数理心理学序説 新曜社)
27) Robinson, J.B., & Hefner, R. 1967 Multidimensional difference in public and academic perceptions of nations. *Journal of Personality and Social Psychology*, **7**, 251-259.
28) Wish, M., Deutsch, M., & Biener, L. 1970 Differences in conceptual structure of nations: An exploratory study. *Journal of Personality and Social Psychology*, **16**, 361-373.

第8章 多次元尺度法適用上の問題点について

問　題

　刺激や対象間の心理的類似度、距離を表す測定値マトリックスをもとにして、各刺激や対象を多次元空間に射影するための手段は、多次元尺度法、多次元尺度構成法（Multidimensional Scaling、以下 MDS と略す）と呼ばれる。MDS のモデルとしては、さまざまな手法が開発されており、その適用例も多岐の領域にまたがり、適用数もかなり多い。これまでに考案されてきた各種の手法は、それぞれが固有の理論的構造に立脚している。たとえば、メトリックな MDS の代表である Torgerson 法は、線型代数理論がそのよりどころとなっている。一方、ノンメトリックな手法にあっては、点間の距離と与えられたデータの間に単調関数を仮定し、この単調関係に近づくように点の座標を逐次近似させる。その際、特定の指標（Kruskal 法においてはストレス）を目的関数とし、それが最小になるような数値を定めるといった、工学的発想に立脚している。

　林・飽戸も指摘するように、[1] どのようなデータはどのような手法、モデルに適しているかという点については、理論構成の内部からは見極めがたく、種々の条件のデータを、種々の手法で解析して比較するという地道な作業の積み重ねが必要であろう。また、こうしたデータ解析の蓄積ができてはじめて、適用上のルールらしきものに到達することができると思われる。

　本論文においては、データ解析の用具として MDS を用いた際に生じてきた問題点や、その問題点を解決した後に得られた知見のいくつかについて述べる。MDS のユーザーとしての観点から論じるため、必ずしも MDS のかかえる問題点を理論的・経験的観点の両面にまたがって克服したものではないが、上述した適用上のルール発見のための基礎的資料に供することになる

とおもわれる。用いられたデータは、藤原の研究でなされた国家間の類似性、距離マトリックスの、MDS による解析結果である。[2)3)] 本論文において論じられる MDS 手法適用上の問題点は、次のような観点からである。

1. 解析的回転の問題
2. 異なる MDS 解間の比較方法
3. Torgerson 法における附加定数問題

解析的回転の問題

因子分析法においては、セントロイド法なり主因子法によって抽出された因子負荷行列を、更に回転することによって、単純構造をめざすことが多い。単純構造を求める解析的手法として、バリマックス法（Varimax Method）、コオーティマックス法（Quartimax Method）、ジェオマックス法（Geomax Method）等、さまざまな直交回転解が考案されている。その中でもバリマックス法はポピュラーであり、多くの研究者によって用いられている。因子分析法においては、抽出される次元数が特に多く、解析的回転は因子の解釈を促進し、有益な情報をもたらすことが多い。

MDS によって抽出された何次元かの数値行列に、解析的回転を施してやるとどうなるであろうか。果たして抽出された軸の解釈が容易になるのであろうか。こうした軸の方向の決定に関して、Shepard (1974)[4)] は、第1に、得られた布置の軸はまったく任意であり、第2に適切に回転されたとしても、軸が必ずしも最も解釈しやすい布置の特徴を与えるとは限らない、と指摘している。いささか歯切れが悪いが、解析的回転がどのような結果をもたらすかを究明するために、Torgerson 解、Kruskal 解、数量化第Ⅳ類（各々4次元）が、バリマックス法とジェオマックス法によって回転がなされた。ジェオマックス法による回転結果は、因子負荷の値の変動が0.00001以下になるという条件で500回を限度に繰り返しを行ったが、収束しなかった（Torgerson 解と Kruskal 解の場合）ので、バリマックス法による回転結果だけを掲げておく（表Ⅱ-8-1）。結果をみると明らかなように、Torgerson 解、数量化第Ⅳ類のいずれも、回転結果と未回転結果の間にあまり変化がな

く、回転によって解釈が促進されたとはいいがたい。このことは、未回転のままでも軸の解釈が容易であったことに起因するのかもしれない。それに対してKruskal解においては、未回転のままでは軸を中心とした解釈が困難であったにもかかわらず、バリマックス回転を作用させ、軸を変換してやると、得られた布置の解釈が容易になった。すなわち、第1次元では、アメリカ、イギリス、西ドイツ、日本といった国々がプラス方向に、コンゴ、南アフリカ連邦、エチオピアといった国々がマイナス方向に大きな値を示し、「経済的発展性」の軸が明瞭に浮かびあがった。次に第2次元では、ソ連、ユーゴスラビア、中国といった共産主義国がプラスの方向に大きな値を示し、「政治体制」の軸を、第3次元においては、インドネシア、インド、中国、日本といったアジア諸国がマイナス値を示し、「地理」の次元を示していることが理解できよう。限られたデータ解析結果なので、解析的回転が常に有

表II-8-1　バリマックス法による回転結果

	Torgerson法 1	2	3	4	数量化第IV類 1	2	3	4	Kruskal法 1	2	3	4
アメリカ	4.085	-0.077	0.706	-1.513	0.449	0.113	0.069	-0.247	0.877	-0.158	0.594	0.250
イギリス	3.160	0.123	-1.177	1.127	0.313	-0.076	0.012	0.022	0.882	-0.113	0.180	0.093
イスラエル	0.438	-0.166	0.106	0.164	0.120	-0.097	0.030	0.015	-0.066	0.097	0.994	-0.354
インド	-2.467	-0.860	-1.753	-0.833	-0.136	-0.081	-0.128	-0.079	-0.134	-0.039	-0.724	-0.383
インドネシア	-2.611	-2.230	-0.814	-2.303	-0.216	-0.143	-0.190	-0.296	-0.389	-0.296	-0.962	0.025
エジプト	-2.887	-0.035	0.977	1.039	-0.190	-0.078	-0.010	0.022	-0.374	0.004	-0.034	-0.857
エチオピア	-3.067	-1.329	0.914	-0.233	-0.238	-0.108	0.022	-0.028	-0.693	-0.188	-0.274	-0.538
ギリシャ	-0.270	0.618	-0.632	3.021	0.001	-0.096	-0.023	0.183	0.237	-0.036	0.302	-0.745
コンゴ	-3.113	-1.430	2.662	-0.670	-0.414	-0.134	0.170	0.045	-1.091	-0.243	-0.160	-0.102
スペイン	0.365	-1.305	0.184	2.832	0.023	-0.158	-0.024	0.134	0.125	-0.723	0.294	-0.107
ソ連	0.188	4.672	0.563	-1.514	-0.145	0.809	-0.010	0.185	0.185	1.204	-0.032	0.132
中国	-1.383	2.450	-2.519	-2.994	-0.118	0.313	-0.518	-0.398	0.294	0.788	-0.708	-0.193
西ドイツ	4.149	0.938	-0.141	0.484	0.446	0.007	0.077	0.042	0.831	0.163	0.325	0.547
日本	2.375	-1.519	-3.646	-1.664	0.243	-0.094	-0.209	-0.184	0.822	-0.098	-0.446	0.284
ブラジル	-0.763	-3.042	0.530	0.542	-0.109	-0.212	-0.031	0.016	-0.141	-0.922	-0.220	-0.049
フランス	2.253	0.348	-0.507	-0.058	0.165	-0.021	-0.004	0.064	0.336	0.030	0.106	0.754
ポーランド	1.214	3.095	-0.475	1.595	0.052	0.055	-0.003	0.495	-0.037	0.772	0.239	0.570
南アフリカ連邦	-0.524	-1.292	4.019	-1.263	-0.092	0.151	0.769	-0.392	-1.026	-0.240	0.348	0.350
メキシコ	-0.735	-3.219	0.536	0.425	-0.093	-0.202	-0.018	0.002	-0.324	-0.830	-0.155	0.309
ユーゴスラビア	-0.697	2.904	0.058	1.660	-0.061	0.051	0.022	0.399	-0.315	0.829	0.334	0.012

効な情報を引き出すための武器となりうるとは結論できないように思われる。しかしながら、未回転のままでは軸の解釈が困難な場合には、適切な回転が解釈のしやすい布置に導くことは十分に考えられる。特にノンメトリックなMDS手法の場合には、座標軸の方向は主として初期布置の時任意に決めた座標軸の方向によって決まるため、適切な座標軸の回転が必要な場合が生じてくるかもしれない。特に本研究のKruskal解では、特定の初期値を与えていないので、回転が必要であったとも考えられる。それに対して、アルゴリズムの過程で固有値を計算するという点で共通性のあるTorgerson法と数量化第IV類法においては、回転の必要はあまりないのかもしれない。

異なるMDS解間の比較方法

同一のデータに異なったMDS手法を適用した場合、得られた布置間の一致性を検討するにはどのようにすればよいだろうか。初歩的な比較方法としては、各刺激に与えられた数値を座標軸上に図示して、その図柄をつき合わせ、似ているかどうかを判断することが考えられる。藤原（1976）においても、単位の統一および符号の変換を除いては、布置の図示→位相の判定という手法を採用した。その中でも、Torgerson解と数量化第IV類解は親近性が高い結果を示したので、上述した作業をへて、同一座標軸上にプロットすることが可能であった。しかし未回転のKruskal解はやや異質な布置を析出したために、前二者の解法との対応度は位相を通じた大ざっぱな検討しかなされていない。この点は批判されるべき点であろう。こうした批判点を克服するべく、より進んだ解析の試みを行ってみることにしよう。

一つの比較方法としては、各々のMDS手法によって得られた次元間の相関係数を算出することによって、異なる手法間の対応度を検討してみることが可能である。ここでは更に、こうした相関行列を基にして、正準相関分析を行い、異なる布置間の一致性を検討してみよう。正準相関法は、たとえば、Kruskal解の一次結合による合成変量と、Torgerson解の一次結合による合成変量との相関を最大にするよう、両方の一次結合係数にウエイトを与えるものである。表II-8-2、II-8-3、II-8-4は、Torgerson法、Kruskal法、

数量化第IV類法間のすべての組合わせについて、正準相関法によって解析したものである。この結果によれば、いずれの手法間の正準相関係数も高く、

表II-8-2 正準相関分析：Torgerson法と数量化第IV類

正準相関係数		.985***		.904***		.892***		.839***	
		標準重みベクトル	構造ベクトル	標準重みベクトル	構造ベクトル	標準重みベクトル	構造ベクトル	標準重みベクトル	構造ベクトル
Torgerson法	1	.98		.05		−.19		.07	
	2	−.15		.79		−.40		.45	
	3	.13		.22		.86		.44	
	4	.07		.58		.24		−.78	
数量化第IV類	1	−.86		−.28		.40		−.19	
	2	−.49		.71		−.44		.24	
	3	−.17		−.65		−.66		.35	
	4	.02		.00		.46		.89	

***$p<.001$

表II-8-3 正準相関分析：Torgerson法とKruskal法

正準相関係数		.998***		.983***		.857***		.476*	
		標準重みベクトル	構造ベクトル	標準重みベクトル	構造ベクトル	標準重みベクトル	構造ベクトル	標準重みベクトル	構造ベクトル
Torgerson法	1	.97		−.23		.06		.11	
	2	.20		.95		.25		.06	
	3	−.15		−.22		.84		.47	
	4	.05		−.08		.47		−.88	
Kruskal法	1	−.49	−.73	−.21	−.26	−.56	−.45	.77	.44
	2	−.45	−.71	−.60	−.52	.45	.31	−.63	−.37
	3	−.44	−.64	.82	.71	−.19	−.09	−.44	−.27
	4	−.15	−.27	.20	.29	.76	.78	.64	.48

*$p<.05$ ***$p<.001$

表II-8-4 正準相関分析：Kruskal法と数量化第IV類

正準相関係数		.993***		.864***		.813**		.200	
		標準重みベクトル	構造ベクトル	標準重みベクトル	構造ベクトル	標準重みベクトル	構造ベクトル	標準重みベクトル	構造ベクトル
Kruskal法	1	.25	.52	.21	.04	−.82	−.77	−.64	−.36
	2	.36	.58	−.85	−.72	−.06	−.24	.56	.30
	3	.71	.85	.59	.43	.36	.26	.32	.14
	4	.17	.33	−.37	−.35	.48	.55	−.81	−.68
数量化第IV類	1	.90		−.24		−.35		.06	
	2	.41		.66		.63		.07	
	3	−.04		.65		−.61		−.45	
	4	.12		−.29		.33		−.89	

**$p<.01$ ***$p<.001$

三者の対応度がかなり密接であることが明らかになった。その中でも、特にTorgerson法と数量化第Ⅳ類法間の正準相関係数は、第1から第4番目まで、0.1％水準以下で有意に高く、両解の一致度はかなり高いと判定することができる。また、Torgerson法とKruskal法、Kruskal法と数量化第Ⅳ類法は、それぞれの関係において第4番目の正準相関は低いものの、第1から第3番目までの係数の高さは、かなり対応度を示す証拠といえよう。いずれの組合わせにしても、第3番目までの正準相関係数がかなり高いという結果から、国家認知の妥当な次元数は3次元だと結論できるように思われる。

次元数の決定はなかなかやっかいな問題であるが、Shepard（1972）は次のような4つの基準を提案している。[5]

1. 単調性からのズレ（たとえばストレス）があまりに大きすぎないこと。しかも、次元数をそれ以上増加しても単調性からのズレが急激に減少しないような次元数を選択すべきである。
2. 表現は統計的に信頼度が高くなければならない。特に、2組の独立なデータから2つの解を求め、これら2つの解が最も良く対応するように2つの軸を回転した場合に、2つの表現の間では、対応する軸へのn個の点の射影の順位は同一でなければならない。
3. 表現は解釈が可能でなければならない。空間における点の位置の占め方に実質的な解釈がつく場合には、これらの次元をすべて現実のものであると考えることができる。
4. 空間的表現は目で見てわかりやすいということが大切であり、可能な限り2次元あるいは3次元の空間にすべきである。

以上のような基準を考慮することに加えて、筆者は次元数の推定にあたって次のような基準を提案したい。すなわち、同一のデータを、異なるMDS手法によって解析し、何次元解かの布置間の相関係数を算出した後、正準相関分析法によって、異なるMDS解の正準相関係数を算出する。そして正準相関係数の検定を行った後、有意な係数の数を示す次元を採用するという方法である。

次に異なったMDS解の布置の整合性を検討するためのもう1つの方法と

して、軸を回転するということが考えられる。前に述べた解析的回転法は、因子負荷の内部的な構造を基準として、それを満たす解を求めた。たとえばバリマックス法では、いわゆるバリマックス基準として、因子ごとの因子負荷の平方の分散を最大として回転を行った。このような回転の客観解では、回転の基準は全く数学的に定められているため解として得られる因子の構造がどのようなものになるかは計算してみないとわからない。いわば全く探索的に因子構造の中に単純構造をさぐりあてようとするものである。

こうした軸の回転法とは別に、特定の因子負荷行列なり固有ベクトル行列をいわば標的（target）としてその構造に最大限に適合するように回転角を定め、もう1つの因子構造を回転させてやるという手法がいくつか考案されている。[6)7)8)9)] こうした手法は、各MDS解の布置を重ね合わせるための有力な手段となりうる。表II-8-5は、Torgerson解を標的として、その構

表II-8-5 Torgerson法を標的とした回転結果

	数量化第IV類				Kruskal法			
	1	2	3	4	1	2	3	4
アメリカ	−1.590	0.853	0.863	−1.270	−1.607	1.063	−0.376	0.281
イギリス	−1.094	0.918	−0.163	0.019	−1.317	0.815	0.292	0.688
イスラエル	−0.289	0.604	−0.263	0.086	−0.351	−0.253	−2.199	0.171
インド	0.675	−0.026	0.484	0.470	0.890	−0.377	0.999	0.780
インドネシア	1.317	0.186	1.269	0.332	1.382	0.136	1.589	−0.023
エジプト	0.839	−0.156	−0.187	0.337	1.095	−0.774	−0.825	1.107
エチオピア	1.154	−0.090	−0.163	0.196	1.673	−0.460	−0.337	0.366
ギリシャ	−0.077	0.141	−0.676	0.713	0.005	−0.210	−0.988	1.416
コンゴ	1.895	−0.332	−0.876	0.024	1.949	−0.311	−0.482	−0.797
スペイン	0.008	0.455	−0.604	0.718	0.407	1.341	−0.584	0.377
ソ連	−1.102	−3.327	0.589	−1.141	−1.473	−1.955	0.320	−0.316
中国	0.039	−1.355	3.203	0.178	−0.635	−1.469	1.417	0.678
西ドイツ	−1.730	0.943	−0.277	−0.390	−1.883	0.605	0.336	−0.260
日本	−0.685	0.868	1.085	0.342	−1.002	0.767	1.583	0.513
ブラジル	0.761	0.473	−0.294	0.641	1.235	1.488	0.259	0.234
フランス	−0.678	0.364	−0.208	0.129	−1.050	0.638	0.592	−1.001
ポーランド	−0.903	−0.561	−1.535	1.052	−1.188	−0.994	−0.018	−1.286
南アフリカ連邦	1.081	0.225	−0.642	−3.770	1.267	0.092	−1.067	−1.686
メキシコ	0.702	0.490	−0.264	0.536	1.140	1.446	0.289	−0.601
ユーゴスラビア	−0.326	−0.680	−1.310	0.807	−0.540	−1.591	−0.801	−0.648

造に似た布置になるように、Kruskal 解および数量化第IV類解を回転した結果である。空間的表現として各刺激が mapping された際、各 MDS 解がどれくらい一致しているのか否かを示したものが図II-8-1である。なおこれらの回転がなされる以前に、平均0、分散1となるように標準化がなされた。第1次元と第2次元に関しては、図II-8-1に示したように、各MDS解間の適合度は高く、いずれの手法で解析しても、ほぼ同一の国家認知空間で表示されることが明らかである。次に、第3次元と第4次元についても同様の図を作成しようと試みたのだが、ズレがやや大きく、図が煩雑になるので省略した。

ここでは更に Kruskal 解、数量化第IV類解を、Torgerson 解に最もよく対応するように回転した後の3者の布置間の一致度を検討するために、ピア

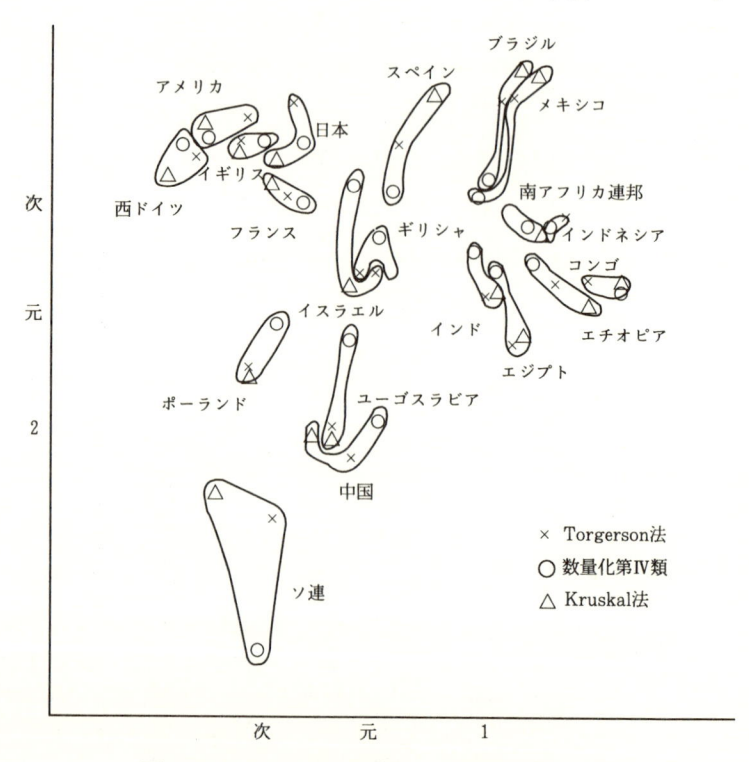

図II-8-1　3つのMDS手法による国家認知の布置

ソンの相関係数が算出された。その結果は表II-8-6のようになった。これら3者の間の相関係数はかなり高いことから、3者の対応度がかなり密接であることが明らかである。特にTorgerson解と数量化第IV類解は、第1次元から第4次元まで相関係数が高く、最もよく似た布置を示しているといえよう。この2解法とKruskal解との関係は、第2次元まではかなり一致した布置を示すが第3次元、第4次元となるにつれて、やや対応度が低くなるのが特徴である。

表II-8-6 回転後の各MDS手法間の相関係数

次元	1	2	3	4
Torgerson法と数量化第IV類	.980	.883	.867	.861
Torgerson法とKruskal法	.989	.973	.775	.576
Kruskal法と数量化第IV類	.977	.807	.630	.407

以上正準相関分析ならびに、特定の標的に適合するように軸の回転を行った結果、Torgerson法、Kruskal法、数量化第IV類法いずれの手法を用いて解析してみても、国家認知は、ほぼ同一の布置を示すことが明らかになった。従って、藤原（1976）の研究で下された結論は、付帯条件をつけて多少修正されるべきであろう。すなわち、未回転の布置に関する限りは、Kruskal解は、Torgerson解と数量化第IV類解とやや異なる布置を示すけれど、回転角を定めて軸の変換を行ってやると、第1次元から第3次元までの対応度はかなりよくなると考えられる。ただし第4次元に関しては、Kruskal解は、他の2手法とはやや対応度が落ちる。いずれにしても、Torgerson解と数量化第IV類は、最も親近性のある布置を示すことには変わりがない。この理由としては、両解法とも固有値計算を実行するという共通性に由来するものだと考えられる。

Torgerson法における附加定数問題

Torgerson法においては、入力データに課せられる制約は、比例尺度でなければならないということである。もし、データとして得られた非類似性なり心理的距離が間隔尺度値（S_{jk}）であれば、比例尺度値（d_{jk}）に変換さ

れる必要がある。こうした過程は、附加定数（additive constant）の推定と呼ばれている。d_{jk}、S_{jk}、c（附加定数）の3者の関係は、次のように定式化される。

$$d_{jk} = S_{jk} + c \quad (j \neq k)$$

附加定数と推定するための努力はいくつかなされているが、[10)11)] 決定的な解法はいまだ見出されていない。また、ノンメトリックなMDSの台頭は、伝統的MDSにおける附加定数問題への興味を減少せしめたように思われる。なぜなら、ノンメトリックなMDSにおいては、入力データに課せられる条件がゆるく、附加定数の問題とは無関係にデータ処理が可能であるがためである。

本論文においては、経験的に附加定数を変化させてみた場合、刺激の布置がどのような動きを示すのかを観察することにある。附加定数は、－9から＋9にわたって一段階ごとに変化させてみた。このように変化のステップ幅を大きくし、附加定数の値の範囲を広くしたのは、附加定数が、刺激の布置を決定するのにどれ位の役割を果たすのかを吟味したいがためである。もし附加定数の極端な変化によって、各次元に射影される刺激の布置がかなり変化するとすれば、附加定数の問題は、Torgerson法における重要な課題となるであろう。従って、適切な附加定数が推定され得ないと、表示された刺激の布置はでたらめなものであり、誤った結論を導いてしまうであろう。逆に附加定数の極端な変化が刺激の布置にあまり影響を与えないとすれば比例尺度という必要条件に対してそれほど考慮する必要がないように思われる。

図Ⅱ-8-2は、＋5から－4まで附加定数を変化させた場合に、刺激の布置がどのような軌跡をたどるのかを明らかにしたものである。プラスの方向への附加定数の増加は、各刺激の値を拡散せしめ、逆にマイナス方向への附加定数の変化は、原点に向かって収束せしめる。図が煩雑になるので、＋6から＋9までの刺激のプロットはひかえたが、図中の傾向とほぼ一致するように刺激が外へ向かって拡がってゆく。逆にマイナス方向については、附加定数が－5以下になると、全体の図柄がこわされてしまい、錯綜した構造になってしまったため、図中にプロットしていない。附加定数が＋5から－4まで

第 8 章　多次元尺度法適用上の問題点について　169

の範囲で、各点の位置を見る限り、各刺激の相対的位置は一定であり、全体的な位相には変化が見られない。また第 3、第 4 次元に関しても同様の傾向が見られた。

　附加定数の増加減少とともに、各刺激が拡散収束してゆくことは、得られた次元解を標準化していないため、当然の結果であるといえる。そこで各次元ごとに平均 0、分散 1 となるように標準化を行って、改めて図を作成してみたが、各刺激の位置はほぼ同一であり、附加定数の変化によってほとんど影響を受けないといえる。ただし、附加定数が－5 以下の場合、先に述べたように、それ以外の附加定数の場合とは似ても似つかぬ図になってしまう。もともとの距離行列において、附加定数が－3 あたりからマイナスの値が出現しはじめ、－4、－6 という具合に、ネガティヴな方向に附加定数を増加

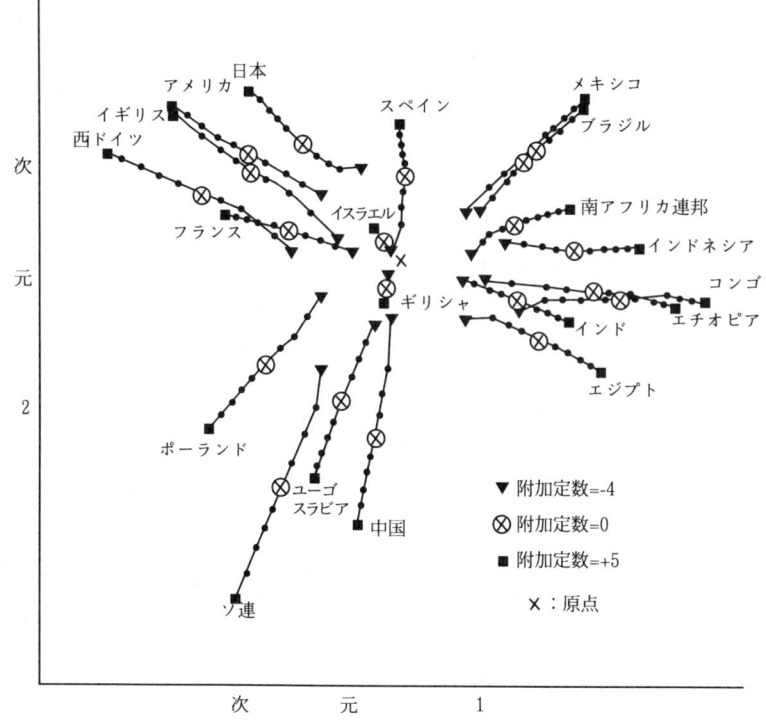

図Ⅱ-8-2　Torgerson 法における附加定数の影響

させてゆくに従って、マイナスの占める割合が多くなっているが、これは $d_{jk} \geq 0$ という、もともとの距離の公理に反することである。従って、各刺激の布置がこわされてしまうのも当然のことであろう。従ってもともとの距離行列にマイナス値がない限りにおいては、附加定数をどのようにとったとしても、刺激の相対的布置に変化があまり見られないものと考えることができる。

確かに Messick & Abelson (1956) が指摘するように、附加定数の問題は、多次元尺度が構成されるその目的に照らし合わせて考慮することが必要である。かなりセンシティヴな分析に MDS を適用する場合には、心理的空間の中でのわずかな歪みが、結論の解釈に大きな影響を及ぼすであろう。しかし心理的空間の大まかな一般的構造に興味の中心がある場合には、附加定数の役割はさほど大きくないように思われる。

要　約

近年いろいろな種類の MDS が開発されるにつれ、多岐の学問分野にわたった適用例が、数多く報告されている。MDS の理論構成の内部からは、どのようなモデルがどのようなデータに適合するのかを見極めるのは難しく、様々な条件のデータを、種々のモデルによって解析するという基礎的なデータの蓄積が必要であり、こうした蓄積によって初めて適用上のルールが確立されるように思われる。本研究は、藤原の研究でなされた国家間の類似性データの多次元尺度法による解析結果 (Torgerson 法、数量化第Ⅳ類、Kruskal 法) を基礎として、次の3つの観点から、多次元尺度法の適用上の問題点について論じる。

1. 解析的回転の問題

解析的回転が各 MDS 解の次元解釈を促進するか否かを明らかにするために、バリマックス法、ジェオマックス法による回転がなされた。その結果、Torgerson 解と数量化第Ⅳ類解へのバリマックス回転は、未回転の場合と比較しても解釈を促進しなかったが、Kruskal 解においては、回転によって軸の解釈が容易となった。

2. 異なる MDS 解間の比較方法

正準相関分析、ならびに Torgerson 解を標的として、それに最大限適合するような軸の回転とを、数量化第Ⅳ類、Kruskal 両者の解について行った。その結果、第3番目までの軸に関しては、いずれの手法もほぼ同一の布置を示すことが明らかになったが、その中でも Torgerson 解と数量化第Ⅳ類解とは特に類似性の高い布置を示した。また正準相関法を用いた次元数の推定方法についての提案がなされた。

3. Torgerson 法における附加定数問題

附加定数の影響を吟味するために、附加定数を－9から＋9まで変化させ、各刺激の布置の軌跡を観察した。その結果、附加定数が大きくなるにつれ各点は原点から外側に向かって拡散し、一方小さくなるにつれ原点に向かって収束することが見出された。ただ附加定数が－5以下の布置は、－4以上の布置とまったく異なるものになってしまった。こうした点を除いては、各刺激の相対的位置は、ウェイトベクトルを標準化してやるとほぼ一定であり、附加定数の役割はそれほど大きくないことが明らかになった。

付記　本研究のデータ解析は、広島大学計算センター HITAC-8700 によった。

引用文献

1） 林知己夫・飽戸弘（編）1976 多次元解析法－その有効性と問題点－ サイエンス社
2） 藤原武弘 1975 国家の認知についての研究－多次元尺度法適用の試み－ 広島大学教育学部紀要, **24** (1), 303-311.
3） 藤原武弘 1976 国家の認知についての研究－3つの MDS 手法の比較検討－ 広島大学教育学部紀要, **25** (1), 217-226.
4） Shepard, R. N. 1974 Representation of structure in similarity data: Problems and prospects. *Psychometrika*, **39**, 373-421.
5） Shepard, R. N., Romney, A. K., & Nerlove, S. B. (Eds.) 1972 *Multidimensional scaling: Theory and applications in the behavioral sciences.* Volume Ⅰ. *Theory.* New York: Seminar Press.

6) Kaiser, H. F. 1967 *Relating factors between studies based upon different individuals*, unpublished manuscript, University of Illinois, 1960. Cited by D. J. Veldman, *Fortran Programming for the behavior sciences*. New York: Holt, Rinehart & Winston.
7) Cliff, N. 1966 Orthogonal rotation to congruence. *Psychometrika*, **31**, 33-42.
8) Hurley, J. L., & Cattell, R. C. 1962 The proscrustes program, producing direct rotation to test an hypothesized factor structure. *Behavioral Sciences*, **7**, 258-262.
9) Schönemann, P. H. 1966 A generalized solution of the orthogonal proscrustes problem. *Psychometrika*, **31**, 1-10.
10) Messick, S. J., & Abelson, R. P. 1956 The additive constant problem in multidimensional scaling, *Psychometrika*, **21**, 1-15.
11) Cooper, L. 1972 A new solution to the additive constant problem in metric multidimensional scaling. *Psychometrika*, **37**, 311-322.

第9章 知覚判断に関する研究

―度量衡を表す形容詞の MDS 分析―

問 題

　一般的に言って、対象について何らかの判断がなされる時、対象のもつ情報は多次元的であることが多い。社会的刺激であれば勿論のこと、物理的事物の知覚判断においても、異種の情報を統合的に作用させることによって判断がなされる。例えば、奥行知覚における距離判断には、対象の大きさ、明るさといったものが影響してくる。また、同一距離に大きさの異なる対象を置くと、小さいものは遠くに大きいものは近くにあるように見える。このように、大きさと距離は不即不離の関係にあり、奥行知覚あるいは大きさの恒常性を規定しているといえよう。

　他にも対象の持つ手掛かりが単一ではない例が幾つかある。顕著な例として、Charpentier 効果、即ち Size－Weight Illusion（以下 SWI と略す）が挙げられよう。簡単に言うと、同重量で体積の異なる2つの物体を比較する場合、体積の大きい方が軽く感じられる現象である。このように重さの判断の際に、重量のみならず体積もしくは密度が1つの手掛かりとなって効果があらわれてくるのである。SWI について、Anderson[1] (1970) は、平均モデルを適用して説明している。彼は、重さの知覚判断をする場合次のようなモデルに従うとした。$R = W_1 S + W_2 S^*$（但し、R：持ち上げられる対象の知覚判断された重さ、S：物理的重量に直接結びついた重さの値、S^*：知覚された対象の大きさ及び一般的な経験に基づいて期待される重さの値、W_1、W_2：判断に及ぼす2つの刺激決定因 S と S^* の重要さを表す相対的重みづけ値）

　つまり、対象の重量それ自身の情報と体積に基づく情報とが統合平均されたものが、知覚判断される重量感になるというのである。この現象について

Ross & Di Lollo[2] (1968) は、彼等の提唱するベクター・モデルにより説明を行っている。それによれば、判断は、重量と密度という属性の心理的効果の二次元座標の中に、1つのベクトルとして表される。Anderson (1970)、Ross et al. (1968) のどのモデルを説明原理として用いるにしても、SWIにおいて、2種以上の手掛かりの効果が考えられる。なお、こういったSWIの説明モデルについては、柿崎[3] (1974) が、知覚判断における多次元的アプローチの中で詳述している。

次にSWIと同じように、点の数多さ判断に及ぼす面積の効果についての研究があげられる。これについては、Numerousness 知覚（以下 Num. 知覚と略す）の条件分析的研究の中で、Bevan & Turner[4] (1964) や福田[5] (1975) がふれている。それによれば、点の数多さの知覚判断には、物理的な点の数の他に、点の面積、刺激図形全体の面積、点密度などが関与することが確かめられている。特に、背景となる図形全体の面積の効果については、Birnbaum & Veit[6] (1973) が、Andersonのモデルを用いてSize−Numerosity Illusion（以下SNIと略す）として述べている。彼等によれば、本実験前に次のような学習をさせ、期待を形成させておくと、SNIはなお一層明確になる。つまり、大きい背景の上には多数の点があり、小さい背景の上には少数の点がおかれているような図形を何回か見せて、点と背景の間に正の相関があることを学習させておく。次にテスト試行で物理的に等しい数の点をだすと、背景のサイズが小さい程、Num. 知覚は数多く感じられるSNIが出現するようになる、というものである。

以上、物理的対象を知覚判断する際に、手掛りとなる情報が多次元的であるという現象を2、3とりあげてきた。しかし奥行知覚における対象の大小と距離の遠近との関係、SWIにおける対象の体積の大小と重量の軽重との関係、SNIにおける点の多少と背景の大小との関係の中で、どの関係をとりあげてみても、経験的もしくは学習的にどれ位の強度でどの様に相互関連しているかははっきりしていない。例えばSWIにおいて、体積が大きいものは重く小さいものは軽いといった過去経験的な結びつきが、果たして存在しうるのかどうかは検討の余地がある。

そこで本研究においては、度量衡に関連する知覚判断を行う際に、用いられる幾つかの刺激特性を表す形容詞の分析を試みる。従って、言語の意味的関連度という概念的なレベルのものが、知覚判断にどう作用するのかという点について調べることになる。そこで本研究の第1の目的は、種々の度量衡を表す形容詞を刺激の心理的属性と考え、それらの相互連関の構造あるいはグルーピングのあり方を多次元尺度法(以下 MDS と略す)によって分析することである。

ところで MDS のモデルとしては、数多くのものが開発されているが、その中でも特にノンメトリックな MDS の台頭は著しい。基本的な考え方は同じでも、アルゴリズムによる様々な変形がみられる。各 MDS の開発者は独自で名前をつけているので、MDS の商品名が氾濫しているが、入力データに課せられる条件によって分類すると、およそ次の3つの系譜が考えられる。

1. メトリック MDS 間隔尺度以上
   Torgerson 法 - Torgerson[7] (1952)
   MRS (Multidimensional Ratio Scaling) - Ekman[8] (1963)
   KL 型数量化 - 林[9] (1970)
2. セミメトリック MDS 距離らしきもの
   数量化第Ⅳ類 (e_{ij} 型数量化) - 林[10] (1952)
3. ノンメトリック MDS 順序尺度
   M-D-SCAL-Kruskal[11] (1964)
   SSA (Smallest Space Analysis) - Guttman[12] (1968)
   MDS (Minimum Dimension Analysis) - 林[13] (1974)

いずれも代表的な名称がついており、しかもよく用いられる手法名だけを掲げておいた。理論モデルの数は研究者の数ほどあるといっても過言ではなく、ましてや最近の MDS の適用例に至っては枚挙にいとまがない程である。

ところで、独自の発想に基づいている各 MDS によって抽出された布置は果たして異なるのであろうか。こうした点を明らかにするためには、同一のデータを種々のモデルで解析し、それらを照合してみないと明らかにならない。また、様々な条件のデータを多様なモデルでもって解析することによっ

て、各モデルの長所、短所といったものも明らかにされてゆくであろう。

ここでは何種類かの MDS を適用し、得られた布置間の一致性を検討した研究をいくつかあげてみよう。Behrman & Brown[14] (1968) は、ランダム多角図形間の類似性評定の結果を、Kruskal 法と Torgerson 法によって解析し、両解法がよく対応することを見出している。Lund[15] (1970) は、幾何学的図形を刺激とした類似性評定データに、Torgerson、Kruskal、Hays による MDS を適用した結果、いずれの手法もほぼ等価の布置を示した。Coombs, Dawes, & Tversky[16] (1970) は、心理学の学術論文誌のうち 8 種類に関して、雑誌間の相互依存と相互交渉の度合を示すマトリックスを作成し、Hays、Kruskal および Guttman−Lingoes 法により解析した結果、ほぼ似た布置が得られたことを報告している。Maruyama[17] (1976) は、人物写真と無声映画の人物を SD 法で評定させ、S−D 尺度間の相関行列を基にした結果を MDS、SSA で解析し、両解法の対応度が高いことを報告している。また藤原[18] (1977) は、Torgerson 法、数量化第Ⅳ類、Kruskal 法の解析結果を、更に正準相関分析ならびに軸の回転の 2 手法で検討したところ、各 MDS モデルの析出する布置に高い対応度を見出している。

以上は心理的な刺激や対象がどのような布置を示すのか、また、認知の次元解析のために MDS を適用した研究であるが、その他、2 次元の原配置図を各 MDS モデルがどの程度忠実に再現復元するか否かを通じて、MDA、Kruskal 法、SSA を比較した研究[19]もみられる。また、単に MDS モデルそのものの比較検討にとどまらず、類似性データの測定法、グループデータ vs 個人差、類似性評定 vs preference 評定 vs S−D 評定等を含めた総合的な研究として、Green と Rao[20] (1972) による労作があげられる。

本研究の第 2 の目的は、異なる MDS 解が似た布置を示すのか否かを明らかにすることにある。特にノンメトリックな MDS の Kruskal 法と、メトリックな MDS である Torgerson 法との比較を、正準相関分析ならびに軸の回転を通じて検討することである。

方　　法

刺激　度量衡を知覚判断する際に付与される形容詞の中から次の16語を刺激語として用いた。①長い　②短い　③高い　④低い　⑤遠い　⑥近い　⑦細い　⑧太い　⑨広い　⑩狭い　⑪大きい　⑫小さい　⑬重い　⑭軽い　⑮多い　⑯少ない　の16語である。このうち日常全くの反意語として用いられる8対（①と②、③と④、⑤と⑥……⑮と⑯）を除いた可能な組合わせ112対について類似度判断を求める。

手続　刺激語ペア112対をランダマイズし、活版印刷して教示用の要旨を含んだ8頁の小冊子にまとめられたものが被験者に与えられる。教示は次のとおりである。「私達は、物質を判断したり評定したりする際に種々の形容詞を用いますが、その中には心理的に非常に近く類似した様なものとか、遠くてほとんど似ていないものがあります。この調査は、長さ・重さなどの判断に関連して用いられる形容詞の意味の近さ、遠さを明らかにすることを目的とするものです。判断のやり方としては、2つの形容詞の意味が全く同一としたならば、"100"という数値を基準に考えてみて下さい。逆に全く2つの形容詞の意味が似ていない場合には、"0"と考えてみて下さい。判断のもとになる数の範囲は、"0"から"100"までです。どの数値を用いて答えていただいても結構ですが、できるだけ幅広い範囲にわたって数値を使用してください」。教示を与えたのち性格特性に使用される形容詞対を数個呈示し、数字付与の練習をさせる。判断に要する時間に制限はない。平均所用時間は約30分であった。

被験者　広島大学心理学専攻の学部生および大学院生。男性15名、女性5名、計20名。

結 果 と 考 察

平均値マトリックスが、Torgerson法とKruskal法によって解析された。その際、双極性をなす形容詞間（たとえば長いと短い）の類似度は零とした。なお、Torgerson法のインプットは距離である必要があるので、数値の変

換（$d_{ij}=(100-S_{ij})/100$ 但し d_{ij}：距離　S_{ij}：類似度）がなされた。

　まず最初に、意味のある軸は何次元までかを検討するために、Kruskal法のストレス値の変化、Torgerson法の固有値を示したのが図Ⅱ-9-1、図Ⅱ-9-2である。ストレス値に関しては、4次元解でKruskalの基準でいう"fair"の領域に入る。一方、Torgerson法においては、2次元までの固有値が圧倒的に多く、次に第3・4番目の固有値がほぼ同じ位で続き、漸時減少してゆく。こうした傾向から、第1次元と第2次元が最も主要な次元と考えられる。また第3次元と第4次元は、何らかの意味を示すかもしれないが、得られた布置を検討することを通じて後に軸の解釈を行ってみる。

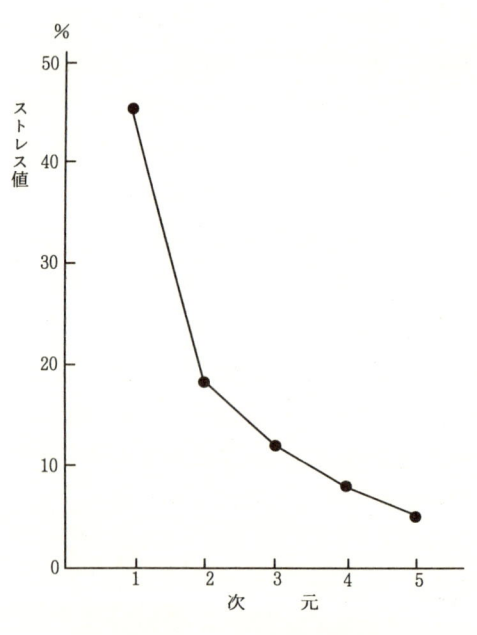

図Ⅱ-9-1　ストレス値の変化

図Ⅱ-9-2　固有値の変化

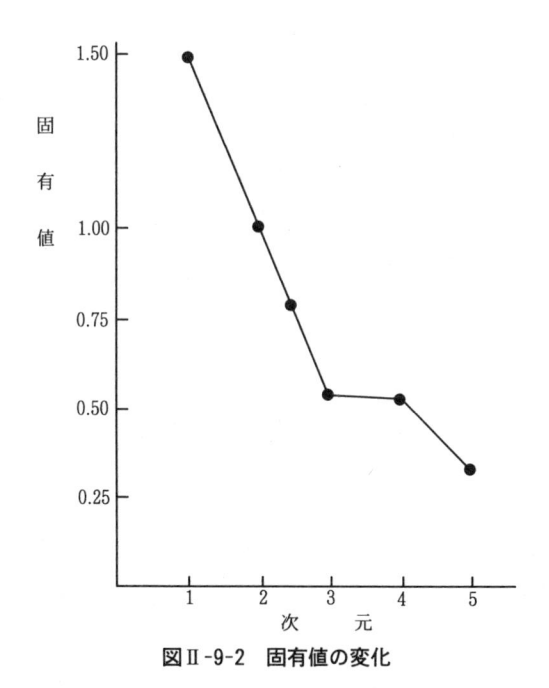

　次に表Ⅱ-9-1は、各々の4次元解の結果を示したものである。両手法の対応度を検討するために、各次元間の相関係数をもとにして、まず正準相関分析法が試みられた。結果は表Ⅱ-9-2に示したように、正準相関係数は、第3番目まで0.1%水準で有意に高く、3次元までは両解法がよく一致していることが推察される。

　第2に、空間的布置においての両解法の一致度をみるために、Torgerson解を標的としてKruskal解を、それに最も適合するように軸の回転がなされた（表Ⅱ-9-3）。両解法を次元毎に平均0、分散1となるように標準化したのち同一空間上にプロットしたのが図3である。この図を見ると明らかなように、第1、第2次元に関しては、両手法はほぼ同一の空間的表示を行っている。なお第3、第4次元に関しては、刺激の布置に若干ズレが見られ、対応度がやや低くなっているのが特徴である（図Ⅱ-9-4）。以上、Kruskal手法とTorgerson手法との密接な対応関係は、従来の研究とほぼ一致する

表Ⅱ-9-1　MDS 解析結果

形容詞	Torgerson 法				Kruskal 法			
	1	2	3	4	1	2	3	4
1. 長い	−0.250	0.380	−0.080	−0.040	−0.251	−0.715	−0.448	−0.314
2. 短い	0.350	−0.340	0.030	0.070	0.259	0.837	0.129	0.088
3. 高い	−0.210	0.350	−0.120	0.260	0.113	−0.557	−0.382	−0.789
4. 低い	0.140	−0.330	0.110	−0.260	−0.548	0.550	0.575	0.356
5. 遠い	−0.140	0.360	0.220	−0.280	−0.600	−0.548	−0.577	0.247
6. 近い	0.060	−0.310	−0.150	0.310	0.800	0.389	0.503	−0.436
7. 細い	0.320	0.320	−0.180	0.010	−0.191	0.297	−0.656	−0.542
8. 太い	−0.300	−0.360	0.030	0.040	0.151	−0.195	0.913	−0.087
9. 広い	−0.390	0.030	0.300	0.000	0.045	−0.908	−0.083	0.477
10. 狭い	0.310	0.050	−0.330	−0.120	−0.583	0.730	−0.034	−0.528
11. 大きい	−0.440	−0.080	0.030	0.170	0.154	−0.736	0.346	−0.183
12. 小さい	0.440	0.040	0.030	−0.210	−0.312	0.670	−0.378	0.255
13. 重い	−0.290	−0.250	−0.100	−0.210	−0.368	−0.310	0.929	0.183
14. 軽い	0.350	0.160	0.190	0.240	0.523	0.521	−0.773	0.041
15. 多い	−0.260	−0.040	−0.270	−0.100	0.471	−0.601	0.398	0.497
16. 少ない	0.320	0.020	0.290	0.110	0.337	0.576	−0.463	0.734

表Ⅱ-9-2　正準相関分析−Torgerson 法と Kruskal 法

正準相関係数	.998***		.990***		.975***		.619*	
	標準重みベクトル	構造ベクトル	標準重みベクトル	構造ベクトル	標準重みベクトル	構造ベクトル	標準重みベクトル	構造ベクトル
Torgerson 法　1	.97		−.12		−.18		−.12	
2	.14		.93		.27		−.21	
3	.08		.28		−.32		.90	
4	.18		−.20		.89		−.37	
Kruskal 法　　1	.12	.10	−.32	−.39	.70	.66	.63	.63
2	.81	.86	−.52	−.44	−.26	−.23	−.18	−.13
3	−.50	−.58	−.83	−.79	−.20	−.19	−.23	−.08
4	−.02	−.05	.10	−.01	−.66	−.67	.75	.74

***$p<.001$　*$p<.05$

表Ⅱ-9-3　回転結果（Kruskal法）

形容詞	1	2	3	4
1．長い	−0.473	0.794	−0.128	−0.047
2．短い	0.710	−0.506	0.020	0.177
3．高い	−0.362	0.723	−0.498	0.435
4．低い	0.315	−0.654	−0.070	−0.727
5．遠い	−0.262	0.772	0.312	−0.540
6．近い	0.136	−0.648	−0.389	0.803
7．細い	0.542	0.650	−0.351	0.099
8．太い	−0.530	−0.719	−0.322	0.029
9．広い	−0.820	0.258	0.561	−0.087
10．狭い	0.729	0.056	−0.691	−0.375
11．大きい	−0.816	−0.012	−0.165	0.162
12．小さい	0.774	0.082	0.206	−0.327
13．重い	−0.620	−0.636	−0.209	−0.544
14．軽い	0.744	0.324	0.378	0.586
15．多い	−0.740	−0.376	0.500	0.222
16．少ない	0.675	−0.108	0.845	0.134

ことが確認された。

　次に本研究の第1の目的についての考察を行う。図Ⅱ-9-3に従って、軸の意味と各刺激のクラスター化についてみてみよう。第1次元は面的広がりに関連した様なものとして、第2次元は線的距離に関連したものとして解釈されよう。また各刺激については、「小さい、少ない、狭い、軽い」「多い、広い、大きい」「遠い、高い、長い」「低い、近い」「重い、太い」といったクラスター化が可能であろう。こういったクラスター内の形容詞は何らかの形で心理的な結びつきが強いものといえる。つまり、心理的意味類似度が高いと考えられるし、更に、何らかの形で過去経験的に強く結びついた可能性が存在することを示唆しているのかもしれない。従って、この仮定に立てば、SWIにおいて「体積が大きいものは重量が重い」とか、逆に「体積が小さ

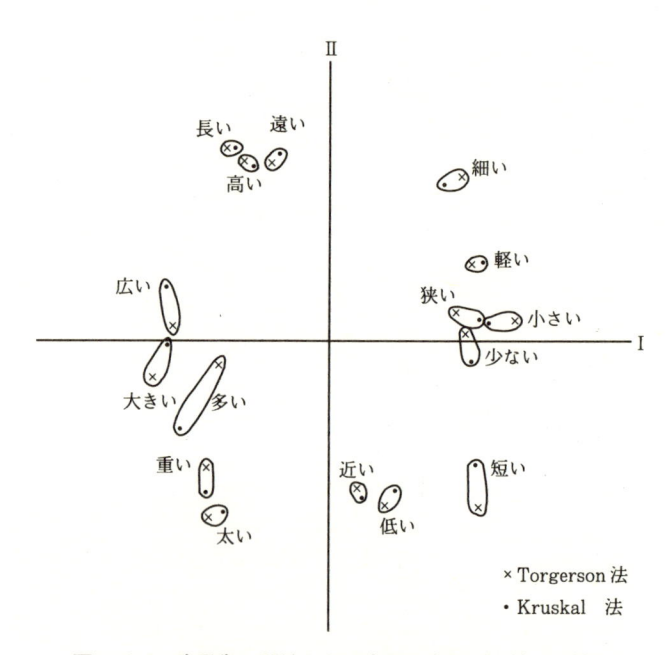

図Ⅱ-9-3　度量衡に関連した形容詞の布置（Ⅰ軸－Ⅱ軸）

いものは重量が軽い」という経験的結合による期待効果が存在しうると言える。またSNIにおいても、「広く大きい空間には多数のものが存在し、狭く小さい空間には少数のものがある」という様な期待効果が生じうる余地がある。何故ならば、図Ⅱ-9-3より「小さい－軽い」は、同一グループとみなされるし、「大きい－重い」は相対的に距離が近いといえるからである。また「広い－大きい－多い」「狭い－小さい－少ない」は、それぞれ同一クラスターを形成しているからである。ただSNIにおけるクラスター化については、表Ⅱ-9-1のTorgerson解の第3次元によって別の解釈が成立する可能性がある。即ち、第1軸においては、前述のような「広い－多い」「狭い－少ない」というグルーピングが可能であるが、第3軸に関しては逆に「広い－少ない」「狭い－多い」というクラスター化が行われうる。これは図Ⅱ-9-4からも明らかである。この第3次元での結びつきが強ければ、いわば逆SNI

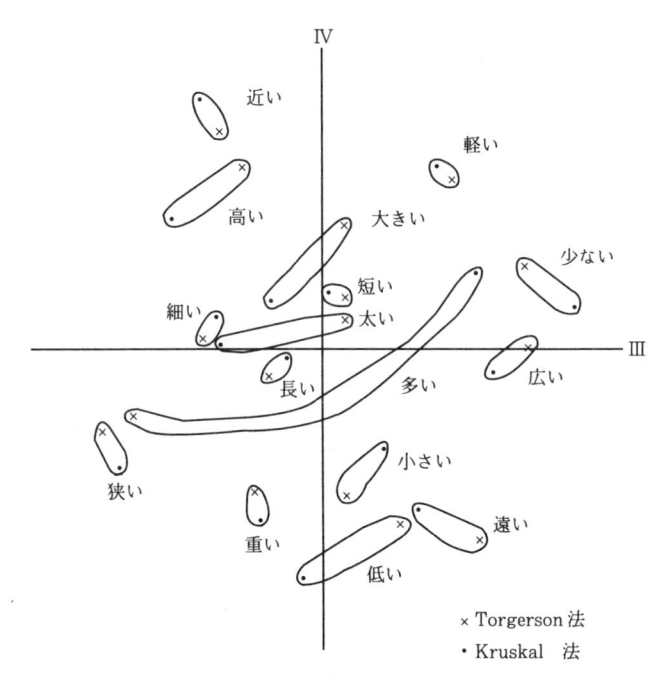

図Ⅱ-9-4 度量衡に関連した形容詞の布置（Ⅲ軸－Ⅳ軸）

の出現が期待される。これについてはBirnbaum & Veit (1973) が、「広い－少ない」「狭い－多い」という学習をさせた群をもうけ、逆SNIを生じせしめていることからも裏付けられよう。しかしこのような結びつきも、あくまでTorgerson法による場合にのみあてはまり、しかも固有値が第1次元と比べてかなり低いので、一般的な心的結合としては、「広い－多い」「狭い－少ない」という結びつきを、特殊な場合として「広い－少ない」「狭い－多い」を考えることが妥当であろう。一方、奥行知覚における「小さい－遠い」「大きい－近い」という結びつきはほとんど無いと考えられる。

　従って、本実験結果から見る限り、SWIとSNIには共通して作用する様な経験的要因があるように思われる。勿論こういった刺激に付与される心理的属性としての形容詞が心理的に近いからといって、実際に知覚判断がなされる時、そのような効果によって錯覚が生じてくるのかどうかは疑問である。

上述した様な形容詞間の心的連合の強い人は錯覚量が多いといった風な、何らかの実証的データがなければ、早急な結論づけは無理であろう。ただ、物理的刺激の知覚判断が多次元的な場合、幾つかの現象には、共通して考えられる経験的要因の影響があるとするのは、あながち誤りとはいえないであろう。このような流れに沿うものとしてHuang[21] (1945) の研究がある。彼はThouless の恒常度指数を借りて、

$$Z = \frac{\log P - \log W}{\log D - \log W}$$

(Z：恒常度指数、P：現象的重さ、W：物理的重量、D：密度)
SWIを現象的な恒常性と関連づけている。また、Brunswik[22] (1956) もHuang以前にSWIを"拡張された恒常性課題"としてとらえている。彼等に共通する点は、あくまでもSWIを恒常性現象の中でとらえているところである。しかしこれらの研究も、本研究も、多次元的知覚判断の底流にある共通した原理を見出そうとする研究の1つとして位置づけられよう。

要　約

本研究の目的は、物理的対象を知覚判断する際に手掛りとなる情報が多次元的である現象をとりあげ、その底流にある一般原理もしくはそれら刺激情報の相互関連性について調べることである。そのような現象とは、例えば大きさの恒常現象、SWI、SNIなどである。具体的には、度量衡に付与される心理的属性として様々な形容詞16語を選び、その心理的近接構造を、MDSの適用によって明らかにした。また、第2の目的は、ノンメトリックなMDSのKruskal法、メトリックなMDSであるTorgerson法との比較を、正準相関分析ならびに軸の回転を通じて検討するものである。刺激語の類似性評定を行った被験者は20名（男子15名、女子5名）である。被験者は、ランダムにペアで提示される2つの形容詞の心理的類似度の程度を「0」から「100」までの数値により評定するように求められた。必要判断回数は112回であった。

結果は、「小さい－軽い」「大きい－重い」といったものは、心理的結合が

強いようで、SWI において、そのような結びつきによる期待効果が存在しうる可能性が示唆された。同様に、SNI においても「狭い-少ない」「広い-多い」というような心理的近さが現象成立の1つの要因として考えられた。両手法は、第1軸ならびに第2軸に関してほぼ同一の布置を抽出した。第3、4軸については、細部の刺激布置にはズレが観察され、若干対応度が低くなることが明らかになった。

付記　本研究のデータ解析は、広島大学計算センター HITAC-8700によった。また、本研究の一部は、中四国心理学会第32回大会(於徳島大学)において発表した。

引用文献
1) Anderson, N. H. 1970 Averaging model applied to the size-weight illusions. *Perception & Psychophysics*, **8**, 1-4.
2) Ross, J., & Di Lollo, V. 1968 A vector model for psychophysical judgment. *Journal of Experimental Psychology Monograph Supplement*, **77**, 1-16.
3) 柿崎祐一　1974　知覚判断　培風館
4) Bevan, B. W., & Turner, E. D. 1964 Assimilation and contrast in the estimation of number. *Journal of Experimental Psychology*, **67**, 5, 458-462.
5) 福田　廣　1975　Numerousness 知覚に関する研究　広島大学教育学部紀要, **24** (1), 219-225.
6) Birnbaum, M. H., & Veit, C. T. 1973 Judgmental illusion produced by contrast with expectancy. *Perception & Psychophysics*, **1**, 149-152.
7) Torgerson, W. S. 1952 Multidimensional scaling: I. Theory and method. *Psychometrika*, **17**, 401-419.
8) Ekman, G. 1963 A direct method for multidimensional ratio scaling. *Psychometrika*, **28**, 33-41.
9) 林知己夫・樋口伊佐夫・駒沢勉　1970　情報処理と統計数理　産業図書
10) Hayashi, C. 1952 On the prediction of phenomena from qualitative data and quantification of qualitative data from the mathematico-statistical point of view. *Annals of the Institute of Statistical Mathematics*, **2**, 69-98.
11) Kruskal, J. B. 1964 Multidimensional scaling by optimizing goodness of fit to a nonmetric hypothesis. *Psychometrika*, **29**, 1-27.

12) Guttman, L. 1968 A general nonmetric technique for finding the smallest coordinate space for a cofiguration of points. *Psychometrica*, **33**, 469-506.
13) Hayashi, C. 1974 Minimum dimension analysis MDA-One of the methods of multidimensional quantification (MDQ). *Behaviormetrika*, **1**, 1-24.
14) Behrman, B. W., & Brown, D. R. 1968 Multidimensional scaling of from: A psychophysical analysis. *Perception & Psychophysics*, **4**, 19-25.
15) Lund, T. 1970 Multidimensional scaling of geometrical figures. *Scandinavian Journal of Psychology*, **11**, 246-254.
16) Coombs, C. H., Dawes, R. M., & Tversky, A. 1970 *Mathematical Psychology: An elementary introduction.* Englewood Cliffs, N. J.: Prentice Hall. (小野茂 (監訳) 1974 数理心理学序説 新曜社)
17) Maruyama, K. 1976 The structural approach to impression formations of others. *Behaviormetrika*, **3**, 17-28.
18) 藤原武弘 1977 多次元尺度法適用上の問題点について 広島大学教育学部紀要, **26** (1), 357-364.
19) 林知己夫・飽戸弘 (編) 1976 多次元尺度解析法－その有効性と問題点 サイエンス社
20) Green, P. E., & Rao, V. R. 1972 *Applied multidimensional scaling: A comparison of approaches and algorithms.* Holt, Rinehart & Winston.
21) Huang, I. 1945 The size-weight illusion in relation to the perceptual constancies. *The Journal of General Psychology*, **33**, 43-63.
22) Brunswik, E. 1956 *Perception and the representative design of psychological experiments.* Berkeley: University of California Press.

第10章 パーソナル・スペースに表れた心理的距離についての研究

問　題

第1節　態度

　Hayduk（1978）は、パーソナル・スペースを「個人の周りに保持された領域で、その中に他者が侵入してくると必ず不快が喚起されるゾーン」と定義している。このパーソナル・スペースは、性、年令、好意度、人種、文化、地位、場面等の個人的、社会的要因の関数として変化することが知られており、また、パーソナル・スペースの主な測定法として、unobtrusive observation法、stop-distance法、座席選択法、フェルト板法や paper and pencil法等の投影法が挙げられる。

　八重沢・吉田（1981）は、従来のパーソナル・スペースに関する研究は、距離の測定のみが中心となり、他者の接近により被験者がどのような心理的あるいは生理的負荷を経験するのか、という点については明らかにされていない点を批判している。そこで彼らは、他者接近場面を設定し、行動的指標として対人距離を、心理的指標として認知された不安と緊張、見えの大きさを、生理的指標として心拍数とまばたきを測定した。その結果、次のようなことが見いだされた。（a）心理的指標である不安、緊張、見えの大きさは、他者が接近するに伴い次第に増加する。一方、生理的反応は、他者の接近に伴い緩やかに減少した後、パーソナル・スペースの境界付近で急激に増加する。（b）INDSCAL分析によると、3つの心理的指標は1つのクラスターを形成するが、心拍数とまばたきは共通刺激空間において異なる位置にある、などである。

　ところで、現代の日本社会においては人種的偏見、女性や原爆被害者、心

身障害者に対する偏見が見られる。これらのうち、人種的偏見や民族に対する社会的距離に関する研究は数多くなされてきた。古くは Bogardus (1925) が、種々の民族に対する社会的距離を測定する尺度を作成した。これをもとに、様々な民族に対する社会的距離が測定されてきた。例えば、Ogunlade (1980) は、Bogardus にならって作成した調査用紙を用いてナイジェリアの Yoruba 民族に調査を行った。その結果から、地理的に距離が近く、接触や知識が多くなると社会的距離は小さくなると報告している。

こうした Bogardus に代表される従来の社会的距離、すなわち偏見の研究においては、被験者自身の言語報告形式によるものがほとんどであった。この種の測定法は、被験者自身のバイアスの影響を受けるという短所が、従来から指摘されている。

それに対して、自己報告形式以外の社会的距離の測定もいくつか試みられている。例えば、Little (1965) は、相手との心理的距離（相手に対する好意、なじみの程度）が小さければ、対人交渉場面で相手との間にとられる物理的距離（対人距離）も小さくなることを見いだした。社会的距離を相手に対する受容度、すなわち一種の好意度だと考えると、社会的距離はパーソナル・スペースに反映されると予想される。ただし Little の用いたパーソナル・スペースの測定法はフェルト板法であり、前に指摘したように投影法につきものの妥当性と信頼性についての問題点が存在する。

そこで本研究では、stop-distance 法によってパーソナル・スペースを測定し、他者接近事態において、接近対象の国民への社会的距離が異なる場合に、被験者の行動的、心理的、生理的側面にどのような変化が生じるのかを比較検討する。

方　　法

被験者　大学女子学生25名。これを4つの群（MM・MF・JM・JF）にランダムにふり分けた。MM 群は、接近してくる刺激人物（Stimulus Person；以下 SP と略す）がマレーシアの男性と教示された。MF 群は、SP がマレーシアの女性と教示された。同様に、JM・JF 群は、各々日本の男性・

女性と教示された。

刺激人物（SP） SPを選ぶために、事前に男子学生7名、女子学生5名の全身スライド写真を用意した。これを21名の評定者（女子学生）に見せ、その印象を評定させた。尺度は、林（1978）による20の形容詞対を用いた。この尺度は、対人認知の基本構造である「個人的親しみやすさ」、「社会的望ましさ」、「力本性」の3因子より構成されている。評定の結果、印象プロフィールのよく似ている男女各1名をSPとした。

SPには、マレーシア人と日本人の1人2役を演じさせた。実験時の服装は地味なものとし、一貫して同じものを着用させた。また、歩幅や接近測度の変化などは最小限に留めるよう、あらかじめ練習させた。実験時にはメトロノームをならし、2拍に1歩（1拍は1sec.、1歩は約25cm）の測度でゆっくり接近させた。

独立変数の操作

1）国民　我妻・米山（1967）の社会的距離尺度を用いて、アメリカ人・フィリピン人・マレーシア人・タイ人・韓国人・中国人に対する受容度・社会的距離を事前に調査した（調査対象男女22名）。「あなたは××人と親友になることに賛成ですか」から「あなたは××人があなたの兄弟姉妹と結婚することに賛成ですか」まで10の質問項目に、「非常に反対」から「非常に賛成」までの5段階で回答させた。

結果は表Ⅱ-10-1に示した通りで、アメリカ人に対して最も受容度が高く、社会的距離が小さかった。逆に、受容度の低い民族はフィリピン人とマレー

表Ⅱ-10-1　社会的距離尺度の平均と標準偏差

国　民	平均（標準偏差）
アメリカ人	37.27（6.66） ***
フィリピン人	33.55（7.01）
マレーシア人	33.82（7.15） **
タイ人	34.45（6.66）
韓国人	35.55（6.84）
中国人	36.45（6.44）

$**p<.01$　$***p<.001$

```
ベース1  ベース2  セッション  ベース3  ベース4    休息
(60秒)  (60秒)     →       (60秒)  (60秒)   (180秒)
```

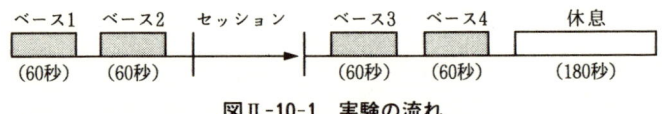

図Ⅱ-10-1　実験の流れ

シア人であった。この2民族は、最も受容度の高いアメリカ人との間に有意な差が認められた。そこで、社会的距離の大きい民族の代表として、固定的なイメージがあまり形成されておらず、SPの偽の情報が疑われにくいと考えられるマレーシア人の方を選んだ。

この国民要因の操作は、同一人物であるSPを「マレーシアからの留学生」または「学部の学生（つまり日本人学生）」と教示することにより行った。

2）性　被験者に、男性あるいは女性SPを接近させることで、性の要因を操作した。

3）試行　実験は3試行行われた。1試行の流れは、図Ⅱ-10-1に示されている。

要因構成　本実験は、国民（マレーシア人、日本人）×SPの性（男性、女性）×試行（第1試行、第2試行、第3試行）の要因計画で行った。国民・性は被験者間（between）要因、試行は被験者内（within）要因であった。

従属変数の測定

1）対人距離（行動的指数）　非言語的な行動指標として、対人距離を用いた。これは、他者接近場面で、SPが近すぎて「気づまりだ」とか「落ち着かない」、「いやな感じ」などと感じ始める距離で、SPがその距離に来た時に被験者にストップをかけさせた。その後、前後に調整を行い、最終的に決定した位置における被験者の爪先からSPの爪先までの距離をメジャーで測定した。

2）不安・緊張（心理的指標）　認知された主観的な不安・緊張の強度。これは、質問紙に被験者自身が記入する方法で、1試行終了後の休憩ごとに行った。強度は、ベース1での不安・緊張の度合いを10とした時、ベース2・セッション・ベース3・ベース4における不安・緊張を整数で表すように指示した。

3）心拍（生理的指標）　心電図測定は、テレメーター（日本電気三栄製 Receiver Type 271, Transmitter B-2 Model 1419）を使用し、カセットデータレコーダ（ティアック製 R-61）で記録した。実験終了後、この心電図を同機で再生し、アンプ及びタコメータ（日本電気三栄製1523A 及び1321）で瞬時心拍数（bpm）に変換した。導出部位は胸部（V2－V5）で、Ag-Agcl ディスポーザブル電極を使用した。心拍の分析には、タコメータにより変換された瞬時心拍数を1秒ごとにサンプリングしたものを使用した。

4）SPの印象　実験終了後、SPの印象を被験者に評定させた。尺度項目は林（1978）による20項目の形容詞対を用い、7段階で評定させた。

5）社会的距離　ここでの社会的距離の測定は、独立変数の操作をチェックするためのものである。なお、事前調査では、質問文の性質上日本人に対する社会的距離が測定できなかった（例えば「××人が帰化して日本国民となることに賛成ですか」という質問などは、日本人をあてはめると不自然である）。そこで、社会的距離とパーソナル・スペース（対人距離）との関係をみると同時に、「対日本人より対マレーシア人の方が社会的距離が大きい」という前提の確認の意味を含め、SD 法による態度測定を行った。これによって、親密・好意的か疎遠・非好意的かを測定し、社会的距離の尺度とした。尺度項目は、藤原（1975）の国家の認知に関する研究で用いられた形容詞対の中から適当と思われる12対を用いた。この質問紙は、実験による影響を除去するため、実験後1週間以上経てから被験者に配布した。

手続き

1）控室で教示と心拍測定用の電極装着を行った。この時点で国民と性の操作を行った。以下、教示の内容を簡単に示す。
  ・パーソナル・スペースを測定する実験である。
  ・マレーシアからの留学生（学部の学生）に協力をお願いしている。その人は男性（女性）である。
  ・他者接近場面での生理的負荷を調べるため、心拍も測定する。＜電極装

着>
- ・1試行の流れについて。
- ・近すぎて気づまりだなと感じはじめるところで「はい」と言ってストップをかけること。
- ・停止位置の調整は「up」または「down」で行うこと。
- ・相手（SP）がいる時は、必ず相手と視線をあわせていること。
- ・息をつめたり、深呼吸をしないこと。

2）実験室（総合科学部206号教室）に移動し、教室の後ろ側に前を向いて立たせた。被験者の立つ位置は、床にテープを貼って示した。

3）a．心拍のベースラインの測定。開眼状態で60秒静かに立たせた。

b．ベース2の心拍の測定。被験者の10m先にSPを立たせ、互いに視線をあわせた状態で60秒の測定を行った。

c．セッション　実験者が「はい、スタート」と声をかけると、SPが被験者にむかって歩き始める。歩く測度は、1mを約8秒という非常にゆっくりとした測度。被験者は、相手と視線を合わせた状態で、気づまりだなと感じ始める時点でストップをかけた。

d．停止位置の調整。一度SPをストップさせたあと、調整がある場合は、被験者に調整させた。

e．ベース3の心拍の測定。最終停止位置にSPを立たせたまま、互いに視線をあわせた状態で60秒の測定を行った。

f．SPを実験室から退出させ、ベース1と同様、60秒の心拍測定を行った。

g．被験者を席につかせ、不安・緊張に関する質問紙に答えさせた。残り時間は休憩とした。

　以上、a～gを3回繰り返した。

4）控室に戻り、電極をとり、SPの印象に関する評定を求めた。その後、内省報告を求めた。

5）1週間以上たってから、社会的距離を測定する質問紙を配布・回収した。

結　果

　25名の被験者のうち、2名（ともにMF群）は、「マレーシアからの留学生」という教示を信じなかったので、分析から除外した。従って、分析の対象となった各群の人数は、MM群7名、MF群5名、JM群6名、JF群5名の計23名であった。

1．独立変数のチェック

　実験に参加した被験者の国民に対する社会的距離が操作どうりであるかどうかを確認するために、SD法によって国民に対する態度を測定した。そしてSD尺度の結果を因子分析（主因子法、バリマックス回転）にかけたところ、表II-10-2のようになった。得られた3因子のうち、第1因子が評価の因子であり、これがいわば態度の成分に対応するものである。そこでこの6尺度を単純加算して、国民に対する態度得点とした。

　日本人に対する平均態度得点（標準偏差）は、25.43（3.58）、マレーシア人に対する得点は21.22（3.10）であり、この間には t 検定の結果、有意な差が見られた（$t(20)=3.90$, $p<.001$）。従って、日本人に対する社会的距離の方が小さく、操作どうりに変数の効果が得られたと考えられる。

表II-10-2　SD尺度の因子分析結果

尺度		F1	F2	F3
憎まれる	－愛される	.62	-.17	-.13
評判のいい	－評判の悪い	-.60	.23	.07
不安定な	－安定した	.53	.57	.36
得体の知れない	－正体の知れた	.47	-.16	.11
なじみのある	－なじみのない	-.46	.08	.03
鈍感な	－敏感な	.42	-.11	.11
消極的な	－積極的な	.10	-.76	.39
感情的な	－非感情的な	-.05	.61	.31
個性のある	－個性のない	-.18	.59	-.00
きざな	－素朴な	-.23	.41	-.02
理論的な	－直感的な	.05	-.03	-.67
強い	－弱い	-.29	.45	-.50

2. 対人距離

被験者のバラツキが大きいので、各群内で標準得点 (z) を算出して、3試行のうち z が 1.65以上 $p<.10$ の距離を1回以上だした被験者を除いて、国民×SPの性×試行の3要因の分散分析を行なった。その結果、国民の要因に関して主効果が得られた ($F(1,15)=6.79$, $p<.05$)。距離の平均（標準偏差）は、日本人が対象の場合には、162.80 (54.92)cm、マレーシア人の場合には、232.05 (98.55)cm であった。従って、マレーシア条件ではより距離を取ったことを示している。また、国民×SPの性に有意な交互作用も得られた。($F(1,15)=6.03$, $p<.05$)。図Ⅱ-10-2に結果を示したように、マレーシア条件で対象者が女性の場合の距離が遠いことがわかる。それに対して、対象が男性であれば、国民による差は見出されなかった。

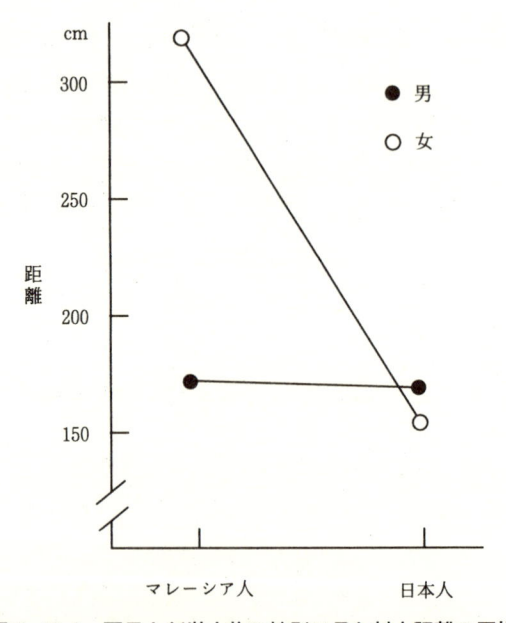

図Ⅱ-10-2 国民と刺激人物の性別に見た対人距離の平均

3．不安・緊張

　ベース２、ベース３、ベース４、セッション各フェイズ毎に、国民×SPの性×試行の３要因の分散分析を行った。その結果、不安の測度については、ベース２、セッションで試行の主効果が得られた。また、緊張に関しては、ベース２、セッション、ベース３で主効果が得られた。こうした結果は、試行数が増大するにつれて、不安や緊張が減少することを示している。

　国民の要因に関しては、不安の測度では、セッションで主効果の傾向が、ベース３では主効果が得られた。緊張の測度では、ベース２で国民の主効果の傾向が得られた。各フェイズ毎にこうした結果の平均値を示したのが、図Ⅱ-10-3である。縦軸の得点は、ベースである10からの差が示されている。こうした結果から、日本人に対した時の方が、主観的なレベルにおける不安や緊張がやや強かったことを示している。

+　p＜．10　　＊　p＜．05

マレーシア人　　　日本人

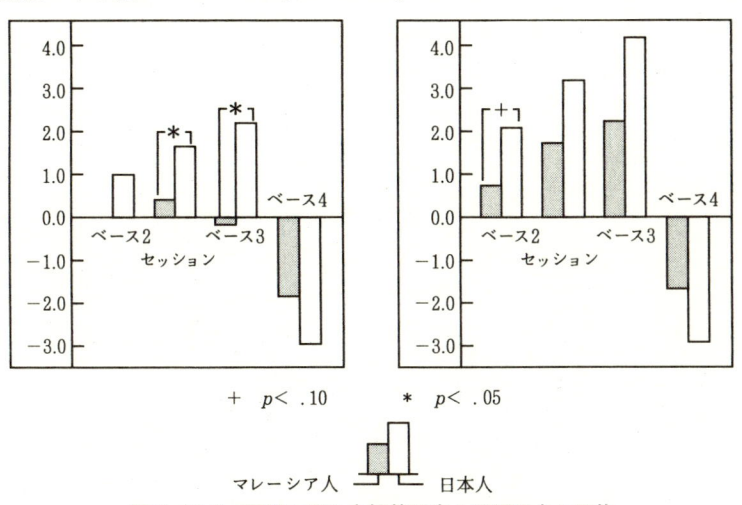

図Ⅱ-10-3　国別に見た主観的不安と緊張得点の平均

4．心拍

　ベース１（60秒）のうち11から60秒までの、計50秒の平均を取り、これをベースラインとした。最初の10秒を取り除いたのは、実験者が被験者の心拍が安定しないうちに測定を開始したためである。この10秒の間に、心拍数に

大きな変化が見られた被験者が多かったためである。心拍数の分析にあたっては、すべてこのベースラインとの差でもって行った。

なお、セッションに関しては、段階を3つに分けて分析を試みた。すなわち、スタートから10秒までの間をセッションa、スタートとストップの間の丁度中間にあたる10秒をセッションb、そしてストップ前の10秒をセッションcとした。

こうしたベース2からベース4、セッションaからセッションcまでの各平均 bpm を国民×SPの性×試行の3要因の分散分析を行った。その結果は図Ⅱ-10-4に示されているが、ベース3を除くすべてについて、試行の主効果が得られた。第1試行の心拍数が第2、第3試行の心拍数よりも有意に高いという結果が得られた。ただし、ベース4については、第1試行と第3試行との間には有意差は見られなかった。

ベース4で国民の主効果がみられ、日本人条件の場合の方が有意に心拍が高くなることが明らかになった（$F(1,18)=4.86$, $p<.05$）。

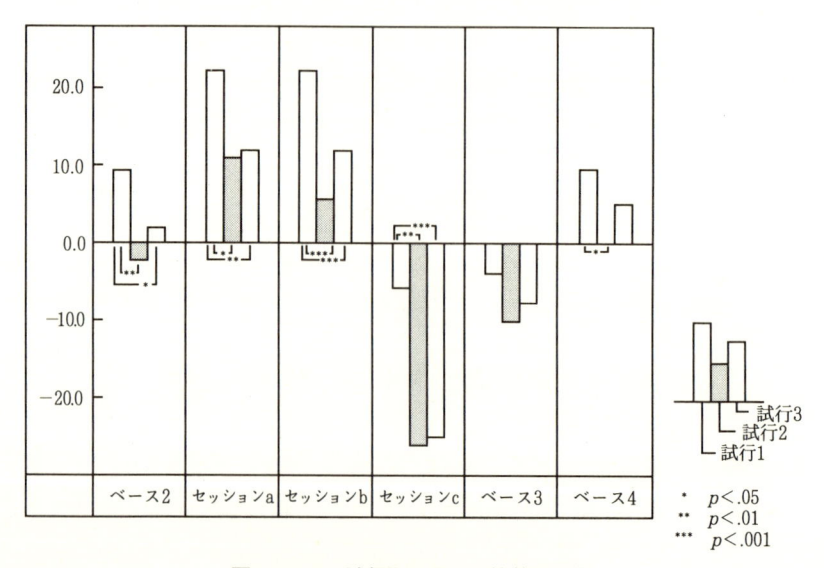

図Ⅱ-10-4　試行別に見た心拍数の平均

*　$p<.05$
**　$p<.01$
***　$p<.001$

5. 刺激対象についての印象評定

20尺度のすべてについて、国民×SPの性の2要因分散分析を行った。その結果、国民の主効果が「暗い－明るい」、「さっぱりした－しつこい」、「ユーモアのない－ユーモアのある」といった尺度で得られた。

このことは、被験者は日本人よりも、マレーシア人の方をより明るく、さっぱりした、ユーモアのある人だと認知したことを示している。またSPの性の主効果が「心の広い－心のせまい」、「親しみやすい－親しみにくい」、「暗い－明るい」、「いじわるな－親切な」の尺度で得られた。男性の刺激対象の方が女性の刺激対象よりも、心が広く、明るく、親しみやすい、親切な人物だと認知されていることが明らかになった。

考　察

まず、質問紙法によって測定された国民への態度、換言すれば、社会的距離は、パーソナル・スペースの大きさに反映することが明らかになった。すなわち、社会的距離が相対的に遠い国民に対する時には、顔と顔を会わせた場面においても、距離をとるつまりパーソナル・スペースが大きくなることが観察された。従って、非言語的な行動の距離によって、態度や社会的距離を推定することが可能となった。こうした非言語的行動の利点は、言語や文化の異なる人々にも、容易に、しかも共通の基盤で測定ができることであろう。また、paper and pencil法につきものの反応バイアスからも自由であるという利点も存在する。

ただ、本研究の結果で若干気になるところは、国民の主効果がきれいにでたのだが、国民と刺激対象の性の間に交互作用が見られたことであろう。つまり、刺激対象が女性の場合にのみ、社会的距離がパーソナル・スペースに反映されたのである。従って、刺激対象が男性の場合には、つまり男性のモデルに接近していく場合には、操作された国民の効果は見出せなかった。

こうした理由の1つとしては、男性の刺激対象に対してポジティブな印象を抱いたことによるものと推測される。その証拠に、印象評定の結果のところで指摘したように、男性の方が女性より好意的に評価されていた。とりわ

け、個人的親しみやすさの因子得点で統計的に有意な差が見出され、男性の刺激対象はより親しみやすい人物であると認知されていた。

　心理的な指標である不安・緊張については、日本人に対した時の方が、マレーシア人に対した時よりも、若干高くなった。こうした理由としては、日本人に対した時の方が対人的距離が短かったために、より不安や緊張を感じたためかもしれない。こうした考え方を支持する証拠を挙げると、各フェイズにおける不安ならびに緊張と対人距離との間に相関が見られることであろう。第1試行においては、ベース2における不安と緊張と距離との間に、$r=-.41$ ($p<.05$)、$r=-.34$ ($p=.05$) という有意な相関が見出された。その他、有意ではないが、不安や緊張と距離の間には、全般的に、負の相関が見られることから、距離が短いゆえに不安や緊張を強く感じたのかもしれない。あるいは逆に、不安や緊張を強く感じたために、距離が短くなったとも推測される。というのは、こうした不安や緊張の測定は、試行が終了した後、その時の状況を想起させて記入させているので、自分のとった距離が小さい場合には、スタート前のベース2で高い緊張や不安を感じたためかもしれない。従って、ベース2で高い不安や緊張を感じていたので、距離が長くなったとも考えられる。ここでは心理的な緊張や不安と距離との間に関連があるという事実を指摘しておくにとどめる。

　生理的な指標である心拍数に関しては、試行の主効果しか得られなかった。試行を重ねるにつれ、心拍数は減少しており、順化（habituation）が生じたためと解釈される。また、心拍数で興味深いのは、セッションcとベース3で負の値を示し、心拍数が減少しているという事実である。SPとの距離が一番短いところで、心拍数が低いのである。こうした理由としては、抑圧の機能が働いていたためかもしれない。本来ならば、気詰まりな感じや不快を強く感じる場面だが、そうした不快感を抑圧する機能が働き、心拍数を低下させたのかもしれない。SPが目の前から消えたベース4では、心拍数が増大しており、抑圧から開放されたためとも考えられる。このあたりのメカニズムについては、今後更に検討してゆく必要があろう。

　最後に、印象評定の結果については、国民の主効果が得られた。つまり、

マレーシア人の方が日本人よりも、明るく、ユーモアのある、さっぱりした人物であるとみられることが明らかになった。また、印象を測定した20の尺度を因子分析したところ、林（1978）が見出したのと同様の、「個人的親しみやすさ」、「社会的望ましさ」、「力本性」の3因子が得られた。各因子に含まれる項目の評定値の合計得点を算出して、因子毎に国民×SPの性の分散分析を行ったところ、国民の主効果の傾向が得られ、マレーシア人をより親しみやすい人物だと認知していることが明らかになった。我妻・米山（1967）の日本人の各国に対するイメージ調査結果によると、インドネシア人やフィリピン人は、陽気だ、純朴だというイメージをもたれていることが示されている。従って、マレーシアも同じ東南アジアの国であるから、マレーシア人は純朴でさっぱりした、陽気で明るいという、ステレオタイプでもって認知されたのかもしれない。

　また、SPの性の主効果もいくつかの尺度で見られ、因子得点毎にまとめて述べると、「個人的親しみやすさ」の因子で主効果が得られた。男性のSPの方が親しみやすい人物であると認知され、被験者が女性であることから、異性よりも同性の方が厳しく評定されたためかも知れない。

　こうした印象評定は、ある程度、対人距離とも関係している。被験者数が少ないので、統計的な有意水準には達しないが、負での相関が見られる。たとえば、「社会的望ましさ」の因子得点と距離との間には、第1試行で、$r=-.30$ （$p<.10$, $df=23$）、第2試行で、$r=-.33$ （$p<.10$, $df=23$）、$r=-.37$ （$p<.05$, $df=23$）、という結果である。こうした事実は、SPにたいしてもつ被験者の印象が距離に反映されることを示唆している。このように、実験状況やSPの特性がパーソナル・スペースに微妙に反映されるようであるが、この点に関しては、今後同様の実験を行って確証してゆく必要があろう。

　本研究は、昭和60・61年度文部省科学研究費補助金（一般研究C　課題番号60510063　代表者　藤原武弘）の助成によるものである。

引用文献

1) Bogardus, E.S. 1925 Measuring social distance. *Journal of Applied Sociology*, **9**, 175-193.
2) 藤原武弘 1975 国家の認知についての研究 －多次元尺度法適用の試み－ 広島大学教育学部紀要, **24**(1), 303-311.
3) 林文俊 1978 相貌と性格の仮定された関連性（3）－漫画の登場人物を刺激材料として－ 名古屋大学教育学部紀要（教育心理学科）, **25**, 41-56.
4) Hayduk, L.A. 1978 Personal Space: an evaluative and orienting overview. *Psychological Bulletin*, **85**, 117-134.
5) Little, K.B. 1965 Personal space. *Journal of Experimental Social Psychology*, **1**, 237-247.
6) Ogunlade, J.O. 1980 Social distance among the Yoruba of Nigeria. *Social Behavior and Personality*, **8**, 121-123.
7) Pedersen, D.M. 1973 Development of a personal space measure. *Psychological Reports*, **32**, 527-535.
8) Rawls, J.R., Trego, R.E., & McGaffey, C.N. 1968 *A comparison of personal space measures* (Tech. Rep. 6, NASA Grant NGR-44-009-008). Fort Worth : Texas Christian University, Institute of Behavioral Research. (Hayduk, L.A., 1978より引用)
9) 我妻洋・米山俊直 1967 偏見の構造 日本人の人種観 NHKブックス 日本放送出版協会
10) 八重澤敏男・吉田富二雄 1981 他者接近に対する生理・認知反応 －生理指標・心理評定の多次元解析－ 心理学研究, **52**, 166-172.

第11章 パーソナル・スペースの行動的、心理的、生理的反応に関する実験的研究

問　題

　Hayduk (1978) は、パーソナル・スペースを「個人の周りに保持された領域で、その中に他者が侵入して来ると必ず不快が喚起されるゾーン」と定義している。このパーソナル・スペースは、性、年齢、好意度、人種、文化、地位、場面等の個人的、あるいは社会的要因の関数として変化することが知られており、その結果は Hayduk (1978) によってまとめられている。

　パーソナル・スペースの主な測定法としては、非反応観察法 (unobtrusive observation)、stop-distance 法、座席選択法、フェルト板法や paper and pencil 法等の投影法が挙げられる。このうち、stop-distance 法は、実験的測定法としては最も信頼性が高いとされている。例えば、Pedersen (1973) は test-retest 間の高い相関 ($r=.93$) を、Rawls, Trego, & McGaffy (1968) は、異なる接近方向間や接近－非接近間の高い相関 ($r=.77～.93$) を報告している。

　これとは逆に、フェルト板法や paper and pencil 法に代表される投影法は、被験者の投影的、認知的能力に依存した測定法であるため、妥当性も信頼性も低いとされている。つまり、被験者は、物理的及び社会的状況、「他者」であるシルエットの人種、性、年齢等の属性を想像しなければならない。また、遠方から自分自身を見るという普段とは異なる視点、シルエットの大きさに基づいた対人距離の縮尺の推定等の問題を処理する能力が要求されるといった問題点がある (Hayduk, 1978)。

　しかし、投影法によるパーソナル・スペースの測定は、簡単でしかも多くの被験者に施行できるという利点もある。これは特に、イメージされた社会的状況におけるシルエット間の距離を紙面上で印す paper and pencil 法に

いえる特色である。

　そこで我々は、stop-distance 法と投影法のそれぞれの利点が生かせるパーソナル・スペースの測定法を考案した。すなわち、stop-distance 法における target person の代わりに等身大の写真パネルを使用することにしたのである。これにより、target person の表情、服装、姿勢等が統制でき、実験者が写真パネルを用意するだけで、時間や場所に制限されることなく簡単にパーソナル・スペースの測定が可能になった。すなわち、1枚の写真パネルで容易に多様なサンプルが得られ、同じパネルを複数用意すれは短時間で多数の被験者に実施できるという長所がある。また、好意度などの心理的距離の従属変数としてパーソナル・スペースを用いる場合、写真パネルの方がストレートに反映されやすいと考えられる。さらに、測定には従来の stop-distance 法を用いることにより、信頼性の高いデータが得られることが期待される。

　ところで、Horowitz（1964）は、「個人は自分と他の物体や他者との間に距離を保持しようとする傾向があり、この距離は、人間に対してよりも、脅威的でない物体に対しての方が短い」と報告している。また、Dosey & Meisels（1969）はパーソナル・スペースを「身体緩衝帯」ととらえ、物理的、心理的脅威から自分自身を守る防衛の目的で使用されるとしている。そのため、知覚された脅威が大きくなる程、パーソナル・スペースも大きくなると述べている。従って、パーソナル・スペースは人物よりも写真に対してやや小さくなる傾向があると予想される。

　一方、八重澤・吉田は（1981）は、従来の研究は距離の測定のみが中心となり、他者の接近により被験者がどのような心理的あるいは生理的負荷を経験するのか、という点については明らかにされていないと指摘している。そこで彼らは、他者接近場面を設定し、行動的指標として対人距離を、心理的指標として認知された不安、緊張、見えの大きさを、生理的指標として心拍数とまばたきを測定した。その結果、次のようなことが見出された。(a) 心理的指標である不安、緊張、見えの大きさは、他者が接近するに伴い次第に増大する。一方、生理的反応は、他者の接近に伴い緩やかに減少した後、パー

ソナル・スペースの境界付近で急激に増加する。(b) INDSCAL 分析によると、3つの心理的指標は1つのクラスターを形成するが、心拍数とまばたきは共通刺激空間において異なる位置にある、などである。

　本実験では、被験者接近場面において、接近対象が人物の場合と等身大の写真パネルの場合とを、行動的、心理的、生理的側面から比較検討することを第1の目的とした。

　ところで、現代の日本社会においてもまだ人種的偏見、女性の原爆被害者、心身障害者等に対する偏見が見られるようである。これらのうち、人種的偏見や民族に対する社会的距離に関する研究は数多くなされきた。古くは、まず Bogardus (1925) が、種々の民族に対する社会的距離を測定する尺度を作成した。これをもとに、様々な民族に対する社会的距離が測定されてきた。例えば Ogunlade (1980) は、Bogardus にならって作成した調査用紙を用いてナイジェリアの Yoruba 民族に調査を行った。その結果から、地理的に距離が近く、接触や知識が多くなると社会的距離は小さくなると報告している。

　このように、従来の社会的距離、すなわち偏見の研究においては被験者自身の言語報告形式によるものがほとんどであった。この種の測定法は、被験者自身のバイアスの影響を受けるという短所が、従来から指摘されている。

　それに対して、自己報告形式以外の社会的距離の測定もいくつか試みられている。例えば Little (1965) は、相手との心理的距離（相手に対する好意、なじみの程度）が小さければ、対人交渉場面で相手との間にとられる物理的距離（対人距離）も小さくなることを見出した。社会的距離を相手に対する受容度、すなわち一種の好意度だと考えると、社会的距離はパーソナル・スペースに反映されると予想される。

　そこで、国民に対する社会的距離が、被験者接近場面において、被験者の行動的、心理的、生理的側面にどのような影響を及ぼすのかについて検討することを、本実験の第2の目的とした。

　第1、第2の目的に関する仮説は次の通りである。
　1．接近対象が、写真より人物の場合の方が認知される脅威が大きいため、

対人距離は大きく、また心理的、及び生理的負荷も大きいであろう。
2. 社会的距離が小さい相手より大きい相手の方が、相手に対する好意やなじみの程度が低いため、対人距離は大きく、また心理的、及び生理的負荷も大きいだろう。
3. 接近対象が、人物より写真の場合の方が、心理的距離をストレートに反映しやすいだろう。従って、人物より写真の場合において、社会的距離の大小による差が各指標に顕著に現れるだろう。

方　法

事前調査　使用する接近対象の国民を選択するため、質問紙による事前調査を行った。被験者は、広島大学の心理学、社会心理学を受講する大学生女子130名。調査時期、1985年6月。「大学生のアジア国民に対する態度調査」と題した質問紙に回答を求めた。この質問紙は、田中・虎田・小林（1972）が「旅行による『国家に対する態度』の変容について」という研究で、国民に対する行為意図を測定するために使用したBehavioral Differential法の14項目をそのまま用いて作成した。アジアの10国民に対してこの14項目を列挙し、各項目について「非常にそうしたくない」から「非常にそうしたい」までの7段階で、被験者に評定させた。

回収したデータをもとに14項目を因子分析にかけたところ、「その国についていろいろ尋ねたい」という項目は、他の項目に比べ共通因子負荷量が低かった。そこで、この項目を除いた13項目の評定値の合計を社会的距離得点とした。結果は表II-11-1に示した。

表II-11-1　社会的距離得点の平均と標準偏差

国　民	平均	標準偏差	国　民	平均	標準偏差
日本人	76.57	9.83	インド人	61.79	10.30
中国人	66.39	10.41	フィリピン人	61.68	10.26
韓国人	63.26	10.46	台湾人	61.62	11.00
タイ人	62.50	9.66	インドネシア人	61.33	10.95
マレーシア人	61.86	10.62	ベトナム人	60.60	11.08

社会的距離得点は、得点が高い程その国民に対する受容度が高く、社会的距離が小さい。日本人は、他のどの国民よりも社会的距離が有意に小さい国民であった。従って、社会的距離の小さい国民の代表として日本人を選んだ。また、社会的距離の大きい国民の代表としては、日本人とあまり外見が異ならず、かつ偏見や差別が問題となっている韓国人を取り上げることにした。

実験計画 接近対象2水準（人物・写真）×接近対象の国民2水準（日本人・韓国人）の要因計画による。従って、実験条件は、人物－日本人条件、人物－韓国人条件、写真－日本人条件、写真－韓国人条件の4条件である。

被験者 広島大学の心理学、社会心理学を受講する大学生女子（1～2年次生）58名。各実験条件にランダムに配置した。この中から国民操作を失敗した2名、韓国人の友人がいる3名、写真条件での「人だと思って」という教示を忘れた等の教示を失敗した7名を除き、残り46名について分析を行った。各条件の被験者は表Ⅱ-11-2に示した。

表Ⅱ-11-2　**各条件毎の被験者数**

	人物条件		写真条件	
	日本人	韓国人	日本人	韓国人
人　数	13	11	11	11

接近対象 大学生女子1名（年齢22歳、身長153cm）。実験期間を通じて同一服装とした。写真（モノクロ）条件では、実験自体と同じ服装のものを等身大に引き伸ばしたパネルを使用した。なお、刺激人物と被験者とは面識がない。

実験場所 広島大学総合科学部新館206号教室を実験場所とし、同館A260を控室とした。

実験室の設定（図Ⅱ-11-1参照）　教室の机を両端によせ、中央に約260cm幅の通路を作った。被験者のスタート位置（A）と接近対象を立たせる位置（B）については5mの距離をおき、床にテープを貼って示した。

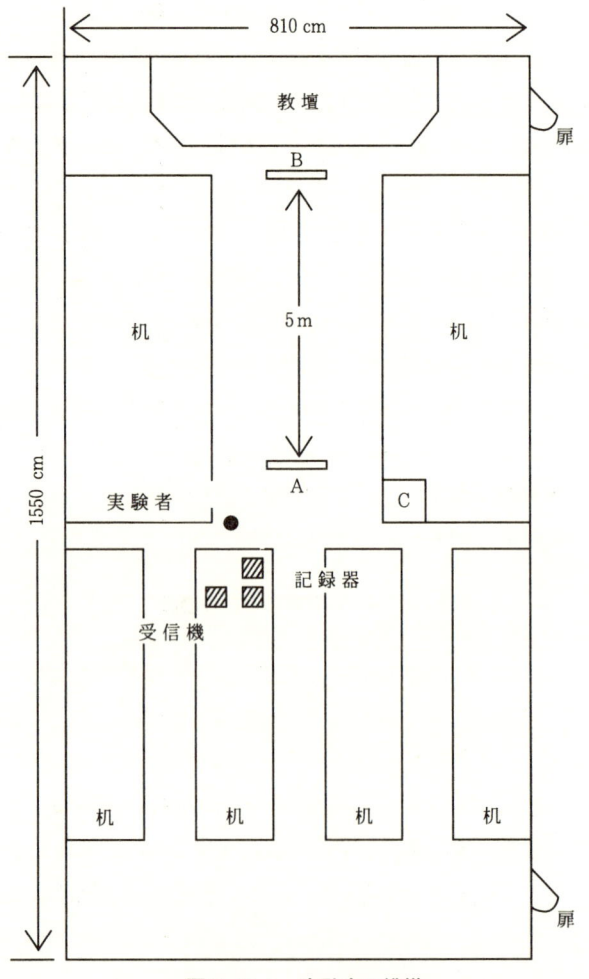

図Ⅱ-11-1　実験室の模様

実験装置　本実験では、生理的指標として心電図と皮膚電位活動を測定した。

心電図は、テレメータ（日本電気三栄製 Receiver Type271、及び Transmitter B-2 Model 1419）を使用し、カセットデータレコーダ（ティアック製 R-61）で記録した。実験終了後、この心電図を同機で再生し、アン

プ及びタコメータ（日本電気三栄製1253A及び1321）で瞬時心拍数（bpm）に変換した。導出部位は胸部（V_2-V_5）で、Ag-Agcl ディスポーザブル電極を使用した。

皮膚電位活動は、カスタムレコーダ（東亜電波製 Model CDR-12A）を用い、皮膚電位反応及び皮膚電位水準を記録した。電極は Ag-Agcl 電極を用い、左手掌小指球に探査電極を、サンドペーパー法で不活化処理した同測前腕中央部に基準電極を装着した。

従属測度 以下の通りである。
1. 社会的距離　前述した「大学生のアジア国民に対する態度調査」の回収データの中から、本実験の被験者となった者の回答を取り出し、社会的距離得点を算出した。
2. 対人距離－行動的指標－被験者接近場面で、被験者が近すぎて「気づまりだ」、「落ち着かない」、「いやな感じ」、などと感じ始める所で接近を停止させる stop-distance 法を用いた。生理的指標の断続的変化も分析することを考慮し、接近速度はメトロノームを介して約0.12m／秒に統制した。一度停止した後位置の調整を行う機会を設け、最終的に決定した位置における被験者の爪先から接近対象の爪先までの距離を、対人距離とした。
3. 不安・緊張－心理的指標－セッション中に認知された主観的な不安、及び緊張の強度を被験者に想起させ、質問紙に記入させた。ベース1における不安、緊張の強度を10とし、これと比較して、セッションの各フェイズにおける不安、緊張の強度を整数で表すよう指示した。フェイズ2（接近期）については「スタート直後」、「接近途中」、「ストップ直前」の3期に分け、それぞれについて記入させた。
4. 心拍数、皮膚電位水準－生理的指標－不安や緊張の客観的な指標として心拍数（以下 HR と略す）と皮膚電位水準（SPL）を用いた。HR の分析には、タコメータにより変換された瞬間 HR を1秒ごとにサンプリングしたものを使用した。また SPL は、180㎜／分の紙送り速度で記録したチャートの1目盛（1㎝：約3.3秒）ごとに読みとったものを分析した。

5．接近対象の印象　人物または写真の印象を測定するためのSD法に林（1978）の形容詞対20項目を用い、被験者に7段階で評定させた。

手続き　控室でパーソナル・スペースについての簡単な説明をし、被験者に心電図測定用の電極、及び送信機を装着した。実験室に移動し、皮膚電位活動測定用の電極も装着した。

メトロノームに合わせて歩行する練習の後、生理的指標のベースラインを測定した（ベース1）。ベース1では、まず被験者をA地点（図Ⅱ-11-1）に開眼状態で60秒間静かに立たせた（フェイズ1）。次に、実験者の「はい、スタート」を合図に、メトロノームに合わせて5m歩行させた（フェイズ2）。そして、歩行終了地点（B地点：図Ⅱ-11-1）で、再び60秒間静かに立たせた（フェイズ3）。（図Ⅱ-11-2参照）

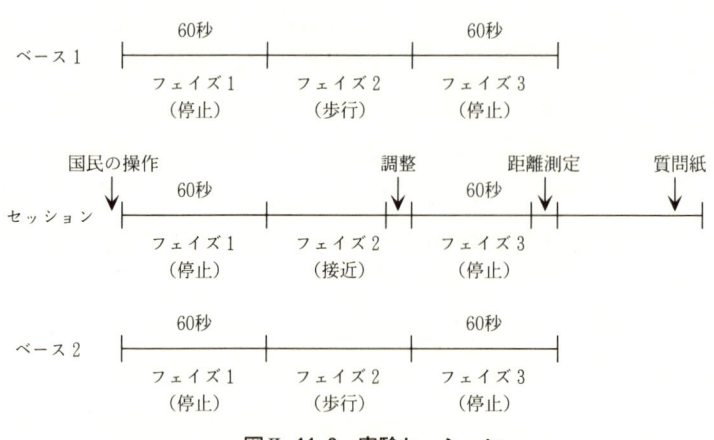

図Ⅱ-11-2　実験セッション

ベース1終了後、独立変数の操作を行った。接近対象を「女子学生」あるいは「女性の韓国人留学生」と教示することにより、国民を操作した。また、写真条件の場合には、「人だと思って近づいていって下さい」という教示を付け加えた後、B地点（図Ⅱ-11-1）に人物または写真を立たせた。

続いてセッションに入った。セッションはベース1に準じて行った。異なるのは、被験者に接近対象の目を常に見ているように指示したこと、近すぎて「気づまりだ」と感じ始める所で接近を停止させたこと、調整後の位置で

フェイズ3を行ったこと、の3点である。

セッションのフェイズ3終了後、対人距離を測定した。そして被験者を座席（C：図Ⅱ-11-1）に座らせ、接近対象の印象の質問紙、及び不安、緊張の質問紙調査を実施した。

最後に、生理的指標のベースラインを再び測定した（ベース2）。手続きは、ベース1と全く同じであった。

ベース2終了後、各電極を取り外し、控室で内省報告をとった。

結　果

社会的距離　本実験の被験者42名（未回収4名）について、日本人及び韓国人に対する社会的距離得点を各々算出し、接近対象×接近対象の国民の2要因分析を行った。その結果、主効果、交互作用はともに見られなかった。従って、社会的距離に関して、各条件群は等質であったといえる。

また、対日本人－対韓国人間で社会的距離得点の差の検定を行ったところ、有意な差が認められた（$t(41)=7.03, p<.001$）。これにより、韓国人の方が日本人よりも得点が低く、従って、日本人に対するよりも、韓国人に対する社会的距離が大きいことが確認された（表Ⅱ-11-3）。

表Ⅱ-11-3　社会的距離得点の平均と標準偏差

	日本人	韓国人
平均	78.40	64.07
標準偏差	10.12	11.81

対人距離　各条件群の対人距離の平均値を表Ⅱ-11-4に示した。接近対象×接近対象の国民の2要因分散分析の結果、主効果、交互作用はともに認められなかった。

表Ⅱ-11-4　接近対象と接近対象の国民別に見た平均対人距離（cm）

	人物条件 日本人	人物条件 韓国人	写真条件 日本人	写真条件 韓国人
平均	122.82	121.94	121.35	128.24
標準偏差	59.65	56.80	43.32	36.27

不安、緊張 セッション・フェイズ2の「スタート直後」、「接近途中」、「ストップ直前」を各々フェイズ2－a、2－b、2－cとした。これにフェイズ1及びフェイズ3を加えた計5フェイズを時系列要因とした。不安、緊張それぞれについて、接近対象×接近対象の国民×時系列の3要因分散分析を行った。その結果、不安、緊張とともに、接近対象の主効果（各々、$F(1,42)=6.68, p<.05$；$F(1,42)=3.82, p<.10$）、及び時系列の主効果（各々 $F(4,168)=7.16, p<.001$；$F(4,168)=11.91, p<.001$）が得られた。つまり、接近対象が写真の場合よりも人物の場合の方が、主観的不安、緊張は有意に高いといえる（表Ⅱ-11-5）。また、図Ⅱ-11-3に示した時系列の主効果の下位検定の結果から、接近に伴い不安得点は上昇し、接近を停止した後はやや減少するというパターンを示した。しかし、緊張得点は接近に伴って上昇した後、そのままのレベルを保持しているといえよう（表Ⅱ-11-6参照）。

表Ⅱ-11-5　接近対象別に見た主観的不安と緊張得点の平均

	人物条件 平　均	人物条件 標準偏差	写真条件 平　均	写真条件 標準偏差
不　安	13.10	4.23	11.29	2.16
緊　張	15.14	6.00	12.63	3.45

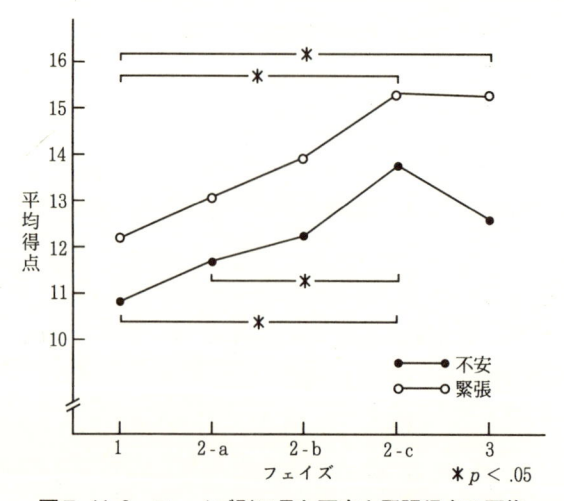

図Ⅱ-11-3　フェイズ別に見た不安と緊張得点の平均

表Ⅱ-11-6 フェイズ別に見た不安と緊張得点の平均

	フェイズ1	フェイズ2-a	フェイズ2-b	フェイズ2-c	フェイズ3
不安					
平均	10.85	11.72	12.24	13.78	12.59
標準偏差	1.38	2.31	2.72	4.93	4.41
緊張					
平均	12.15	13.07	13.89	15.33	15.26
標準偏差	2.65	4.06	4.49	5.88	6.88

心拍数（HR） 装置の都合等で、心電図がうまく記録できなかった7名を除いた残り39名についてHRの分析を行った。

HRにおいても、不安、緊張の分析と同様、ベース1とセッションのフェイズ2を3期に分け、計5フェイズとした。但し、フェイズ2-aはスタート後10秒間、フェイズ2-bはフェイズ2全期間のちょうど中間にあたる10秒間、フェイズ2-cはストップ前10秒間とした。そして、セッションの各フェイズの平均HRから、ベース1の同フェイズの平均HRを減じたものをHRの変化量として、分析の対象とした。

接近対象×接近対象の国民×時系列の3要因分散分析を行ったところ、接近対象の国民の主効果（$F(1,35)=12.00, p<.01$）、及び時系列の主効果（$F(4,140)=10.49, p<.001$）が得られた。つまり、接近対象の国民が日本人の場合より韓国人の場合の方が、HRが有意に増加したといえる（表Ⅱ-11-7）。また、図Ⅱ-11-4に示した時系列の主効果の下位検定の結果から、HRの増分は接近途中で最も大きくなり、接近を停止した後急激に落ち込み、ベース1時のHRより低くなることがわかる（表Ⅱ-11-8参照）。

表Ⅱ-11-7 接近対象の国民別に見た心拍数の変化（bpm）の平均

	日本人	韓国人
平均	−0.62	3.63
標準偏差	4.58	6.77

表Ⅱ-11-8 フェイズ別に見た心拍数の変化（bpm）の平均

	フェイズ1	フェイズ2-a	フェイズ2-b	フェイズ2-c	フェイズ3
平均	0.93	0.09	3.83	2.83	−2.06
標準偏差	5.96	5.77	5.85	6.65	3.60

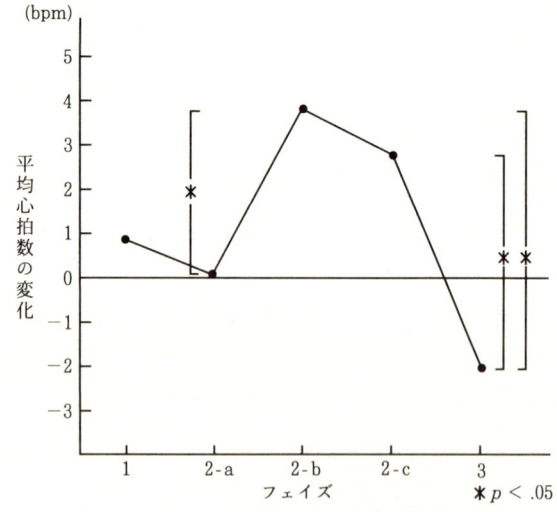

図Ⅱ-11-4 フェイズ別に見た平均心拍数の変化

皮膚電位水準（SPL） 装置の都合等で皮膚電位活動がうまく記録できなかった11名を除いた残り35名についてSPLの分析を行った。

HRに準じてフェイズ2を分割し、セッションの各フェイズの平均SPLから、ベース1の同フェイズの平均SPLを減じたものをSPLの変化量として、分析の対象とした。表Ⅱ-11-9に各条件群のSPL変化量の平均をフェイズごとに示した。正方向への変化はヴィジランスの低下を、負方向への変化はヴィジランスの高まりを示す。従って、セッション中のヴィジランスはベース1に比べ、全体的に低下しているといえる（表Ⅱ-11-9）。

接近対象×接近対象の国民×時系列の3要因分散分析を行ったところ、主効果、交互作用はともに認められなかった。

接近対象の印象 形容詞対20項目を因子分析にかけ、3因子を抽出した。表Ⅱ-11-10に、各因子に含まれる項目とその因子負荷量を示した。第1因子

表II-11-9　接近対象、国民ならびにフェイズ別に見た平均皮膚電位水準（mV）の変化

	人物条件		写真条件	
	日本人	韓国人	日本人	韓国人
フェイズ1				
平均	2.01	3.97	0.38	0.89
標準偏差	3.37	3.67	2.16	4.57
フェイズ2-a				
平均	−0.51	0.31	0.37	0.53
標準偏差	4.89	3.64	3.65	4.49
フェイズ2-b				
平均	1.21	1.75	0.41	0.52
標準偏差	5.07	3.22	4.74	6.56
フェイズ2-c				
平均	3.44	2.79	0.07	−0.08
標準偏差	4.31	3.98	4.14	6.63
フェイズ3				
平均	0.77	1.45	2.08	0.81
標準偏差	5.82	3.54	5.52	5.50

は「社会的望ましさ」の因子、第2因子は「個人的親しみやすさ」の因子、第3因子は「力本性」の因子と考えられる。

表II-11-10　印象評定尺度の因子分析結果

F1		F2		F3	
尺度	因子負荷	尺度	因子負荷	尺度	因子負荷
知的な	.77	明るい	.82	でしゃばりな	.68
誠実な	.76	感じのよい	.64	消極的な	-.55
落ちついた	.74	ユーモアのある	.60	親切な	-.53
意志が弱い	-.70	心のせまい	-.55	親しみにくい	.44
あきっぽい	-.70	意欲的な	.51	いじっぱりな	.44
消極的な	-.67	しつこい	-.47	ふまじめな	.42
意欲的な	.67	親しみにくい	-.43		
自信のある	.64				
無責任な	-.58				
信頼できる	.49				
ふまじめな	-.41				

各因子に含まれる項目の評定値の合計を算出し、それぞれについて接近対象×接近対象の国民の2要因分散を行った。その結果、「社会的望ましさ」の因子と「個人的親しみやすさ」の因子において、対象の主効果が得られた（各々、$F(1,42)=6.00, p<.05 ; F(1,42)=7.17, p<.05$)。つまり、接近対象が写真の場合よりも人物の場合の方が、社会的に望ましく、個人的に親しみやすいと判断されている（表Ⅱ-11-11）。

表Ⅱ-11-11　接近対象別に見た因子得点

	人物条件 平均	人物条件 標準偏差	写真条件 平均	写真条件 標準偏差
F1（社会的望ましさ）	59.42	6.74	54.59	7.18
F2（個人的親しみやすさ）	30.96	4.04	27.68	4.34

指標間の相関　従属測度として用いた指標間の関係を見るため相関をとった。結果は、以下の通りである。

1．行動的指標と心理的指標　まず全被験者を対象に、対人距離と認知された不安、及び緊張との相関をとった結果、いずれも正の相関を示した。（表Ⅱ-11-12、Ⅱ-11-13）。つまり、認知された不安、緊張が高いと対人距離が大きくなる方向にある。特に、接近途中からストップ直前の不安が高いと、被験者は接近対象から離れた位置で停止するといえる。

表Ⅱ-11-12　対人距離と不安の相関関係（$n=46$）

	不安 フェイズ1	フェイズ2-a	フェイズ2-b	フェイズ2-c	フェイズ3
対人距離	.040	.12	.29*	.38**	.26*

*$p<.05$, **$p<.01$

表Ⅱ-11-13　対人距離と緊張の相関関係（$n=46$）

	緊張 フェイズ1	フェイズ2-a	フェイズ2-b	フェイズ2-c	フェイズ3
対人距離	.18	.11	.18	.21+	.24+

+$p<.10$

次に、被験者を人物条件群と写真条件群に分けて相関をとった。その結果、

人物条件群では、不安のフェイズ2－b、及び2－cで有意な正の相関が得られた（各々、$r=.44, df=22, p<.05 ; r=.47, df=22, p<.05$）。しかし、写真条件群では、有意な相関が認められなかった。

2．行動的指標と生理的指標　対人距離－HR間については、全被験者、及び人物条件群のフェイズ2－cで有意な負の相関が見られた（各々、$r=-.37, df=37, p<.05 ; r=-.42, df=21, p<.05$）。写真条件群でも、同フェイズで負の相関が認められたが、有意ではなかった（$r=-.25, df=14, p<.20$）。このことから、接近対象により近づいた人程、HRの上昇が観察され、この傾向は写真より人物に対して顕著だといえる。

対人距離－SPL間については、全被験者、及び写真条件群を対象とした場合、有意な相関は認められなかった。しかし、人物条件群では、フェイズ3を除く全フェイズで有意な正の相関が得られた（表Ⅱ-11-14）。このことから、接近対象に対して小さい距離をとる人は、接近行動を開始する前から終了するまでの間、高いヴィジランスベルを保持していると考えられる。

表Ⅱ-11-14　人物条件群における対人距離とSPLとの相関関係（$n=17$）

	SPL				
	フェイズ1	フェイズ2-a	フェイズ2-b	フェイズ2-c	フェイズ3
対人距離	.54*	.47*	.68**	.59**	.27

*$p<.05$, **$p<.01$

3．心理的指標と生理的指標　不安－HR間については、全被験者を対象とした場合に、有意傾向ではあるが、フェイズ2－bで正の相関が見られた（$r=.22, df=37, p<.10$）。つまり、認知された不安が高い人程、HRが増加するという現象が接近途中でのみ観察されるといえる。また人物、及び写真条件群別に相関をとった。その結果、人物条件群においては、フェイズ2－bを除いた全フェイズが負の相関を示したが、写真条件群においては、全フェイズが正の相関を示した。このことから、接近対象が人物よりも写真の場合の方が、被験者の主観的不安と客観的不安とが一致する傾向にあるといえる。

不安－SPL間については、全被験者を対象とした場合、フェイズ2－cで有意な正の相関が見られた（$r=.29, df=33, p<.05$）。つまり、ストップ

直前に認知された不安が高い程、SPL の示すヴィジランスレベルは低下するという、HR とは逆方向の相関が得られた。

緊張－HR 間、及び緊張－SPL 間については、有意な相関が認められなかった。

4．不安と緊張　全被験者を対象として、心理的指標である 2 変数の間で相関をとると、全フェイズに有意な正の相関が見られた。($rs=.49〜.72, df=44, p<.001$)。心理的指標の 2 変数はよく一致していると考えられる。

5．HR と SPL　全被験者を対象として、生理的指標である 2 変数の間で相関をとったが、有意な相関は認められなかった。人物、及び写真条件別にとった相関も同様であった。

6．社会的距離と行動的指標　接近対象の国民が韓国人である場合には、有意な相関は認められなかった。しかし、日本人条件の場合には、人物と写真とでは逆の相関が見られた。つまり、人物－日本人条件では、社会的距離が大きくなると、対人距離は小さくなるが、写真－日本人条件では、社会的距離が大きくなると、それに伴い対人距離も大きくなるという現象が生じている（表Ⅱ-11-15参照）。

表Ⅱ-11-15　社会的距離と対人距離の相関関係

社会的距離	接近対象					
	日本人			韓国人		
	合計 ($n=21$)	人物条件群 ($n=13$)	写真条件群 ($n=8$)	合計 ($n=22$)	人物条件群 ($n=11$)	写真条件群 ($n=11$)
日本人	.25	.57*	-.45			
韓国人				.01	.01	.02

*$p<.05$

7．印象と行動的指標　全被験者を対象とした場合は、有意な相関は認められなかった。そこで、人物、及び写真条件群別に相関をとった。その結果、人物群では印象の第 1 因子において有意な正の相関が見られた（$r=.37, df=22, p<.05$）。一方写真条件群では同因子において有意な負の相関が得られた（$r=-.46, df=20, p<.05$）。このことから、接近対象が人物の場合は、相手が社会的に望ましいという良い印象を持つ程、対人距離が大きくなるが、

写真の場合は対人距離が小さくなるということがわかる。

考 察

　まず、仮説1について検討する。分散分析の結果、接近対象の主効果が有意であったのは、心理的指標のみであった。写真条件より人物条件の被験者において、認知された不安、緊張が高く、心理的指標においては仮説1が支持された。しかし、行動的、及び生理的指標に関しては、接近対象の影響が全く認められなかった。

　ただし、行動的－心理的指標間の相関や行動的－生理的指標間の相関は、人物よりも写真の場合にやや低くなる。これらの結果から、人物に接近する場合は心理的、及び生理的な不安、緊張の反応と対人距離とが密接に関連していることがわかる。一方、写真に接近する場合は不安や緊張によって対人距離が規定されるのではなく、むしろ被験者の日常の経験や観念から適当だと思われる距離がとられると推定される。しかし、結果的にとられた対人距離に条件差は見られなかった。従って、パーソナル・スペースの測定に主眼をおくならば、stop-distance 法の target person の代わりに等身大の写真パネルを用いても十分実験が行えることが確認された。

　次に、仮説2について検討する。分散分析の結果、接近対象の国民の主効果が有意であったのは、生理的指標の HR のみであった。被験者にとって社会的距離の大きい韓国人を相手にした方が、日本人を相手にした場合よりも HR が増加した。しかし、SPL、及び行動的、心理的指標に関しては、接近対象の国民の影響が全く認められなかった。従って、仮説2は生理的指標の HR においてのみ支持された。

　続いて、仮説3について検討する。仮説3によると、各指標の分散分析で接近対象×接近対象の国民の交互作用が期待されたのであるが、結局どの指標にも交互作用は見出せなかった。ただし、社会的距離と対人距離との相関において、仮説3を部分的に支持する結果が得られた。写真－日本人条件では、社会的距離が対人距離に反映される方向に相関が見られたが、人物－日本人条件では、全く逆の相関が見られた。この結果は、日本人条件だけに限

られてはいるが、人物より写真の場合の方が社会的距離をストレートに反映しており、仮説3を支持している。

ところで、行動的指標である対人距離に要因効果が全く現れなかったのはなぜだろうか。その要因をいくつか考えてみた。

Eberts（1972）は、stop-distance法を用いた場合、パーソナル・スペースの大きさは、被験者の「パーソナル・スペースが測定されている」という認知にはあまり影響されないとしている。しかし、本実験では生理的指標を測定するための電極をつけるなどしたため、被験者の「測定されている」という意識を強め、ますます実験に対する構えを形成させてしまった。従って、心理的反応がパーソナル・スペースにストレートに反映されなかったのだろう。改善策としては、本実験のように1回きりの試行ではなく、試行回数をもっと増やすことが考えられる。試行を重ねるに従い実験状況に慣れてくるため、被験者の構えもなくなり心理的反応と行動的反応がより一致してくるであろう。

また、接近対象の国民の要因がHR以外の指標に効果をもたらさなかったことの理由としては、刺激国民の選択操作における問題が挙げられる。刺激国民の選択における問題とは、本実験で用いた「日本人」は被験者自身が所属する国民であり、特殊な国民だということである。そこで、他国民の中から社会的距離の大きい国民と小さい国民を取り上げ比較した方が、社会的距離とパーソナル・スペースの関係がより明確になると考えられる。また、韓国人が心理学の実験に協力してくれるという事態にリアリティを持たせるため、国民操作の教示において「留学生」という設定を用いた。しかし、留学生のステレオタイプとして頭がよい、立派だ等の印象やイメージを被験者が持ち、一般的な韓国人に対するパーソナル・スペースが測定できなかった可能性がある。実験状況のリアリティを損なわず、一般的韓国人に対するパーソナル・スペースが測定できるような教示を考察する必要がある。

さらに、Dosey et al.（1969）は「全ての対人距離は、パーソナル・スペースの境界と等しいか、それより大きいかである。もし実際にとられている対人距離が境界より小さかったら、個人は適当な所まで距離を広げようとする

だろう」と述べている。ここで言及されているように、本実験の被験者もパーソナル・スペースの境界よりも遠くで停止している可能性がある。この可能性による誤差をより小さくするためには、試行回数を増したり、近過ぎる所（境界の内側）から適当な所まで被験者にバックさせたりする方法が有効だろう。

以上が、対人距離における失敗の原因とその改善策である。

さて、心理的指標である不安と緊張については接近に伴い徐々に上昇するという結果が得られ、互いに高い正の相関を示した。これらは八重澤ら（1981）の結果と一致する。

一方、生理的指標としてはHRとSPLを用いたが、HRとSPLの間に正の相関はなく、分散分析の結果等も不一致であった。これは、HRもSPLも自律系反応とはいえ、HRは交・副交感神経両支配の反応であり、SPLは交感神経支配の反応である等、神経レベルでの相違があるためだと考えられる。結果的には、SPLよりHRの方が被験者の不安や緊張の変化をよく表しており、接近場面に適切な指標だといえる。

また、生理的指標の接近に伴った変化はHRの方にだけ認められたわけだが、これは八重澤ら（1981）の結果とはやや異なる変化を示した。八重澤らの実験では、HRは他者の接近に伴い緩やかに減少した後パーソナル・スペースの境界付近で急激に増加した。しかし、本実験では、一時減少した後パーソナル・スペースの境界に達する以前に増加のピークを迎え、境界付近では逆に減少した。

八重澤らの実験は他者接近、つまり被験者被接近場面であった。前述したように、パーソナル・スペースにおいては、Rawls et al（1968）が接近－被接近法間の高い相関を報告しているが、心理的及び生理的反応の相違についてはまだ研究されていない。本実験と八重澤らの実験との比較からは、接近－被接近法間で心理的反応は変わらないが生理的反応は異なるといえる。

最後に、等身大の写真パネルを用いた場合の利点が現れている結果について述べる。

まず、不安－HR間の相関において、人物条件より写真条件の方が、主観

的不安と客観的不安が一致する傾向にあるという結果が得られた。これは、被験者が認知された不安を質問紙に記入する際、写真条件の方が接近対象に対する遠慮などがなくなるため感じたままを記入できるからだと考えられる。

次に、印象の第1因子と対人距離の相関において、人物条件では好ましい印象を受けた人に対しては大きな距離をとるが、写真条件では小さな距離をとるという結果が得られた。相手が写真の方が恥じることなどなく、好ましい相手に近づきやすいからだと考えられる。

もうひとつは、仮説3の検討で言及した社会的距離と対人距離の相関の結果である。

いずれにせよ、写真に対しての方が心理的距離がストレートに行動的反応に反映されやすいということを示している。

以上の考察をまとめると、次の4点に要約される。

第1に、仮説1、2、3はそれぞれ部分的に支持された。第2に行動的指標である対人距離の測定には、試行回数や教示など多くの改善すべき点がある。第3に、被接近法による八重澤ら（1981）の結果との比較から、接近－被接近法間で心理的反応に相違は見られないが、生理的反応は異なる。第4に、stop-distsnce法の target person の代わりに等身大のパネルを使用することの利点が実験的に確かめられた。

引用文献

1) Bogardus, E.S. 1925 Mesuring social distance. *Journal of Applied Sociology*, **9**, 175-193.
2) Dosey, M.A., & Meisels, M. 1969 Personal, space and self-protection. *Journal of Personality and Social Psychology*, **11**, 93-97.
3) Eberts, E.H. 1972 Social and personality correlates of personal space. In W.J. Mitchell(Ed.), *Environmental design: Research and practice* (Proceedings of the EDRA Ⅱ/AR Ⅷ Conference). Los Angeles: University of California Press.
4) 林文俊　1978　相貌と性格の仮定された関連性(3)　－漫画の登場人物を刺激材料として－　名古屋大学教育学部紀要（教育心理学科), **25**, 41-56.
5) Hayduk, L.A. 1978 Personal space: an evaluative and orienting overview. *Psychological Bulletin*, **85**, 117-134.

6) Horowitz, M.J., Duff, D.F., & Stratton, L.O. 1964 Body-buffer zone: Exploration of personal space. *Archives of General Psychiatry*, **11**, 651-656.
7) Little, K.B. 1965 Personal space. *Journal of Experimental Social Psychology*, **1**, 237-247.
8) Ogunlade, J.O. 1980 Social distance among the Yoruba of Nigeria. *Social Behavior and Personality*, **8**, 121-123.
9) Pedersen, D.M. 1973 Development of a personal space measure. *Psychological Reports*, **32**, 527-535.
10) Rawls, J.R., Trego, R.E., & McGaffey, C.N. 1968 A Comparison of personal space measures (Tech. Rep. 6, NASA Grant NGR-44-009-008). Fort Worth: Texas Christian University, Institute of Behavioral Research. (Hayduk, L.A., 1978より引用)
11) 田中國夫・虎田俊彦・小林昭司　1972　旅行による「国家に対する態度」の変容について　－東南アジア寄港を中心とする兵庫県青年洋上大学の場合－　関西学院大学社会学部紀要, **25**, 11-21.
12) 八重澤敏男・吉田富二雄　1981　他者接近に対する生理・認知反応　－生理指標・心理評定の多次元解析－　心理学研究, **52**, 166-172.

Ⅲ
社会的態度の応用

第12章 対人関係における「甘え」についての実証的研究

問　題

　日本人の対人関係において特徴的な行動様式として、義理と人情、恩、世間体、恥、甘え等、種々のものが指摘されてきた。こうした日本特有と考えられる現象に対して、社会心理学的な観点から実証的な研究が蓄積されつつある（吉田・藤井・栗田, 1966a, b, 吉田・飯吉・小池, 1969；統計数理研究所国民性調査委員会, 1961, 1970, 1975）。しかし土居（1971）の甘えの理論については、木村（1972）の理論的批判や世間体というたくみな概念の中に甘えを位置づけた井上（1977）の理論的労作を除けば、ほとんど研究に進展はないように思われる。まして甘えについての実証的研究にはほとんど手がつけられていないのが現状である。ただし田崎（1979）や中里・田中（1973）の両研究は甘えと若干の関連がみられる。だが田崎の研究は、日本的対人関係の一つとして甘えを取りあげたに過ぎないし、その甘えの測定法もあまりにも直接的すぎて問題があるように思われる。一方、中里と田中の研究も、日本人の態度の感情構造の一部として甘えと依存の因子を見出したに過ぎないし、またこの因子を構成する尺度に、義理がある、恩がある等の甘えと関連がないものも含まれており、甘えの因子としての純粋性や一次元性に若干問題がないでもない。いずれの研究にしても、甘えの問題に正面から取り組んだものではない。本研究は、甘えそのものの計量化をめざし、いかなる対象に対して甘えが顕著に見られるのかを実証的に明らかにしようとするはじめての試みである。この目的を達成するために、研究Ⅰにおいて甘えの測定尺度構成に関し予備的研究を行い、研究Ⅱでいかなる人物対象に対して甘えが見られるのかを解明することにする。

研究 I

 ここでの研究の第1の目的は、研究IIの予備調査となるべきものであり、甘えを測定する一次元尺度構成のための基礎的資料をうることにある。また第2の目的は、従来、Foa (1961) によって見出された対人関係の二次元すなわち支配-服従と愛情-敵意、Triandis, Vassiliou & Nassiakou (1968) による、愛情、親近、支配、敵意の4次元、また Wish, Deutsch & Kaplan (1976) による、協調的対競争的、対等的対非対等的、強い結びつき対表面的結びつき、社会情緒的対課題指向的の四次元に加えて、日本特有の次元が抽出されるかどうかをも解明することにある。

方　法

 可能な限り日本語の微妙なニュアンスをもつ対人関係を表す動詞を97語抽出した（アペンディクスA参照）。抽出にあっては以下の点を参考にした。まず、従来の対人関係や対人行動の研究で用いられた動詞（Triandis, Vassiliou & Nassiakou, 1968；中里・田中, 1973)。第2には、土居 (1971) の「甘えの構造」の著書で指摘されている動詞。第3には、予備調査の結果。すなわち、いろんな種類の対人関係のペアーを被験者に提示し（たとえば、父と息子）、相手に対してどのように感じ、行動するのかを記述させた結果。第4に、芥川賞受賞5作品の会話場面から動詞を抽出。

 各動詞は名刺大のカード1枚ずつに記入され、計97枚のカードが被験者に手渡された。被験者は、意味内容において類似していると思われる動詞を同一のグループに分類することが求められた。その際グループの数は任意との教示がなされた。被験者は大学生35名（男子16名、女子19名）。

結　果

 ある動詞とある動詞とが同一グループに含まれた場合を1とカウントし、97×97の頻度行列（S_{ij}）を作成した。この頻度行列を次式により変換し、数量化第IV類のインプットとした。なお、この変換式の一部すなわち

第12章 対人関係における「甘え」についての実証的研究

$$e_{ij} = \frac{1000}{\sqrt{\sum_{k}^{T}(S_{ik}-S_{jk})^2 + 100}}$$

ただし e_{ij}＝親近性指数

S_{ij}＝頻度行列

T＝特性のセット（97）

($\sum_{k}^{T}(S_{ik}-S_{jk})^2$) は、Rosenberg, Nelson & Vivekanathan (1968) が、パーソナリティ特性の分類結果から多次元尺度法（MDS）へのインプットのための dissociation 測度としていつも用いているものである。

数量化第Ⅳ類の結果の一部は、図Ⅲ-12-1、図Ⅲ-12-2に示されている。更にこうした結果をもとに動詞のグルーピングを行ったところ表Ⅲ-12-1にまとめたように、対人関係は8つの群より構成されていることが明らかになった。

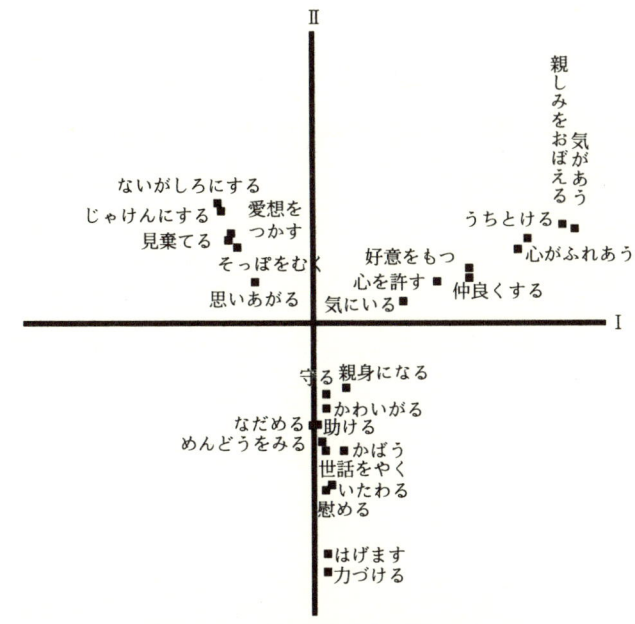

図Ⅲ-12-1　対人関係を表す動詞の布置

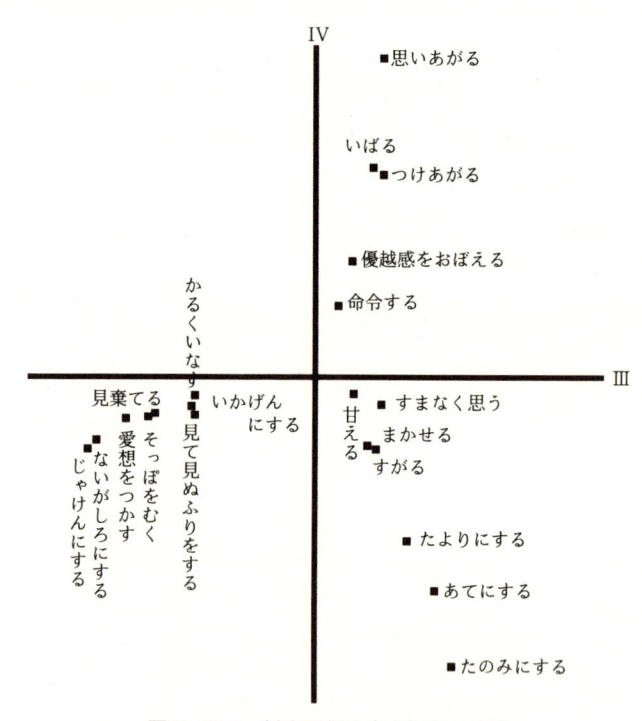

228　社会的態度の理論・測定・応用

```
                        IV
                        │
                   ■思いあがる
                        │
                        │
                   いばる
                      ■つけあがる
                        │
                        │
                    ■優越感をおぼえる
                        │
     か               ■命令する
     る                  │
     く                  │
     い                  │
     な                  │
     す                  │
  見  ■ い                │
  棄  見 か                │   ■    ■すまなく思う
────て─て─げ────────────────┼──甘───■まかせる──────────────── III
  る■見 ん                │  え   ■すがる
    ■ぬ に              │  ■
    そ ふ す              │
    っ り る              │
    ぽ を                 │
    を す              ■たよりにする
    む る                 │
    ■                   │
    愛                 ■あてにする
    想                   │
    を                   │
    つ                   │
    か                   │
    す                   │
    ■                 ■たのみにする
    な                   │
    い                   │
    が                   │
    し                   │
    ろ                   │
    に                   │
    す                   │
    る                   │
    ■                   │
    じ                   │
    ゃ                   │
    け                   │
    ん                   │
    に                   │
    す                   │
    る                   │
```

図Ⅲ-12-2　対人関係を表す動詞の布置

表Ⅲ-12-1　動詞のクラスター

1 拒絶・無視
ないがしろにする
じゃけんにする
いいかげんにする
愛想をつかす
そっぽをむく
見棄てる
かるくいなす
見て見ぬふりをする

2 好意・一体感
好意をもつ
仲良くする
心を許す
心が安らぐ
気にいる
親しみを覚える
心がふれあえる
気があう
うちとける

3 優越感
いばる
つけあがる
思いあがる
命令する
優越感をおぼえる

4 保護
世話をやく
めんどうをみる
助ける
かばう
いたわる
後押しする
守る
大切にする
かわいがる
力づける
はげます
慰める

5 相手の機嫌をとること
顔色をうかがう
へつらう
とりいる

6 甘えられないことによる被害者意識
意地を張る
わがままを言う
すねる
ふてくされる

7 負い目
負い目を感じる
引け目を感じる
恩を感じる
義理を感じる
もうしわけなく思う
すまなく思う

8 甘え
あてにする
たよりにする
たのみにする
すがる
期待する
まかせる
甘える

研究 II

甘えの測定にあたって、まずその概念の定義からはじめることにしよう。土居(1971)によれば、甘えるということは、「結局母子の分離の事実を心理的に否定しようとするものであるとはいえないだろうか……この意味で甘えの心理は、人間存在に本来つきものの分離の事実を否定し、分離の痛みを止揚しようとすることである」(p.82)。また「情緒的に自他一致の状態をかもしだすという甘えの心理は……」(p.83)や「甘えは度々のべてきたように、相手との一体感を求めること」(p.87)という土居の定義からいえることは、相手から受け入れられ、愛されたいとする、受身的な依存的愛情欲求であると考えられる。

更に甘えは相手次第であり、傷つきやすい性格をもっている。甘えが成功・満足するためには、「甘えが相手によって了解され受け入れられること」(土居, 1975, p.176)の必要がある。原・我妻(1974)の言葉を借りていえば、「いわなくても、わかってもらっている」という安心感が、甘えの心理にとって大切なのである。この場合の「わかってもらう」とは単に「知ってもらう」という意味ではなく、承認され、肯定され、受容される、換言すれば「甘えさせてもらう」ことである。こうした暗々裡のうちに一方的に相手をあてにするという甘えの特徴を考慮して、我々は祖父江(1972)の甘えの定義を操作的に採用することにする。すなわち「最初から相手が自分を受け入れてくれるであろうことを期待しながらdependする。」

次に甘えの表出の程度は、対象によって異なると考えられる。「甘えが自然に発生する親子の間柄は人情の世界、甘えを持ちこむことが許される関係は義理の世界、人情も義理も及ばない無縁の世界は他人の住むところである」(土居, 1971, Pp.35-36)という指摘にもあるように、親子の間に甘えが強く存在するのは当然であるように思える。では親子以外で相互に甘えが働くのはどのような関係であろうか。親子関係に準じ、甘えのもちこみが許される関係はどのようなものであろうか。この点に関して土居は何も指摘していない。本研究では、親子関係で甘えが強く働くとする仮説が正しいか否かの

検証、加えて、親子関係以外で甘えが顕著にみられるのはどのような関係か、換言すれば、いかなる対象に対して甘えが強く表出されるのかを解明しようとするものである。またこうした甘えが表出される程度は、表出者の置かれた状況によって当然異なるであろう。そこで比較的甘えが表出されやすいと考えられる危機的で困惑した状況を設定した。従って本研究においては、甘え測定のための尺度×対象人物×困った状況の3モード（相）で甘えの計量を行うことになる。本研究の目的は、いかなる対象に対して、甘えが最も強く表出されるのかを明らかにすることにある。また男女の性による甘え表出の差違もあわせて検討することもその目的とする。

方　　法

尺度の構成　研究Ⅰにおいて多次元解析によって97語を8グループに分類したが、甘えを示すものと考えられる第8グループから5語、第4グループから2語、更にいかなるグループにも属さなかったが、前に述べた甘えの定義を基礎にして4語を加え、以下計10語によって尺度を構成した。

1．あてにしていたい
2．たのみにしていたい
3．すがりたい
4．まかせたい
5．相談したい
6．甘えたい
7．なんとかして欲しい
8．言わなくてもわかって欲しい
9．慰められたい
10．後押しをして欲しい

対象人物の選定　対人態度の感情構造の分析において、中里・田中（1973）は、細かい状況を加味した人物を設定しているが、本研究では状況の特殊な要因の効果を排除するために、状況を切り離して、できるだけ簡潔な人物設定を行った。加えて、大学生を調査対象と企図したので、被験者に

とっての対象人物の身近さ、感情表出の容易さを考慮して、12の人物を設定した（表Ⅲ-12-3参照）。

困った状況の設定　甘えの表出を容易にするために困った場面や困難な事態を設定することにした。その際、久世・蔭山（1973）の研究を参考にして、「家庭生活」、「身体・性格」、「勉強・成績」、「友人関係」、「学校生活」、「就職」、「人生・社会観」の7領域から、各1、2項目を選択した。その際あくまで大学生が被験者であるので、それにふさわしいものであるように留意した。具体的な項目は表Ⅲ-12-4に示されている。

教示と反応の形式

1．このアンケートは日本人の対人関係の中で特に甘えについて研究しようとするものです。
2．各ページの冒頭に□でかこんだ人物があります。そして各ページには［　］でくくった文章が4つあります。
3．あなたがもし、それぞれの問題について悩んでいる時に、それぞれの人物に対して、あなたの経験からあるいは仮定の上で、どのような感情をおもちになりますか。該当する箇所に○をつけてください。
4．□の人物は2名、［　］の問題状況は11あります。

|自分の専門の教官| に対して

［必修の単位を落として進級があやぶまれそうになったとき］

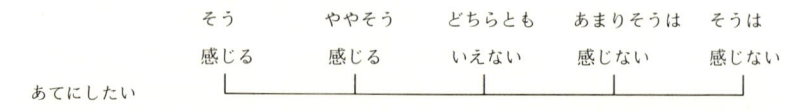

```
            そう      ややそう    どちらとも   あまりそうは  そうは
            感じる    感じる      いえない     感じない      感じない
あてにしたい └─────────┴──────────┴────────────┴─────────────┘
```

被験者は大学生で、男112名、女174名である。かりに被験者がすべての対象人物、すべての状況、すべての尺度に反応すれば、12対象人物×11状況×10尺度で、判断回数が1,320と膨大なものとなるため、各被験者には2人の対象人物だけの評定に限定し、状況と尺度に関してはすべてについて評定を求めた。従って分析は、12対象人物×11状況×10尺度の平均値行列を基にして行った。

結　果

1．対象人物、状況、性別にみた甘え得点

　まず甘えを測定する尺度が一次元性をもつものかどうかをチェックするために、10×10尺度間の相関行列が計算され、主因子法による因子抽出が行われた。男女別々にこうした分析を行い、いずれの場合も第1因子の固有値が圧倒的に大きく、男子で81.1％、女子で80.4％の分散を説明し、一次元性の高いことが確認された。従って以降、この10尺度をこみにして結果をみてゆくことにする。

　対象人物、状況、性による甘え表出の差を検討するために、3要因の分散分析を行った。その結果は表Ⅲ-12-2に示したように、いずれの主効果も有意である。対象人物に関する甘えの平均得点は表Ⅲ-12-3に示したように、恋人や親友に対して甘えを強く表出している（数字が小なるほど甘えは強いように得点化している）。逆に甘えが見られない対象は、隣近所の人や親せきである。次に状況による差は表Ⅲ-12-4に示したように、必修の単位を落として進級があやぶまれた時、将来どの職業につくべきか迷っているときに甘えが最も顕著にみられる。性差に関しては、女性の方が男性よりも甘えをより強く表出していることが明らかになった。

表Ⅲ-12-2　甘え得点の分散分析表

Source	SS	df	MS	F
性（A）	69.30	1	69.30	282.41**
状況（B）	80.72	10	8.07	32.89**
対象人物（C）	289.87	11	26.35	107.39**
A×B	2.97	10	0.30	1.21
A×C	29.93	11	2.72	11.09**
B×C	254.77	110	2.32	9.44**
A×B×C	26.88	110	0.24	1.00
誤差	583.04	2376	0.25	

**$p<.01$

表Ⅲ-12-3　対象人物ごとにみた甘え得点の平均値

対象人物	甘え得点
1　父親	4.00
2　母親	4.11
3　兄弟姉妹	3.89
4　親せき	4.44
5　親友	3.74
6　恋人	3.46
7　クラブ・サークルの先輩（同性）	3.90
8　クラブ・サークルの同輩（同性）	3.90
9　学科・専攻の先輩（同性）	4.11
10　学科・専攻の同輩（同性）	3.97
11　自分の専門の教官	4.19
12　隣近所の人	4.83

表Ⅲ-12-4　状況ごとにみた甘え得点の平均値

状況	甘え得点
1　家庭内にもめごと、不和があるとき	4.05
2　家の経済状態について気になるとき	4.14
3　身体的な面や容姿について気になるとき	4.35
4　自分の性格について気になるとき	4.06
5　必修の単位を落として進級が危ぶまれたとき	3.86
6　友人といさかい（けんか、口論）をしたとき	3.97
7　異性との交際について不安があるとき	4.04
8　大学生活にはりあいがないとき	3.89
9　将来、どの職業に就くべきか、迷っているとき	3.86
10　人生いかに生きるべきか、よくわからなくなったとき	3.90
11　ある宗教の信者になるように強くすすめられているとき	4.38

　次に性×対象人物の交互作用が有意であるので、この点を明らかにするため図示したものが図Ⅲ-12-3である。男女差が顕著に見られる対象は、母親、兄弟姉妹、クラブ・サークルの同輩、自分の専門の教官であり、いずれも女性の方が甘えを強く表出している。一方、統計的に有意差のないのは、クラ

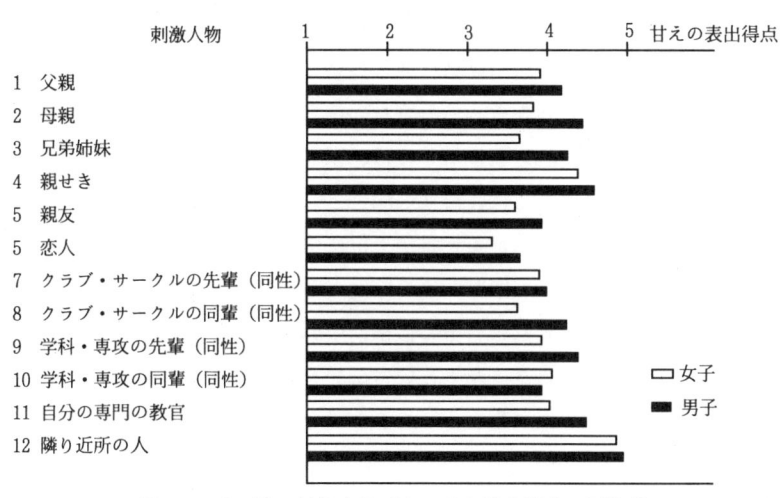

第12章　対人関係における「甘え」についての実証的研究　235

図Ⅲ-12-3　性、対象人物ごとにみた甘え得点の平均値

ブ・サークルの先輩、学科・専攻の同輩である。

また状況×対象人物の有意な交互作用が検出され、状況によっては甘えの表出の対象が異なることを示している。表Ⅲ-12-5は、各状況毎にみた甘えの表出得点を順位に直したものである。

表Ⅲ-12-5　対象人物、状況ごとにみた甘え得点の順位

対象人物	状況	1	2	3	4	5	6	7	8	9	10	11
1	父親	2	1	8	7	10	8	9	9	3	7	2
2	母親	3	3	7	8	9	9	8	10	8	9	9
3	兄弟姉妹	1	2	2	6	8	7	6	8	6	8	4
4	親せき	5	4	9	11	11	11	10	11	11	11	11
5	親友	6	7	4	2	7	1	2	2	9	2	1
6	恋人	4	5	1	1	2	2	1	1	2	1	3
7	クラブ・サークルの先輩（同性）	8	6	5	4	4	5	3	3	4	2	7
8	クラブ・サークルの同輩（同性）	9	9	2	3	3	3	4	4	7	4	8
9	学科・専攻の先輩（同性）	10	11	10	9	4	6	7	6	5	10	6
10	学科・専攻の同輩（同性）	7	8	6	5	6	3	5	5	10	5	5
11	自分の専門の教官	11	10	11	10	1	10	11	7	1	6	10
12	隣近所の人	12	12	12	12	12	12	12	12	12	12	12

これによると、父親に対して甘えが顕著に見られる状況は、家庭内にもめごと、不和があるとき、家の経済状態について気になるとき、将来どの職業につくべきか迷っているとき、ある宗教の信者になるように強くすすめられているとき、等である。母親に対しては、家庭内のもめごとや不和、家の経済状態、兄弟姉妹については、母親の場合と同じ2つの状況に加えて、身体的な面や容姿について気になるときが上位に位置する。

　親友や恋人については、家庭関係を除くあらゆる状況において甘えの表出が強くみられる。たとえば、自分の性格について気になるとき、異性との交際について不安があるとき、友人といさかいをしたとき、大学生活にはりあいがないとき、人生いかに生きるべきかよくわからなくなったとき、等である。クラブ・サークルの先輩に対しては、生き方、異性との交際、将来の職業選択に関して困った状況の時に、甘えの表出がみられる。それに対してクラブ・サークルの同輩では、身体的な面や容姿、自分の性格、友人とのいさかい、等で困っている際に甘えが表出されやすい。対象が自分の専門の教官である場合には、必修の単位を落として進級があやぶまれたとき、将来どの職業につくべきか迷っているときの2つの状況が第1位で、他の状況の順位は総じて低いのが特色である。最後に当然のことだが、隣近所の人の場合はすべての状況において最下位である。

2．状況、対象人物の因子構造

　アプリオリには7領域で困った状況を構成したのだが、果たしてその通りの構造なのだろうか。この点を明らかにするため、11×11状況間の相関行列→主因子法による因子抽出を行った。固有値の大きさの推移からみて、2因子構造であると判断し、バリマックス回転を行った。表Ⅲ-12-6がその結果である。第1因子に高い負荷を示す項目は、友人といさかいをしたとき、異性との交際について不安があるとき、必修の単位を落として進級があやぶまれたとき、等である。第2因子では、家庭内のもめごとや不和、家の経済状態に関する2状況が高い負荷量を示している。両因子に共通して高い負荷を示すのは、将来どの職業につくべきか迷っているとき、ある宗教の信者になるように強くすすめられているとき、の2項目が代表的なものである。

第12章 対人関係における「甘え」についての実証的研究　237

表Ⅲ-12-6　状況の因子構造

	状　　況	F1	F2	共通性
1	家庭内にもめごと、不和があるとき	.21	.91	.87
2	家の経済状態について気になるとき	.12	.99	.99
3	身体的な面や容姿について気になるとき	.75	.34	.68
4	自分の性格について気になるとき	.87	.41	.93
5	必修の単位を落として進級が危ぶまれたとき	.81	.03	.66
6	友人といさかい（けんか、口論）をしたとき	.93	.14	.88
7	異性との交際について不安があるとき	.89	.24	.85
8	大学生活にはりあいがないとき	.93	.15	.89
9	将来、どの職業に就くべきか、迷っているとき	.67	.49	.69
10	人生いかに生きるべきか、よくわからなくなったとき	.85	.43	.91
11	ある宗教の信者になるように強くすすめられているとき	.68	.56	.78
	因子分散	6.19	2.93	9.12

次に対象人物についての因子構造も2因子であり、そのバリマックス回転結果は表Ⅲ-12-7に示されている。第1因子に高い負荷の人物は、親友、恋人、クラブ・サークルの同輩や先輩、学科・専攻の同輩や先輩、自分の専門の教官である。第2因子を代表する人々は、父親、母親、兄弟姉妹、親せき等である。

表Ⅲ-12-7　対象人物の因子構造

	対象人物	F1	F2	共通性
1	父親	.10	.83	.70
2	母親	.29	.88	.86
3	兄弟姉妹	.30	.86	.83
4	親せき	.18	.86	.77
5	親友	.91	.18	.86
6	恋人	.77	.22	.64
7	クラブ・サークルの先輩（同性）	.93	.21	.91
8	クラブ・サークルの同輩（同性）	.90	.22	.86
9	学科・専攻の先輩（同性）	.89	.25	.85
10	学科・専攻の同輩（同性）	.87	.08	.77
11	自分の専門の教官	.59	.21	.39
12	隣近所の人	.15	.76	.60
	因子分散	5.23	3.81	9.04

考　察

　研究Ⅰにおいては、対人関係の諸次元や諸クラスターとして既に明らかにされている好意、拒絶、優越、保護、服従といったものの他に、独自の群が見出された。その1つは、意地を張る、わがままを言う、すねる、ふてくされる、といった動詞よりなるクラスターである。これは土居（1971）の指摘している甘えられない心理や甘えられないことによる被害者意識に関係している。彼の言葉によれば、「すねるのは素直に甘えられないからそうなるのであるが、しかしすねながら甘えているともいえる」（Pp.24−25）。またふてくされるというのは「すねの結果起きる現象である」（p.25）。一方、わがままを言うについては土居自身の言及はないが、木村（1972）の甘えの定義の中にみられる。すなわち甘えとは「いわばすでに相手に受け入れられ、一体化が成立している状態において……、勝手気儘なほしいままの振舞をすること」（p.149）という。木村の場合はいわば甘えの成立を前提としてわがままなふるまいが可能だというのである。土居（1975）の言うように、甘えは両価感情の原型であり、甘えと恨みとは密接な関係にある。つまり甘えは恨みに転換したり、恨みから甘えにも変化する。「甘えにせよ恨みにせよ、ダイナミックには同じ根から出発している心理であって、状況によって現われを異にするだけ」（p.177）ということになる。いずれにせよ甘えの心理と深く関係しているのである。

　第2の独自のクラスターは、負い目や負債感に関するものである。中里・田中（1973）の研究においては、引け目や負い目を感じるという動詞は優越−劣等感の因子の中に、義理があるや恩があるは甘えと依存の因子の中に、そしてすまないは憐憫−妬みの因子の中に各々吸収されており、本研究の結果とは矛盾している。すなわち彼らの研究では別個の因子に高く負荷している動詞が、本研究では同一の群を形成している。この原因として、データーの収集方法（複合刺激人物への動詞評定 vs. 動詞のグルーピング）と解析手法（因子分析 vs. 数量化第Ⅳ類）の違いがこうした差を生み出したのかもしれない。筆者らはこうした手法上の差違が主要因だとは思わないが、

Triandis, Vassilious & Nassiakou（1968）が行ったような手法で今後この点を究明してみる必要はあるだろう。すなわちいろんな役割を本研究で用いた動詞でもって被験者に評定させ、その結果を因子分析にかけ、抽出された因子にどのような動詞が高く負荷するのかを検討する必要があろう。

　だがそうした今後の課題は別にしても、本研究の結果はむしろ、安田（1974）や木村（1972）の義理についての理論的考察と一致する部分を含んでいる。中里・田中（1973）は、負い目は恩や義理とは異なる感情だと指摘している。つまり恩や義理は他者からの恩恵や好意に報いたり、応えようとするところから生じる感情であり、一方、「負い目はその種の前提はなくとも、心情的に上位にある者が下位者に向かって、"すまない"、"わるい"、"うしろめたい"と感じる仕方」(p.94)と規定している。しかし、恩・義理と負い目を別々に分離して考える彼らの立場にはわれわれは反対である。というのは恩や義理の中には、引け目や負い目といった負債感情を含んでいるように思えるからである。

　確かに恩や義理の概念には雑念とした内容を含み、その定義はやっかいなことであるが、安田（1974）は、義理とは、情緒的、個別主義的な、人間関係における倫理、規範ないし慣行であり、しかも受動的な反作用倫理と定義する。また義理の内容には何らかを「返す」という点で共通するものがあり、好意の返済ばかりでなく汚名の返済も含まれる負債の返済によって特徴づけられる。また木村（1972）によれば、義理は、人と人との間ということを最高律法とするような義務と道徳で、信頼に対する相互拘束的な呼応という。もし一方的にこうした義務を果たしえなかった場合、未済の感情や負い目の体験が生じるとするのである。このように義理と負い目は密接に関連しており、本研究の結果は安田や木村の理論的考察と一致している。

　研究Ⅱにおいては、まず甘えの表出は対象によって異なることが見出された。特に恋人に対して最も顕著に甘えを表出するという事実は、星野（1974）の指摘とも一致している。彼は「甘える」という言葉の連想を学生のサンプルに求めたところ、異性間のイメージが約3分の1にのぼったという。彼の推論によれば、甘えるということが本来別の対人関係たとえば男女

のロマンティックな関係を示す時に用いられ、それが後に母子関係に転用されたのかもしれないという。更に藤原（1978）においてもやや手法が異なるが、こうした事実と一致する結果を既に見出している。つまりいろんな役割（ex. 父が母に対して）を仮定したもとで、66の対人関係に関して「甘えたい」、「甘えられたい」の両方について、その程度を7段階で評定を求め、そして「甘えたい」と「甘えられたい」の直交座標軸上に66の対人関係の平均評定値をプロットした。その結果、甘えたいまた甘えられたい関係の典型は、婚約したもの同士や夫と妻といった男女の関係であった。

　恋人についで甘えを強く表出する対象は親友である。またクラブ・サークルの同輩や先輩に対する甘えの表出の度合いも相対的に高い。従ってこうした事実は、米山（1976）の分類でいうと、血縁的関係にあり、集団のサイズが小さい「身内」の関係よりも、非血縁的社会関係で、集団のサイズが小さい「仲間」の関係において甘えが強く見られることを示している。なお対象人物の因子分析結果においては、米山の指摘した対人関係の4つのパターンの中の2つに対応する因子を見出している。すなわち、第1因子には、親友、恋人、クラブ・サークルの同輩や先輩、学科・専攻の同輩や先輩が高く負荷し、「仲間」関係の因子と考えられ、また第2因子には、父親、母親、兄弟姉妹、親せきが高い負荷を示し、「身内」関係の因子と解釈される。

　ところで親子関係において甘えが最も顕著に見られるであろうという仮説は何故支持されなかったのであろうか。考えられる理由の1つとして、大学生というサンプル特性によるのかもしれない。年齢的には20才前後であり、従って発達心理学の知識からいっても、精神的には両親から自立している時期だといえよう。この時期はまた、友人関係の絆の方がより強く、心理的にも近いように思われる。こうしたことが仲間関係への甘えの表出をより容易にしているものと推測される。その他の理由としては、測定法に関するものが考えられる。甘えを測定するにあたって、表出の容易さを考慮して11の困った状況を設定した。その状況の内容が身内よりも仲間の方に甘えを表出しやすいように働いたのかもしれない。いずれにしても今後の課題として、測定法を改良して大学生以外の別のサンプルを取ってみる必要があるだろう。

次に注目すべき結果は、甘えの表出において性差が見られたことである。つまり男性よりも女性の方に甘えが強く見られたのである。こうした結果は、女性の甘えの方が男性のそれよりも社会的に容認されうることに起因するものと考えられる。事実、甘えとよく似た概念である依存性に関しても、女性の方が男性よりも依存性が高いことが知られており、この理由として Sears (1963) は次のように述べている。すなわち、少女の場合には、社会化の過程の中で、依存的であることを学習することがふつう前進的（progressive）であるように思われる。一方少年にとっては、依存的であることは支持されず、少女の場合のような前進的な反応形態というよりはむしろ、慢性の欲求不満に対する反応つまり抑圧的（regressive）な反応であるかのようにみられると。性差が甘えの表出にみられた背景として、社会化の過程で依存性の形成とよく似たメカニズムが働いたためであろう。

また甘えの対象への表出は一様ではなく、状況によっても異なっている。状況、対象人物の因子構造がいずれも2因子であったことを基に一般化を行うと、家庭生活で困った状況では身内に甘えを強く表出し、それ以外の個人生活を中心とした状況では仲間への甘え表出の割合が高いという傾向がみられた。

最後に今後の課題として、星野（1974）の指摘するように、幼児と成人、北に住む人と南に住む人、農民と漁民の間の比較、換言すればいろんな集団間での甘えの強弱を比較してみる必要があるように思われる。更に個人の生育史と甘えがどのように関わるのか、義理人情といった変数との関連性、また甘えたい人は甘えられることをも好むのか、あるいは可能ならば甘えの国際比較等々今後検討する課題のように思われる。

要　約

本研究は、土居健郎によって精神分析的見地から提唱された甘えの計量化をめざしたものである。研究Ⅰにおいては、甘えを測定するための一次元尺度構成に関する基礎的資料を得ること、ならびに日本人の対人関係の基本次元を明らかにすることが目的である。35名の大学生（男子16名、女子19名）

は、97の動詞を類似しているものは同一のグループに分類することが求められた。その類似性行列は林の数量化第Ⅳ類によって解析が行われた。そして次の8つの群が見出された。1．拒絶・無視、2．好意・一体感、3．優越感、4．保護、5．相手の機嫌をとること、6．甘えられないことによる被害者意識、7．負い目、8．甘え。

研究Ⅱの目的は、いかなる対象に対して、どのような状況のもとで甘えが最も表出されるのかを明らかにすることにある。286人の大学生（男子112人、女子174人）は、11の困った状況のもとで、12の対象人物に対する感情を10の甘え尺度で評定することが求められた。

主要な結果は次のとおりである。

1．両親よりもむしろ恋人や親友に対する甘えの方がより強く見られた。
2．男性よりも女性の方により多くの甘えがみられた。
3．家庭問題に関する状況では、両親や兄弟姉妹に対して甘えを最も示し、個人生活の問題に関するその他の状況では、恋人や親友に対して甘えを強く表出した。

こうした結果は、甘えとそれに関連する問題についての理論的含みから議論が行われた。

引用文献

1）土居健郎　1971　「甘え」の構造　弘文堂
2）土居健郎　1975　「甘え」雑稿　弘文堂
3）Foa, U.G.　1961 Convergences in the analysis of the structure of interpersonal behavior. *Psychological Review*, **68**, 344-353.
4）藤原武弘　1978　対人関係の認知－甘えを中心とした予備的研究－　関西社会心理学研究会7月例会発表資料
5）原ひろ子・我妻洋　1974　しつけ　弘文堂
6）星野　命　1974　「甘え」の構造再考　教育と医学, **22**（10），20-26.
7）井上忠志　1977　「世間体」の構造　日本放送出版協会
8）木村　敏　1972　人と人との間　－精神病理学的日本人論－　弘文堂
9）久世敏男・蔭山英順　1973　「困った場面」における自己開放性についての一研究　青年心理学研究会・依田新（編）　わが国における青年心理学の発展　金子書

房 Pp.151-170.
10) 中里浩明・田中國夫　1973　対人態度の感情構造に関する研究　心理学研究, **44**, 92-96.
11) Rosenberg, S., Nelson, C., & Vivekananthan, P.S. 1968 Multidimensional approach to the structure of personality impressions. *Journal of Personality and Social Psychology*, **9**, 283-294.
12) Sears, R.S. 1963 Dependency motivation. Jones, M.R. (Ed.)., *Nebraska symposium on motivation*. Lincoln: University of Nebraska Press. Pp. 25-64.
13) 祖父江孝男　1972　日本人の意識と国民性の変遷過程　飽戸弘・富永健一・祖父江孝男（編著）　変動期の日本社会　日本放送出版協会
14) 田崎篤郎　1979　日本的対人関係　年報社会心理学, **20**, 113-131.
15) 統計数理研究所国民性調査委員会　1961　日本人の国民性　至誠堂
16) 統計数理研究所国民性調査委員会　1970　第2日本人の国民性　至誠堂
17) 統計数理研究所国民性調査委員会　1975　第3日本人の国民性　至誠堂
18) Triandis, H.C., Vassiliou, V., & Nassiakou, M. 1968 Three cross-cultural studies of subjective culture. *Journal of Personality and Social Psychology*, Monograph Supplement, **8**, 1-42.
19) Wish, M., Deutsch, M., & Kaplan, S.J. 1976 Perceived dimensions of interpersonal relations. *Journal of Personality and Social Psychology*, **33**, 409-420.
20) 安田三郎　1974　続・義理について　日本社会論ノート（2）　現代社会学, **2**, 163-174.
21) 米山敏直　1976　日本人の仲間意識　講談社
22) 吉田正明・藤井和子・栗田淳子　1966a　日本人の恩意識の構造Ⅰ　心理学研究, **37**, 74-85.
23) 吉田正明・藤井和子・栗田淳子　1966b　日本人の恩意識の構造Ⅱ　心理学研究, **37**, 195-203.
24) 吉田正昭・飯吉祥代・小池都　1969　日本人の義理意識の構造　心理学評論, **12**, 108-132.

アペンディクスA

1	いいかげんにする	34	わがままを言う	67	つけあがる
2	力づける	35	心配する	68	思いあがる
3	はげます	36	注意をする	69	心がふれあえる
4	あこがれをもつ	37	あてにする	70	気をひく
5	親しみをおぼえる	38	たかる	71	認める
6	好意をもつ	39	ねだる	72	かまう
7	したう	40	すねる	73	迷惑をかける
8	すがる	41	ふてくされる	74	犠牲にする
9	助ける	42	いたわる	75	たよりにする
10	世話をやく	43	かばう	76	たのみにする
11	ためらいがある	44	たしなめる	77	遠慮する
12	愛想をつかす	45	なんとかする	78	負い目を感じる
13	そっぽをむく	46	おどける	79	引け目を感じる
14	見棄てる	47	からかう	80	もうしわけなく思う
15	かるくいなす	48	ほめる	81	すまなく思う
16	ぐちをこぼす	49	期待にこたえる	82	意をくみとる
17	見て見ぬふりをする	50	利用する	83	気があう
18	期待する	51	命令する	84	言わなくてもわかる
19	息がつまる	52	気をつかう	85	顔色をうかがう
20	後おしをする	53	ないがしろにする	86	察知する
21	とりいる	54	なじる	87	わかってやる
22	幸福にする	55	甘える	88	受け入れる
23	義理を感じる	56	慰める	89	うちとける
24	感謝する	57	なだめる	90	まかせる
25	気に入る	58	親身にする	91	信頼する
26	こだわる	59	人なつこくする	92	心をゆるす
27	うらやむ	60	守る	93	心が安らぐ
28	恩を感じる	61	めんどうをみる	94	へつらう
29	うやまう	62	大切にする	95	独占する
30	一目をおく	63	仲良くする	96	相談する
31	しかりつける	64	かわいがる	97	つくす
32	意地を張る	65	じゃけんにする		
33	いばる	66	優越感を覚える		

第13章 パーソナリティ印象形成の研究

－刺激特性次元の基礎的分析－

問　題

　Asch (1946) のパイオニア的研究以来、印象形成の研究分野にたずさわる多くの研究者達は、いくつかのパーソナリティ特性より成るセットを被験者に呈示し、仮想人物についての印象を形成させるという手法を一貫して用いてきた。そして、刺激としてのパーソナリティ特性の関数として、従属変数のパーソナリティ印象形成が如何なる影響を受けるかといった研究が数多くなされてきた。

　最近になって、印象形成に及ぼす刺激特性の要因の1つとして注目を浴びてきたのは、セット内の刺激特性相互の冗長度の問題であり、この点を最初に指摘したのは Dustin & Baldwin (1966) であろう。彼らの知見とは、孤立して評価がなされた2つの特性の平均した値は、2つをペアーにしてなされた評価よりもより極端であり、そしてこの極端化における両者の差は、2つの特性が互いに関連している時に最も大きく、関連の度合いが弱い時に最も少ないということである。すなわち、2つの刺激特性が冗長的でない程反応は極端化するのである。次に Schmidt (1969) は、冗長度の要因に情報量の要因を組合わせ、更に洗練した実験を行った。その結果、冗長度の低いセットの方がまた、情報量の大なる方が、反応としての印象の好意度－非好意度がより極端化することを見いだした。また、Rosnow, Wainer & Arms (1970)、Hendrick (1968)、Wyer (1968) も同様の問題意識に立脚した研究を行っている。

　上述した研究における刺激構成の問題は、冗長度の統制であろう。Schmidt (1969) の研究では、例をあげると、冗長度の高い組合わせとして"A氏は親切である"（これを Scmidt は termed trait 文章と呼び、特性形

容詞が文章の主語に属する）と、"A氏はY氏に対して親切にふるまう"（termed instance 文章、形容詞特性が動詞の一部として副詞的に使われる）とがペアーである。この場合には、いわば同一の言葉の繰返しによるセットの作成と大差はないと考えられる。その他考えられる方法としては、SD法による対人認知構造の因子分析的研究によって抽出された因子を参考にして、冗長度を操作するというやり方である。

　しばしば引用される対人認知の構造として、Levy & Dugan (1960) により見出された、一般的評価バイアス・有害性・信頼性・あいその良さの4因子、わが国では飯島 (1961) による、社会的活動性・魅力性・道徳性の3因子があげられるであろう。また、長島・藤原・原野・斉藤・堀 (1966) は、自我の有意味な構造を見いだすために、Self-Differential 尺度を用いた結果、中学・高校・大学生といった3つの被験者サンプルに共通して見出された、向性・強靭性・誠実性・情緒安定性の諸因子をあげている。これらはいずれも、対になった正負の形容詞より成る尺度として構成されているので、見いだされた次元を参考として刺激構成を行うことが可能である。しかし、印象形成実験の言語刺激材料としてそのまま流用できない欠点が指摘される。

　ではペアーとなっていない形容詞（性格特性）を分類するにはどのような方法が考えられるであろうか。1つは、代表的な性格特性をいくつか選択し、一対比較法により2つの特性間の類似度、関係性を被験者に評定させるという方法である。その結果すべての組合わせについての類似度行列が得られれば、Ekman (1955) や Torgerson (1958) らの方法に基づいていくつかの軸を見出すことができよう。他の方法とは、各形容詞について何らかの尺度で評定値を求め、その評定値間の相関行列→因子分析という手法であろう。前者の場合には、解析法としていろいろのものが工夫されているが、類似度行列を得るまでが大変な労力を必要とする。すなわち、刺激の数及び被験者の数が少数の場合には、さほど労力を必要としないが、多くの形容詞、多くのサンプルから求めるには、その労力と時間が驚くべきものになるという欠点が指摘される。後者の方法を採用した研究としては、青木 (1971b) のものが掲げられる。彼は各々の形容詞の望ましさについて評定値を求めること

から出発し、形容詞間の相関行列→因子分析という手続きを経て、望ましい特徴については、勤勉・粘り強い性格指向、親切・明朗性性格指向、安定・落着き性格指向、一方望ましくない特徴については、不安定・自己中心性格否定、消極・無気力性格否定、不親切・気どり性格否定といった因子を各々見いだしている。しかし結果の因子負荷量を吟味してみると、別々の次元のように思われる「親切」と「明朗性」が同一因子内に雑居しているという具合に、因子の単純構造が見いだされているとはいいがたいように思われる。そこで本研究においては、少し観点を変え、青木と同一の性格表現用語を分析してみることにした。すなわち、significant others の代表として、最も好きな同性・異性、それに対するものとして、最も嫌いな同性・異性という人物を、一種の刺激・態度対象として評定を行わしめ、尺度間（形容詞）の関係を分析するという手法を採用した。その際の評定法としては、被験者の頭の中に想起せられた人物が、印刷されている性格特性をどれ位持っているのかというあてはまりの程度を判断させることにしてみた。この評定法は、Fishbein（1963）によれば、対象に関する信念の強度（態度対象が他の対象・概念・価値・目標と関連する確率）の測定のために、Edwards & Ostrom（1971）によれば、認知構造の測定のために用いられたのと類似の手法で、いわば、刺激対象としての人物と各性格特性との主観的結合強度、あるいは、trait attribution、trait implication を測定するものさしと考えられる。

　要するに本研究の第1の目的は、上述した手法に基づき、印象形成実験において用いられる言語的材料、すなわちパーソナリティー特性の次元を見出すことにある。それによって分類された特性に関する基礎的資料が得られれば、冗長度統制の際の有用な情報を提供することになろう。

　次に、刺激構成を行うにあたって、統制されるべき重要な変数とは、社会的望ましさの要因であるが、そうした刺激統制の際に、利用可能なソースリストは Andersion（1968）によるものがある。彼は100人の男子・女子学生に7ポイントの好意度（好ましさ）尺度でもって555の形容詞を評定させた結果を掲げている。わが国における同様のソースリストとしては青木（1971a）のものがあげられる。注目されるべきは、いずれの研究において

も、被験者の性や評定対象が男性として望ましいのか、女性としてかといった点については言及されていないことであろう。

Rosnow & Arms (1968) は、写真を刺激材料として用いた印象形成実験において、何枚かの写真よりなるグループに対する好意度を分析した結果、刺激の性の関数として印象形成に差違が生ずることを見いだした。すなわち、男性・女性という被験者の性とは無関係に、刺激対象が男性よりも女性の場合に、よりきびしく査定・評価される傾向を彼らは見いだした。用いられた刺激材料が写真なので、この知見を言語刺激の場合に一般化することはできないが、これらの変数が留意されるべきものであることは疑いのない事実であろう。このような知見をふまえて、Rosnow, Wainer & Arms (1969) は Anderson の形容詞リストと同一のものを用い、そして被験者の性と刺激対象の性との要因を考慮した研究を行った。呈示された形容詞が男性あるいは女性をあらわしているという教示のもとに、男女の被験者に好意度を評定させるという方法を用いた。その結果、上述した要因の影響を受けない143のパーソナリティ特性用語があげられている。

さて印象形成の実験事態において、評定者の性と刺激対象の性という要因を組み込んだ場合に、特性自体の望ましさとは無関係に、1つ留意さるべき点があるように思われる。普通、仮想人物Aを特徴づけるいくつかの性格特性が被験者に呈示されるわけだが、その際に、被験者にとって、対象の性の関数としてAの特性を受け入れ易い場合とそうでない場合があるように思われる。たとえば、評定対象としてのAが男性の場合に、勇敢なという特性がAを特徴づけるものとして呈示されたとしよう。その時に被験者はその情報を容易に受け入れるであろう。しかし対象が女性である場合には、その特性が対象を特徴づけるものとして受け入れることが、上述の場合と比較してやや困難であることが予想される。この場合における情報の獲得しやすさといった現象は、特性自体の望ましさとは無関係に起こりうることであるように思われる。このような受け入れ易さの程度が、被験者の性と評定対象の性といった要因の影響を受けることが予想されるので、この点を日常生活において好悪感情の極端な程度の対象（最好友人・最嫌人物）を取り上げ、その対象と

特性との連合強度の測定値に基づき、特性の受け入れ易さの程度の差違を吟味してみようと思う。

要するに、パーソナリティ特性の社会的望ましさが評定者の性と評定対象の性という2要因の影響を受けるという研究に示唆をうけ、本研究においては、上述した2要因の関数として trait attribution の値が如何なる影響を受けるのかといった点を分析する。何故なら、上述した要因を組み込んだ実験を行うにあたって、刺激構成の面で留意さるべき基礎的資料が必要であるからである。いわば情報獲得→印象の好意度反応という過程で、評定者の性と評定対象の性の影響を受ける、あるいは受けないパーソナリティ特性のリストを提供することが本研究の第2の目的である。

また最後に、各々の評定が自己評定と如何なる関係がみられるのか、といった仮定された類似性の問題についても附加的な分析を試みる予定である。

方　　法

被験者は男子学生30人、女子学生50人。評定対象として選ばれたのは、最も好きな同性・最も好きな異性・最も嫌いな同性・最も嫌いな異性、それに自分自身である。

用いられた測度は、青木（1971a）が個人的望ましさの因子分析を行った、望ましい性格表現用語28個、望ましくない性格表現用語28個に基づくものである。具体的な性格特性用語は結果の表に記載されている。これらの特性は、いずれも、非常に望ましい・非常に望ましくないという評定尺度値を持ち、その値はほぼ同じ程度である。青木（1961a）は、意味内容を考慮した結果、455語にわたる形容詞を10のカテゴリーに分類した。その資料を基に、青木（1961b）は、10のカテゴリーの中からいくつかづつの形容詞を選び出す作業を行った。　従ってこの研究で用いられた特性は、いわば代表的な性格特性用語と考えられよう。

教示は以下の如く行った。「まず最も好きな同性の友人を1人頭の中に描いて下さい。そしてその人のイニシャルで結構ですから、調査票のカッコの中に記入して下さい。そこでその友人がどんな性格の人かを思い浮かべなが

ら、調査票に印刷されている性格特性（形容詞）がその人にどれ位あてはまるかを推測してみて下さい。あまり深く考えずに直観的に判断を下して下さい。」

あてはまりの程度は、非常に・多分・どちらかといえば（あてはまる）から、どちらともいえないを経て、どちらかといえば・多分・非常に（あてはまらない）の7段階とした。上述の順序に従い7点から1点の得点を与えた。

ここで男女いずれも、最好同性及び異性が評定対象の時には、ポジティブな属性だけを、また最嫌同性・異性の際にはネガティブな属性についてだけの評定を、加えて自分自身が評定対象の時には、ポジティブ・ネガティブのいずれの属性についても評定を行わしめた。

結 果 と 考 察

1. 対人認知の構造

被験者が女性の場合で、評定対象が最好同性・異性、最嫌同性・異性の4つのデーターについて別々に、28変量間の偏差積相関が求められた。そしてその相関行列に主因子法が適用され、8つの因子が抽出された。更にバリマックス法による直交回転が行われた。ここでは女性の被験者についてのデーター結果を中心に分析してゆく。というのは、被験者数は女性の場合でも決して多いとは言えないが、男子の被験者数は更に少ない30人なので、参考程度に触れることにする。

まず望ましい特性に関してであるが、評定対象が最好同性と異性の場合に、共通して同一因子内に高い負荷を示すものをまとめてみると表Ⅲ-13-1の如くなる。この結果がもたらす知見とは、まず対人認知における主要な次元とは、思いやりのある・親切なという特性で表される「対人的誠実性」の因子、明るい・快活なで示される「明朗性」の因子、勇かんな・闘志のあるといった特性よりなる「強靱性」の因子、冷静な・落着きのあるといった特性がクラスターを成している「情緒安定性」の因子と、各々命名されるものである。

なお表中の特性の後に書かれてあるカッコ内の数字は、青木（1971a）による主観的な分離のカテゴリー番号である。それ故同じ数字は同一のカテゴ

表Ⅲ-13-1 望ましい特性の主要な因子負荷量

評定者の性			女	性	
評定対象の性 性格特性		因子番号	最好同性	因子番号	最好異性
思いやりのある (2)		F1	.843	F2	.753
親切な (2)			.775		.699
人あたりのよい (1)			.731		.827
温厚な (2)			.676		.694
人づき合いのよい (1)			.460		.616
円満な (2)			.382		.603
寄与率			12.48%		13.28%
明るい (1)		F2	−.900	F4	.854
快活な (1)			−.875		.722
陽気な (1)			−.830		.887
寄与率			11.34%		9.02%
勇かんな (6)		F3	.902	F3	.570
エネルギッシュな (5)			.697		.707
闘志のある (6)			.680		.721
気概のある (6)			.547		.712
肝の座った (6)			.672		.382
寄与率			10.96%		13.26%
冷静な (3)		F4	−.721	F1	.819
沈着な (3)			−.597		.618
落着きのある (3)			−.889		.707
寛大な (2)			−.496		.697
安定した (3)			−.591		.645
寄与率			10.79%		16.60%

リーに分類された性格特性といえる。この青木の分類と本研究の結果とを比較してみると、両者にかなりの一致が見られ、彼の分類が妥当性を持つことを示している。ただ対人的誠実性の因子に高い負荷を示した、人あたりのよい・人づき合いのよいという特性に関しては、男子の被験者について、直接バリマックス法による因子分析結果から、これらの特性が明朗性の因子内で高い負荷を示す結果が得られた。従ってこれら2特性は、対人的誠実性と明朗性の2因子にまたがる意味内容をもつものかもしれない。同様に、評定対象が異性の時にのみ、明朗性と強靱性の因子に分類されていた諸特性が、同

一因子内で高い負荷量をもつという結果が得られたが、このことは、斜交解の適用も含めて両因子間の関係を更に吟味する必要があるように思われる。

また以上指摘した特性以外のものを見ていくと、同性が評定対象の場合に、第5因子に、努力する・まじめ・きちょうめんが、第6因子に、がまん強い・手堅い・ねばり強いが、第7因子に、正直・いい加減にしないが各々高い負荷量を示している。また異性については、注意深い・がまん強いが情緒安定性の因子に高い負荷量を示し、ねばり強い・努力するが強靭性の因子内に吸収され、その他第5因子に、まじめ・手堅いが高い負荷を示している。

望ましくない特性に関して見出された共通の因子は次の如くなる。なまける・中途半端ななどに代表される「持続性欠如」と命名される因子、馬力のない・無気力なによって示される「意欲性欠如」の因子、くよくよする・引込思案などの特性より成る「小心性」の因子、不人情・薄情なに高い負荷量を示す「冷淡性」の因子、そして、ひねくれ・こむつかしいといった特性に代表される「自己中心性」の因子の5つである（表Ⅲ-13-2参照）。ただ持続性欠如と意欲性欠如の因子は、評定対象が異性の時に同一の因子としてまとまって抽出されているので、両者合わせて1つの因子と考える方が適切なようにも思える。

その他の特性については、同性の場合に、気まぐれなが第1因子（持続性欠如）に、知ったかぶりが第3因子（自己中心性）に吸収され、気どる・度量の狭いが第6因子に、附和雷同・落着きのないが第7因子に、軽率な・見栄をはるが第8因子に各々高い負荷を示している。一方異性の場合では、附和雷同が第1因子（持続性欠如）に、度量の狭いが第5因子（自己中心性）の中に吸収され、第6因子に軽率な・落着きのない・知ったかぶり、第6因子に見栄をはる・きどるが、そして第7因子に気まぐれなが高い負荷を示している。

以上の諸結果から、被験者が女性の場合には、表Ⅲ-13-1、Ⅲ-13-2で分類された性格特性でもって、刺激構成の冗長度を統制することが推奨される。評定対象の性とは無関係に安定して抽出された因子構造であると考えられるからである。また青木（1971b）の結果よりもはるかに単純構造が得られて

表Ⅲ-13-2 望ましくない特性の主要な因子負荷量

評定者の性			女	性	
評定対象の性 性格特性		因子番号	最嫌同性	因子番号	最嫌異性
なまける	(5')	F1	.834	F1	.733
中途半端な	(4')		.686		.757
忍耐力のない	(5')		.686		.710
いい加減な	(4')		.680		.606
根気のない	(5')		.678		.587
寄与率			13.56%		16.74%
馬力のない	(5')	F4	.789	F1	.582
実行力のない	(5')		.707		.589
無気力な	(5')		.428		.706
寄与率			8.59%		16.74%
くよくよする	(1')	F2	.837	F2	−.700
気の小さい	(6')		.739		−.535
しりごみする	(6')		.706		−.695
引込思案	(6')		.690		−.756
悲観的	(1')		.478		−.791
寄与率			12.39%		13.37%
不人情	(2')	F5	.722	F3	.876
薄情な	(2')		.802		.858
冷淡な	(2')		.359		.760
意地悪な	(2')		.463		.725
寄与率			7.80%		12.53%
こむつかしい	(1')	F3	.767	F5	.390
ひねくれ	(3')		.617		.824
意固地	(9')		.393		.706
寄与率			9.85%		8.76%

いることから、trait attribution 尺度による因子分析が、特性を分類するにあたって充分実用性に耐えうるものであることを示している。

しかし更に別の手法によって trait attribution 尺度による分類の妥当性をチェックする必要があろう。考えられるエコノミカルな手法としては、評定対象をもっと増加させ（例えば、有名な人物・自分の先生・最近知り合った友人といった刺激を30から40くらいに）、形容詞のリストを50から100位呈

示する。そして当該の刺激対象が呈示された特性を保持していると思うか否かという1－0反応を基に、特性の同時生起率のマトリックスを求めるということも可能であろう。また、クラスタリングの手法と類似しているが、被験者にまず与えられた特性を類似によっていくつかの群にグルーピングさせ、更に群間の類似性によって分類する作業を繰り返させることによって、最終的には2つの群にグルーピングさせるという方法も考えられている（Sherman, 1972）。このように、階層的に分類せられた作業結果を基に、特性間の類似性を算出する方法などが考えられる。

2．被験者の性と評定対象の性との関係

表Ⅲ-13-3は望ましい性格特性についての trait attribution の平均値、標準偏差を示している。また評定者の性と評定対象の性で2要因の分散分析結果が表の右端に記載されている。また各因子による差違が見られるか否かをグローバルに吟味し易いように、因子分析結果に基づき分類された特性の各因子毎の平均値が図Ⅲ-13-1に示されている。

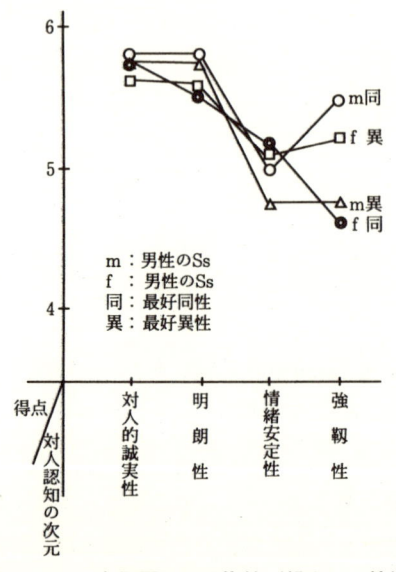

図Ⅲ-13-1　各要因別の平均値（望ましい特性）

第13章　パーソナリティ印象形成の研究　255

表Ⅲ-13-3　望ましい特性についてのattribution得点の平均・標準偏差

性格特性 \ 評定者の性 / 評定対象の性 / 平均・標準偏差	女性 最好同性 平均	標準偏差	女性 最好異性 平均	標準偏差	男性 最好同性 平均	標準偏差	男性 最好異性 平均	標準偏差	検定結果 評定者の性	検定結果 評定対象の性	交互作用
1. 思いやりのある	5.94	0.97	5.98	1.39	6.00	0.89	6.17	1.21			
2. 親切な	6.04	0.98	5.76	1.29	6.10	0.87	6.20	1.05			
3. 人あたりのよい	5.74	1.45	5.78	1.51	5.83	1.32	5.60	1.47			
4. 温厚な	5.76	1.23	5.70	1.36	5.40	1.86	5.80	1.47			
5. 人づき合いのよい	5.88	1.34	5.86	1.20	6.27	0.85	5.77	1.15			
6. 円満な	5.34	1.35	5.32	1.38	5.40	1.80	5.27	1.77			
7. 明るい	5.76	1.26	5.74	1.16	5.90	1.62	5.87	1.43			
8. 快活な	5.48	1.47	5.72	1.30	5.93	1.39	5.90	1.54			
9. 陽気な	5.36	1.69	5.56	1.24	5.63	1.60	5.47	1.75			
10. 勇かんな	4.34	1.53	5.22	1.30	5.40	1.54	4.07	1.24			$p<.01$
11. エネルギッシュな	4.82	1.51	5.70	1.24	5.60	1.65	5.23	1.56			$p<.01$
12. 闘志のある	4.74	1.48	5.36	1.43	5.60	1.58	5.07	1.29			$p<.05$
13. 気概のある	4.96	1.44	5.48	1.39	5.53	1.48	5.20	1.35			$p<.10$
14. 肝の坐った	4.58	1.43	5.18	1.48	5.03	1.78	4.13	1.77			$p<.01$
15. 冷静な	5.00	1.48	5.10	1.54	4.47	1.75	4.50	1.50	$p<.05$		
16. 沈着な	4.52	1.68	4.90	1.60	4.63	1.54	4.43	1.52			
17. 落着きのある	5.24	1.48	5.14	1.60	4.83	1.70	4.90	1.45			
18. 寛大な	5.52	1.25	5.58	1.31	5.70	1.37	5.17	1.46			
19. 安定した	5.00	1.43	4.96	1.48	5.07	1.53	4.57	1.36			
20. 努力する	5.38	1.38	5.68	1.46	5.73	1.46	5.73	1.39			
21. まじめ	5.18	1.28	5.30	1.50	5.47	1.57	5.70	1.39			
22. きちょうめん	5.12	1.52	5.30	1.65	5.07	1.73	5.07	1.61			
23. がまん強い	5.38	1.47	5.44	1.51	4.87	1.67	4.73	1.48	$p<.05$		
24. 手堅い	4.74	1.38	5.14	1.18	4.87	1.65	4.33	1.56			$p<.05$
25. ねばり強い	5.14	1.51	5.40	1.48	5.13	1.45	5.00	1.48			
26. 正直	5.90	1.06	5.60	1.37	6.03	1.05	6.23	1.17	$p<.10$		
27. いい加減にしない	5.34	1.49	5.22	1.78	5.70	1.22	5.50	1.61			
28. 注意深い	4.92	1.28	5.06	1.43	4.93	1.44	4.63	1.56			

全体的に見るならば、強靱性の因子を除き、いずれの因子においても、評定者の性・対象の性による差は見られない。強靱性因子の場合には、対象が男性の場合に attribution の値が高く、女性の場合に低いという結果が現れている。この点は表Ⅲ-13-3において強靱性因子とみなされる各特性において、交互作用の有意差が検出されていることと軌を一にしている。従って強靱性の因子とみなされる特性は、対象の性が男性か女性かによって影響を受け易いので、印象形成実験において性の要因を組み込む時には留意する必要があろう。

　個別的に各特性を吟味していくと、冷静な・がまん強いは、評定者が女性の場合に、それらの特性によって対象を特徴づける程度が高いといえよう。その逆の傾向が見られるのは、正直という特性である。また手堅いは強靱性の因子と同様に、対象が男性の場合に attribution の値が高くなっている。

　一方望ましくない特性の結果は表Ⅲ-13-4に示され、因子毎の差を考察するために図Ⅲ-13-2が作成された。まず全体的にみると、各因子とは無関係に、評定対象が男性女性であろうとも、同性を見る目はほぼ同一といえよう。しかし異性を見る場合には評定者による差違が見られる。特に持続性欠如と意欲性欠如の両因子については、女→男の方が男→女の場合よりも attribution 得点が高い。このことは表Ⅲ-13-4の検定結果において、これらの因子に含まれる特性に交互作用が検出されている事実に裏付けられている。また評定者の性による差が出たものとしては、なまける・馬力のない・ひねくれ・気まぐれなどといった特性で、その平均値は男性よりも女性の方が高い。一方評定対象の性の要因の影響を受けるのは、意地悪な・知ったかぶりであり、特に対象が同性の場合にそういう特性をもっているとみなしている。また、有意差はないが同様の傾向が見られる特性としては、気どる・見栄をはるなどがあげられる。

　次に trait attribution の値の意味を個人的望ましさとの関係において分析してみよう。この点を吟味するために、本研究で得られた trait attribution の平均値と、青木（1971a）の望ましさの評定の中央値との相関を、被験者の性毎に、評定対象毎に算出してみた。ピアソン式による両者の相関係

表Ⅲ-13-4　望ましくない特性についてのattribution得点の平均・標準偏差

性格特性	評定者の性 評定対象の性 平均・標準偏差	女性 最嫌同性 平均	標準偏差	最嫌異性 平均	標準偏差	男性 最嫌同性 平均	標準偏差	最嫌異性 平均	標準偏差	検定結果 評定者の性	評定対象の性	交互作用
1. なまける		4.34	1.96	4.66	1.75	4.27	1.98	3.10	1.94	$p<.01$		$p<.05$
2. 中途半端な		4.42	1.79	4.74	1.75	4.47	1.86	3.70	1.99			$p<.10$
3. 忍耐力のない		4.24	1.53	4.52	1.93	4.70	1.57	3.23	1.76		$p<.05$	$p<.01$
4. いい加減な		4.82	1.95	5.02	1.78	5.10	1.81	4.37	2.03			
5. 根気のない		4.04	1.46	4.64	1.91	4.00	1.83	3.57	1.73	$p<.10$		$p<.10$
6. 馬力のない		3.86	1.61	4.62	1.90	3.77	1.96	3.47	1.84	$p<.05$		$p<.10$
7. 実行力のない		3.82	1.73	4.44	1.82	3.83	2.02	3.83	2.05			
8. 無気力な		3.68	1.82	4.38	2.00	3.80	1.83	3.33	2.04			$p<.10$
9. くよくよする		4.18	1.89	4.40	1.93	3.73	1.61	4.13	2.16			
10. 気の小さい		3.96	1.94	5.08	1.87	4.77	1.75	4.47	1.88			$p<.05$
11. しりごみする		3.58	1.80	3.58	1.91	3.63	2.01	3.63	2.04			
12. 引込思案		2.96	1.87	3.52	1.75	3.17	1.73	3.60	1.98			
13. 悲観的		4.16	1.90	4.26	1.99	3.97	1.87	3.60	1.84			
14. 不人情		4.80	1.56	4.84	1.84	4.67	1.99	4.50	1.82			
15. 薄情な		4.88	1.52	4.80	1.65	4.93	1.67	4.80	1.83			
16. 冷淡な		4.66	1.53	4.66	1.97	4.53	2.17	5.00	1.88			
17. 意地悪な		5.32	1.49	4.60	1.61	5.00	1.84	4.37	1.92		$p<.05$	
18. こむつかしい		4.82	1.88	5.16	1.84	5.10	1.99	4.87	1.73			
19. ひねくれ		5.22	1.58	5.40	1.39	4.93	1.79	4.50	1.98	$p<.05$		
20. 意固地		4.90	1.54	5.36	1.51	4.67	1.87	4.77	1.82			
21. 気まぐれな		5.36	1.66	5.38	1.50	4.77	1.98	4.50	1.84	$p<.01$		
22. 知ったかぶり		5.60	1.51	4.92	1.70	5.67	1.54	4.63	1.82		$p<.01$	
23. 気どる		5.48	1.78	5.46	1.55	5.80	1.60	4.83	2.00		$p<.10$	$p<.10$
24. 度量の狭い		4.74	1.59	4.70	1.80	4.80	1.97	4.53	1.73			
25. 附和雷同		4.68	1.87	4.46	1.89	4.77	1.65	4.53	2.00			
26. 落着きのない		4.28	1.80	4.68	1.90	4.63	1.62	4.27	2.08			
27. 軽卒な		4.86	1.69	4.92	1.56	4.43	1.71	3.93	1.75	$p<.01$		
28. 見栄をはる		5.60	1.60	5.32	1.59	5.70	1.57	5.03	1.72		$p<.10$	

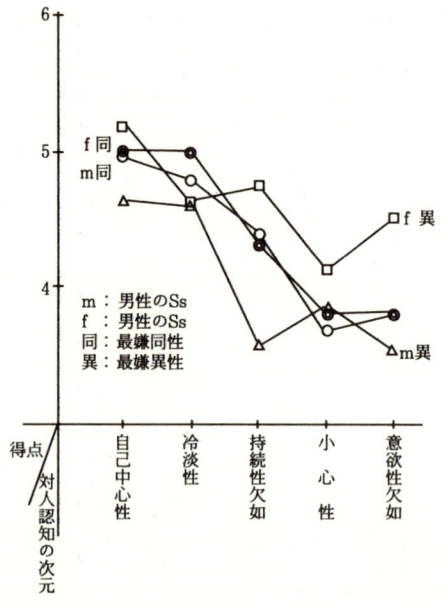

図Ⅲ-13-2　各要因別の平均値（望ましくない特性）

数は表Ⅲ-13-5に示す如く、有意な相関が多く見られている。青木の研究においては、望ましくない特性ほど高得点が、逆に望ましい特性ほど低い得点が与えられている。従って望ましい特性における trait attribution と個人的望ましさの間に得られた逆相関の意味は次のようになる。すなわち、被験者が所与の特性で最好同性・異性を特徴づける程度が強ければ強いほど、個人的望ましさの度合が大であり、逆にあてはまりの強さが弱いものほど、個人的に望ましくない特性であるといえる。つまり、望ましいとされている特性ほど自分の評定対象がそれらを保持していると思っているし、逆もまたし

表Ⅲ-13-5　望ましさの値と attribution 値との相関係数

評定者の性	女性			男性		
評定対象	同性	異性	自分自身	同性	異性	自分自身
望ましい性格特性	-.561**	-.501**	-.254	-.312	-.524**	-.425*
望ましくない性格特性	.583**	.358	-.703***	.575*	.333	-.683***

*$p<.05$　**$p<.01$　***$p<.001$

かりである。一方望ましくない特性については、正の相関が得られている。この意味は、嫌いな評定対象が所与の特性を保持しているという度合が大であるほど、個人的に望ましくない特性であるということである。従ってtrait attribution の値が望ましさの間接的な指標であると解釈し、上述した結果を再吟味することも可能であろう。また、態度対象に対する好意度は、各特性の望ましさに trait attribution の値をかけ合わせたものの合計であることが Fishbein（1963）によって指摘されているので、望ましさそれ自身あるいは attribution 値それ自身で、対象に対する好意度の間接的指標として代用することも可能であろう。

3．自己評価との関係で

　自分自身に対する attribution 値の平均・標準偏差は表Ⅲ-13-6に示され、被験者間の差の t 検定結果が表の右端に書かれている。望ましい特性に関しては、女性よりも男性の方が所与の特性が自分自身にあてはまるとする程度が高い。一方望ましくない特性については、男性よりも女性の被験者の平均値が高い。このことは、先に述べた trait attribution の意味を考え合わせると、女性の方が男性よりも自己評価が低いことを示しているといえよう。
　次に自分自身についての各特性への反応を被験者毎に合計し、その合計点と最好同性・異性に対する各特性毎の attribution 得点との相関を見たのが表Ⅲ-13-7である。この結果を見ると、男性の場合に、自己評価総得点と各特性との間に有意な相関が数多く見いだされている。このことは、男性の場合には、自己評価点によって各評定対象への反応が影響を受けている。逆に言えば、対象への反応が自己評価に影響を及ぼしているといえる。この点を更に詳細に吟味するために、個々の特性間の相関、すなわち、自分自身の attribution 反応と、各評定対象の attribution 反応との相関係数を算出してみた。このことは、仮定された類似性の傾向を考察することである。結果は表Ⅲ-13-8に示されているが、被験者の性・対象の性及び各次元毎による差違によって相関の値を説明することは困難なようである。

表Ⅲ-13-6-1 自分自身のattribution得点の平均・標準偏差（望ましい特性）

性格特性	評定者の性 平均・標準偏差	女性 平均	標準偏差	男性 平均	標準偏差	検定結果
1. 思いやりのある		5.06	1.39	5.43	1.61	
2. 親切な		4.98	1.24	5.30	1.30	
3. 人あたりのよい		4.78	1.32	5.03	1.82	
4. 温厚な		4.74	1.34	5.47	1.77	$p<.10$
5. 人づき合いのよい		4.98	1.19	5.10	1.76	
6. 円満な		4.68	1.38	5.27	1.77	
7. 明るい		4.94	1.29	4.93	1.71	
8. 快活な		4.52	1.22	5.00	1.67	
9. 陽気な		4.80	1.28	5.13	1.52	
10. 勇かんな		3.68	1.33	4.33	1.65	
11. エネルギッシュな		4.20	1.25	4.73	1.77	
12. 闘志のある		4.02	1.27	4.63	1.84	$p<.10$
13. 気概のある		4.06	1.35	5.03	1.43	$p<.01$
14. 肝の坐った		3.70	1.47	4.33	1.72	$p<.10$
15. 冷静な		3.80	1.48	4.63	1.56	$p<.05$
16. 沈着な		4.08	1.51	4.37	1.66	
17. 落着きのある		3.76	1.42	4.50	1.50	$p<.05$
18. 寛大な		3.94	1.42	5.50	1.34	$p<.001$
19. 安定した		3.86	1.28	4.07	1.81	
20. 努力する		4.06	1.39	4.77	1.59	$p<.05$
21. まじめ		4.58	1.55	5.43	1.65	$p<.05$
22. きちょうめん		4.46	1.50	4.60	1.89	
23. がまん強い		4.22	1.45	4.83	1.81	
24. 手堅い		4.22	1.43	4.57	1.82	
25. ねばり強い		3.82	1.60	4.53	1.67	$p<.10$
26. 正直		5.10	1.42	5.40	1.74	
27. いい加減にしない		4.40	1.37	4.87	1.65	
28. 注意深い		4.30	1.57	4.77	1.50	

表Ⅲ-13-6-2 自分自身のattribution得点の平均・標準偏差(望ましくない特性)

性格特性 \ 評定者の性 平均・標準偏差	女性 平均	女性 標準偏差	男性 平均	男性 標準偏差	検定結果
1. なまける	3.82	1.31	3.63	1.62	
2. 中途半端な	3.74	1.41	3.33	1.85	
3. 忍耐力のない	3.88	1.47	3.50	1.77	
4. いい加減な	3.34	1.18	2.83	1.39	$p<.10$
5. 根気のない	4.10	1.58	3.40	1.74	$p<.10$
6. 馬力のない	3.86	1.28	3.17	1.77	$p<.10$
7. 実行力のない	4.30	1.51	3.47	1.78	$p<.05$
8. 無気力な	3.74	1.36	3.43	1.75	
9. くよくよする	4.62	1.61	3.87	1.86	$p<.10$
10. 気の小さい	4.44	1.68	3.73	1.88	$p<.10$
11. しりごみする	4.44	1.37	3.47	1.88	$p<.05$
12. 引込思案	4.28	1.50	3.63	1.82	$p<.10$
13. 悲観的	3.76	1.68	2.97	1.78	$p<.10$
14. 不人情	2.90	1.46	2.60	1.72	
15. 薄情な	3.02	1.42	2.80	1.83	
16. 冷淡な	3.38	1.40	2.97	1.82	
17. 意地悪な	3.26	1.45	2.63	1.56	$p<.10$
18. こむつかしい	3.64	1.48	3.67	1.96	
19. ひねくれ	3.62	1.74	3.03	1.68	
20. 意固地	4.06	1.24	3.60	1.63	
21. 気まぐれな	4.64	1.56	3.67	1.83	$p<.05$
22. 知ったかぶり	3.60	1.39	3.00	1.18	$p<.10$
23. 気どる	3.44	1.28	3.10	1.25	
24. 度量の狭い	4.34	1.34	3.17	1.83	$p<.01$
25. 附和雷同	3.48	1.47	3.17	1.73	
26. 落着きのない	3.78	1.39	3.87	1.75	
27. 軽卒な	3.66	1.46	3.57	1.73	
28. 見栄をはる	3.94	1.35	3.07	1.46	$p<.01$

表Ⅲ-13-7 自己評価総得点と各評定対象の attribution 得点との相関係数

性格特性 \ 評定者の性 / 評定対象の性	女性 最好同性	女性 最好異性	男性 最好同性	男性 最好異性
1. 思いやりのある	.138	.183	.389*	.307
2. 親切な	.195	.119	.401*	.361*
3. 人あたりのよい	-.033	.035	.416*	.648***
4. 温厚な	.283*	.325*	.299	.583***
5. 人づき合いのよい	.012	.236	.340	.316
6. 円満な	.259	.243	.437*	.633***
7. 明るい	.054	.058	.496**	.333
8. 快活な	.092	-.014	.395*	.347
9. 陽気な	.013	-.043	.455*	.483**
10. 勇かんな	-.043	.261	.455*	-.029
11. エネルギッシュな	.090	.059	.570**	.099
12. 闘志のある	.166	-.046	.623***	-.028
13. 気概のある	.191	.157	.321	.430*
14. 肝の坐った	.152	.136	.550**	.033
15. 冷静な	.025	.045	.286	.597***
16. 沈着な	-.169	-.013	.245	.464**
17. 落着きのある	-.016	.050	.188	.407*
18. 寛大な	.001	-.048	.399*	.153
19. 安定した	.160	.166	.453*	.315
20. 努力する	.057	.135	.320	.343
21. まじめ	.146	.288*	.072	.301
22. きちょうめん	.203	.001	-.075	.318
23. がまん強い	.193	.136	.523**	.454*
24. 手堅い	.091	-.053	.318	.519**
25. ねばり強い	.210	.145	.544**	.519**
26. 正直	.044	.197	.392*	.036
27. いい加減にしない	-.043	-.147	.017	.331
28. 注意深い	-.047	-.002	.397*	.382*

*$p<.05$ **$p<.01$ ***$p<.001$

表Ⅲ-13-8　自分自身の attribution 得点と各評定対象の attribution 得点との相関係数

性格特性	評定者の性	女性		男性	
	評定対象の性	最好同性	最好異性	最好同性	最好異性
1. 思いやりのある		.181	.341*	.395*	.183
2. 親切な		.429**	.347*	.506**	.448*
3. 人あたりのよい		.357*	.156	.545**	.466**
4. 温厚な		.462***	.407**	-.088	.357
5. 人づき合いのよい		.275	.390**	.360	.343
6. 円満な		.359*	.265	.260	.723***
7. 明るい		.411**	.310*	.527**	.228
8. 快活な		.162	.029	.301	.454*
9. 陽気な		.227	.071	.376*	.441*
10. 勇かんな		.308*	.364**	.417*	-.254
11. エネルギッシュな		.444**	.091	.570**	.119
12. 闘志のある		.300*	.106	.489**	.039
13. 気概のある		.238	.305*	.324	.239
14. 肝の坐った		-.003	.199	.541**	-.234
15. 冷静な		.009	.324	.173	.349
16. 沈着な		-.001	.061	.365*	.557**
17. 落着きのある		-.087	.296*	.020	.223
18. 寛大な		-.050	.255	.319	.179
19. 安定した		.131	.534***	.325	.392*
20. 努力する		-.022	.403**	.406*	.093
21. まじめ		.291*	.493***	.116	.274
22. きちょうめん		.274	.017	.161	.271
23. がまん強い		.243	.001	.379*	.406*
24. 手堅い		.069	.123	.270	.404*
25. ねばり強い		.218	-.003	.473**	.266
26. 正直		.232	.401**	.248	-.111
27. いい加減にしない		-.155	.120	.196	.340
28. 注意深い		-.018	.331*	.148	.420*

*$p<.05$　**$p<.01$　***$p<.001$

要　約

　本研究の目的は、対人認知の構造及び評定者の性と評定対象の性の関数としての trait attribution 得点を探求することにある。また附加的な目的として、最好同性・異性の友人と被験者の自己評価との間に見られる仮定された類似性も吟味する。

　trait attribution 得点は、所与のパーソナリティ特性が最好友人、最嫌人物にあてはまる程度を被験者に評定させることによって測定された。青木 (1971b) のパーソナリティ特性が、attribution に関して、7ポイント尺度で50人の女性と30人の男性の被験者によって評定された。その際彼らは、同性と異性の最好友人及び同性と異性の最嫌人物で代表される評定対象を評定するように求められた。

　主要な結果は次の如くである。

1) attribution 得点間の相関行列に主因子法が適用され、更にバリマックス法によって回転された。全分散のほぼ50%を説明する主要な因子は以下の如くなる。望ましい特性については、対人的誠実性・明朗性・強靱性・情緒安定性と名づけられる4因子。一方望ましくない特性については、持続性欠如・意欲性欠如・自己中心性・冷淡性・小心性と命名される5因子である。

　　また青木 (1971a) による主観的分類と本研究の因子分析結果による特性の分類との間には、かなりの対応が見出されたので、この手法によるパーソナリティ特性の分類が妥当性のあることが示されたと言えよう。

2) attribution 得点は、被験者の性と評定対象の性に帰因されるいくつかの差違が見出された。特に強靱性の因子に高い負荷量を示す望ましい特性の多くは、被験者の性と評定対象の性の間に有意な交互作用が検出された。一方持続性欠如と意欲性欠如に分類された望ましくない特性の多くも、上述した2要因の影響を受けることが見出された。

3) 仮定された類似性が多くの特性に関して見られた。しかし、被験者の性・評定対象の性・対人認知の因子などによってこの結果を説明することは困

難であった。

引用文献

1) Anderson, N.H. 1968 Likableness ratings of 555 personality-traits words. *Journal of Personality and Social Psychology*, **9**, 272-279.
2) 青木孝悦 1971a 性格表現用語の心理－辞典的研究－ 455語の選択、分類および望ましさの評定 心理学研究, **42**, 1-13.
3) 青木孝悦 1971b 性格表現用語における個人的望ましさの因子分析的研究 心理学研究, **42**, 87-91.
4) Asch, S.E. 1946 Forming impressions of personality. *Journal of Abnormal and Social Psychology*, **41**, 258-290.
5) Dustin, D.S., & Baldwin, P.M. 1966 Redundancy in impression formation. *Journal of Personality and Social Psychology*, **3**, 500-506.
6) Edwards, J.D., & Ostorm, T.M. 1971 Cognitive structure of neutral attitudes. *Journal of Experimental Social Psychology*, **7**, 36-47.
7) Ekman, G. 1955 Dimension of emotion. *Acta Psychology*, **11**, 279-288.
8) Fishbein, M. 1963 An investigation of the relationships between beliefs about an object and the attitude toward that object. *Human Relations*, **16**, 233-239.
9) Hendrick, C. 1968 Averaging vs summation in impression formation. *Perceptual and Motor Skills*, **27**, 1295-1302.
10) 飯島婦佐子 1961 対人認知構造についての因子分析的研究 日本心理学会第25回大会発表論文集, 455.
11) Levy, L.H., & Dugan, R.D. 1960 A constant error approach to the study of dimensions of social perception. *Journal of Abnormal and Social Psychology*, **61**, 21-24.
12) 長島貞夫・藤原喜悦・原野広太郎・斉藤耕二・堀洋道 1966 自我と適応の関係についての研究（１）－Self-Differential 作成の試み－ 東京教育大学紀要, **12**, 85－106.
13) Rosnow, R.L., & Arms, R.L. 1968 Adding versus average as a stimulus-combination rule in forming impressions of groups. *Journal of Personality and Social Psychology*, **10**, 363-369.
14) Rosnow, R.L., Wainer, H., & Arms, R.L. 1969 Anderson's personality-trait

words rated by men and women as a functions of stimulus sex. *Psychological Reports*, **24**, 787-790.
15) Rosnow, R.L., Wainer, H., & Arms, R.L. 1970 Personality and group impression formation as a function of the amount of overlap in evaluative meaning of the stimulus elements. *Sociometry*, **33**, 472-484.
16) Schmidt, C.F. 1969 Personality impression formation and length of set. *Journal of Personality and Social Psychology*, **12**, 6-11.
17) Sherman, R.C. 1972 Individual differences in perceived trait relationships as a function of dimensional salience. *Multivariate Behavioral Research.*, **7**, 109-129.
18) Torgerson, W.S. 1958 *Theory and methods of scaling*. New York: Wiley.
19) Wyer, R.S. 1968 The effects of information redundancy on evaluation of social stimuli. *Psychonomic Science.*, **13**, 245-246.

付記 本稿作成にあたり御教示をいただきました小川一夫教授に記して感謝の意を表します。また本研究におけるデーターの計算処理は、広大計算センター TOSBAC-3400の利用で行われた。

第14章 日本版 Love−Liking 尺度の検討

問題

「今までに、愛あるいは愛情に関する限り、心理学者たちは自分たちの使命を果たしてこなかった。愛について私たちが知っているごくわずかのことも単なる観察をしのぐものでもないし、また私たちが書いたごくわずかのことでも、詩や小説ではもっとうまく書かれている」と指摘したのは Harlow であり、1958年のことである。

ところが、人間の行動や相互作用を考えるうえで愛は重要なテーマであるにもかかわらず、愛についての組織的研究が今までにあまりなされてこなかった。広くゆきわたっているタブーがこうしたことの主要な理由のように思われる。つまり愛は神秘的なもので、愛に合理的説明を与えることによしとしない風潮が存在するようであり、科学者はこのことに干渉すべきではないという広くゆきわたった観念があるようである。愛を科学的に研究することは、神秘のベールにつつまれた愛のローマン的特性をはいでいくことになるからである。

また愛に関する研究が比較的少ない他の理由として、愛を定義し、測定することの困難さがあるように思われる。古代ギリシャ人が愛をエロス、フィリア、アガペーの3つの種類に区別しているのはよく知られているが、最近では心理学者たちも愛についての研究に着手し始めた。たとえば、Fromm (1956) は、兄弟愛、親の愛、性愛、自己愛、神の愛の5つのタイプに愛を区別し、Maslow (1970) は、being love & deficiency love の2つに愛を分類している。また Miller & Siegel (1972) のように、愛を行動理論の立場から定義しようとする野心的な試みもある。

しかし上述した研究は、いずれも愛を概念的に区別しようとする理論的労

作ではあるが、実証的な裏づけや客観的資料はほとんどない。

　こうしたなかで、愛（love、ロマンティックな愛）と好意（liking）を概念的に区別し、それらを測定しようとする尺度を最初に開発したのは Rubin (1970) である。ミシガン大学でデートしている182組のカップルを対象にして研究が行われ、質問紙調査と実験的研究によって愛尺度 (love scale) の妥当性が確認された。その後 Rubin の love 尺度は、Dermer & Psyzcynski (1978) によって、その構成概念的妥当性と弁別的妥当性が検討されている。

　本研究の目的は、Rubin によって作成された love 尺度と liking 尺度の日本版を作成し、尺度の因子的妥当性を検討することにある。Rubin は、love および liking 尺度の総得点と、下位の love 測定項目ならびに liking 測定項目との相関係数を検討するという方法で尺度の妥当性を検討している。その結果、若干の例外はあるものの、love 尺度の総得点と love 測定項目との相関は、love 尺度の総得点と liking 測定項目との相関よりも高いこと、また、liking 尺度の総得点と liking 測定項目との相関は、liking 尺度の総得点と love 測定項目との相関よりも高いことが明らかになった。本研究では、もちろん、こうした手法による尺度の妥当性も検討するが、さらに因子分析を用いて、love と liking の2次元の構造に分かれるのか否か、love ならびに liking の測定項目は、Rubin の分類どおりなのかを更に検討する。

方　　法

被験者　定期的につきあっている親しい異性の友人を持つペアー78組。平均年齢は男子20.41才、女子19.73才。

手続　Rubin (1970) によって開発された love‑liking 尺度を日本語に翻訳した質問紙を、定期的につきあっている異性を持つ男女に配布する。その際、回答内容の秘密は守られることを説明し、2人がお互い相談せずに記入するように注意する。配布に関しては、質問紙を入れた封筒を2つ大きな封筒の中に入れておき、カップルは回答後、それぞれ小さな封筒の中に質問紙を入れ封をし、その2つを大きい封筒に入れて、研究室の扉にかけてある回収箱に投函するように依頼した。

測定尺度 性別、年齢、交際年月、結婚の可能性（％）、学生か否か、love－liking 尺度（Rubin, 1970, 表Ⅲ-14-1参照）。なお love－liking scale は、恋人と同性の友人のそれぞれについて反応を求めた。また、各項目への反応は、「全くそう思わない」（1 と得点化）から「非常にそう思う」（9 と得点化）までの 9 段階で求めた。

結 果 と 考 察

1．Rubin の原尺度による分析

　表Ⅲ-14-1は、各項目の平均と標準偏差、ならびに各尺度の総得点と個々の測定項目との相関を示したものである。love 尺度に関していえば、女性の被験者では「××さんに欠点があってもそれを気にしないでいられる」と、男性の被験者では「すべての事柄について、私は××さんを信頼できるという気がする」が、liking 尺度との相関の方が love 尺度との相関よりもやや高く、不適切な項目のようである。一方 liking 尺度では、「私は××さんと一緒にいる時、ほとんどいつも同じ気分になる」、「××さんと知り合いになれば、すぐに××さんを好きになれると思う」、「××さんと私はお互いにとてもよく似ていると思う」、「××さんは私の知り合いの中で最も好ましい人物だと思う」の 4 項目が、予期した方向とは逆の関係になっており、love 尺度との相関の方が liking 尺度との相関よりもやや高い。このように、いくつかの項目に関して不適切な相関のパターンが得られているが、全体的にみれば、相関のパターンは適切なようである。ちなみにα係数を算出してみると、表Ⅲ-14-2に示したように、高い数値を示し、尺度の内的一貫性が高いことを示している。参考のために Rubin の結果もあげておいたが、類似した結果を示している。

　つぎに表Ⅲ-14-3は、love 尺度、liking 尺度の平均と標準偏差を示したものである。この結果によると、男性と女性のパートナーに対する love 得点には統計的に有意な差は見られず（$t=1.07$, $df=154$, n.s.）、同じ程度に愛し合っているといえよう。しかし、パートナーに対する liking 得点は、女性の方が男性よりも有意に高い（$t=2.89$, $df=154$, $p<.01$）。こうした結果

表Ⅲ-14-1 Love ならびに Liking 尺度の平均、標準偏差ならびに総得点との相関

Love 尺度項目	女性 平均	女性 標準偏差	女性 ra Love	女性 r Like	男性 平均	男性 標準偏差	男性 ra Love	男性 r Like
1．もし××さんが元気がなさそうだったら、私は真っ先に励ましてあげたい。	8.14	1.04	0.60	0.43	8.28	1.13	0.61	0.33
2．すべての事柄について、私は××さんを信頼できるという気がする。	7.22	1.42	0.59	0.48	6.85	1.75	0.43	0.44
3．××さんに欠点があってもそれを気にしないでいられる。	6.24	1.93	0.45	0.46	5.90	2.15	0.29	0.19
4．××さんのためなら、ほとんど何でもしてあげるつもりだ。	6.62	2.03	0.76	0.53	7.01	1.91	0.82	0.56
5．××さんをひとり占めしたいとおもう。	7.24	1.57	0.75	0.41	7.64	1.88	0.74	0.35
6．××さんと一緒にいられなければ、私はひどく寂しくなる。	7.12	1.66	0.64	0.37	6.97	1.59	0.72	0.32
7．私は一人でいると、いつも××さんに会いたいと思う。	7.26	1.60	0.78	0.38	7.03	1.80	0.77	0.37
8．××さんが幸せになるのが私の最大の関心である。	6.86	1.86	0.69	0.60	7.40	1.62	0.73	0.41
9．××さんのことならどんなことでも許せる。	5.21	2.25	0.54	0.37	5.41	2.40	0.44	0.22
10．私は××さんを幸せにすることに責任を感じている。	5.58	1.92	0.70	0.62	7.23	1.82	0.67	0.40
11．××さんと一緒にいると、相手の顔を見つめていることが多い。	6.22	1.73	0.32	0.15	6.72	1.93	0.54	0.32
12．××さんから信頼されると、とてもうれしく思う。	8.03	1.17	0.58	0.46	8.12	1.13	0.68	0.41
13．××さんなしに過ごすことは、つらいことだ。	7.53	1.61	0.65	0.31	7.31	1.68	0.69	0.32

Liking 尺度項目	女性 平均	女性 標準偏差	女性 r Love	女性 rb Like	男性 平均	男性 標準偏差	男性 r Love	男性 rb Like
1．私は××さんと一緒にいるとき、ほとんどいつも同じ気分になる。	5.45	2.11	0.44	0.39	5.55	2.07	0.55	0.56
2．××さんはとても適応力のある人だと思う。	6.59	1.74	-0.10	0.20	6.08	2.03	0.29	0.56
3．××さんは責任ある仕事に推薦できる人物だと思う。	7.47	1.39	0.27	0.52	6.46	2.01	0.10	0.66
4．私は××さんをとても良くできた人だと思う。	6.97	1.67	0.58	0.70	6.71	1.71	0.36	0.64
5．××さんの判断の良さには全面の信頼を置いている。	6.83	1.36	0.26	0.40	5.28	1.86	0.40	0.72
6．××さんと知り合いになれば、すぐに××さんを好きになると思う。	6.45	1.72	0.57	0.47	6.59	1.52	0.48	0.42
7．××さんと私はお互いにとてもよく似ていると思う。	5.14	2.35	0.22	0.05	5.56	2.31	0.25	0.26
8．クラスやグループで選挙があれば私は××さんに投票するつもりだ。	5.60	2.05	0.28	0.46	4.49	2.15	0.27	0.68
9．××さんはみんなから尊敬されるような人物だと思う。	6.86	1.52	0.29	0.58	5.86	1.78	0.43	0.80
10．××さんはとても知的な人だと思う。	7.01	1.50	0.14	0.41	6.31	2.01	0.38	0.72
11．××さんは私の知り合いの中で最も好ましい人物だと思う。	7.42	1.58	0.63	0.40	7.46	1.70	0.70	0.58
12．私は××さんのような人物になりたいと思う。	5.47	1.94	0.50	0.63	4.56	1.79	0.40	0.70
13．××さんは賞賛の的になりやすい人物だと思う。	5.87	1.69	0.42	0.67	5.77	1.84	0.24	0.71

a．Love 総得点から当該の尺度を除いた相関
b．Liking 尺度から当該の尺度を除いた相関

表Ⅲ-14-2　アルファ係数

	本　研　究		Rubin(1970)	
	女性	男性	女性	男性
Love 尺度	.90	.90	.84	.86
Liking 尺度	.80	.86	.81	.83

　は、Rubin の結果と一致している。こうした理由としては、Rubin (1970) も指摘しているように、女性が、知性、判断の良さ、指導性といった「課題遂行に関連した」次元に高い評価を自分たちの男友だちに行っていることに帰因している。このことは、表Ⅲ-14-1の平均値を見れば明らかである。また、表Ⅲ-14-3 によると、同性の友人に対する liking 得点に関しては男と女では統計的に有意な差は見られない（$t=0.68, df=154, n.s.$）。このような結果から、女性は男性よりもより一般的に好意を表すのではなく、むしろ、

表Ⅲ-14-3　デートのパートナーと同性の友人に対する love ならびに liking

	本　研　究				Rubin(1970)			
	女　性		男　性		女　性		男　性	
	平均	標準偏差	平均	標準偏差	平均	標準偏差	平均	標準偏差
パートナーへの Love	89.24	14.89	91.86	15.48	89.46	15.54	89.37	15.16
パートナーへの Liking	83.15	12.42	76.68	15.19	88.48	13.40	84.65	13.81
友人への Love	72.59	15.24	57.03	16.21	65.27	17.84	55.07	16.08
友人への Liking	80.23	12.78	78.71	14.65	80.47	16.47	79.10	18.07
	$n=78$				$n=158$			

つきあっているという状況の中でのみ、より相手に好意を表出することを示している。

　また、表Ⅲ-14-3 の興味深い結果として、女性は男性より同性の友人を愛するという傾向を示している（$t=6.13, df=154, p<.01$）。この結果は、Rubin も指摘しているように、男と女の友達関係に関する文化的ステレオタイプに一致している。すなわち、他者を「愛している」と言う行為は、男性

よりも女性が言った方が受け入れられやすい。そして女性の方が同性の友人を信頼する傾向があることが報告されている (Jourard & Lasaknow, 1958)。最後にパートナーと友人の間で、liking 得点には統計的に有意な差はみられないが（女性 $t=1.61$, $df=77$, n.s. 男性 $t=0.95$, $df=77$, n.s.）、love の得点に関しては、パートナーに対する得点が友人に対する得点よりも高い（女性 $t=7.30$, $df=77$, $p<.01$、男性 $t=14.76$, $df=77$, $p<.01$）。

つぎに、各測度間の関係について検討してみよう。表III-14-4はその結果を示したものである。まず love 尺度と liking 尺度とは中位に相関している。Rubin (1970) の結果では、love 尺度と liking 尺度の相関の大きさに性差が見られ、男性の相関の方が女性の相関よりも高い傾向にあるが、本研究では有意差はみられなかった（$z=1.01$, n.s.）。つぎに興味深いことに、結婚の可能性と love、liking 尺度との相関は Rubin の結果とは異なっている。Rubin の結果では、被験者の性別とは無関係に、love 尺度と結婚の可能性との相関は、liking 尺度と結婚の可能性との相関よりも高い。ところが本研究の結果では、男性の被験者の場合は、love 尺度と結婚の可能性との間に有意な相関がみられるが、女性の被験者の場合は、両者の間に相関がみられない。ところが女性の場合は、結婚するという主観的確率の重要な決定因は、愛するという感情ではなく、むしろ好きであるという感情であることを示している。さらに、デートしているパートナーへの love 得点と同性の友人に対する love 得点との相関はごくわずかであり（女性 $r=.24$ 男性 $r=.30$）、love 尺度の構成概念的妥当性を示しているといえよう。ところで、パートナー同士の love 得点と liking 得点はシンメトリカルな関係にあり、love 得点は $r=.38$、liking 得点は $r=.35$ である。また、結婚の可能性についての評価は、カップルの間でかなり高い一致度を示す（$r=.82$）。

表Ⅲ-14-4　魅力の指標間の相関係数

	女　性			
	1.	2.	3.	4.
1．パートナーへの Love				
2．パートナーへの Liking	.63**			
3．結婚の可能性	.19ª	.39**ª		
4．交際期間	-.06	.02ª	.16	
	男　性			
	1.	2.	3.	4.
1．パートナーへの Love				
2．パートナーへの Liking	.52**			
3．結婚の可能性	.33**ᵇ	.08ᵇ		
4．交際期間	-.12	-.11ᵇ	.21*	

a　$n=65$　　b　$n=69$　　**$p<.01$　　*$p<.05$

2．因子分析による構造解析

　love & liking 尺度が妥当なものであれば、当然二次元の構造になるはずである。このことを確認するために因子分析を行った。手順としては、26×26項目の相関係数を算出し、主因子法により因子を抽出した。共通性の推定については、ガットマンの SMC を初期値として採用し、以後共通性が安定するまで反復推定を繰り返した。その結果、10因子までの固有値の推移を示したのが図Ⅲ-14-1 である。この図によると、3因子のところで固有値が急に小さくなり、3因子以降の固有値の大きさは平坦であることから、きれいな2次元の構造を示しており、love、liking 尺度は因子的妥当性があることを示している。

　つぎに、love と liking 尺度を構成している各項目は Rubin の分類どおりなのかどうかを検討する。表Ⅲ-14-5は、直接オブリミン法による斜交回転の結果を示したものである。この因子パターンによると、第1因子は love、第2因子は liking の次元を表している。そして、love 尺度のうちの「すべての事柄について、私は××さんを信頼できるという気がする」ならびに「××さんに欠点があってもそれを気にしないでいられる」は、love 尺度としてやや不適切な項目のようである。また、liking 尺度のうちの「××さ

図Ⅲ-14-1　固有値の推移

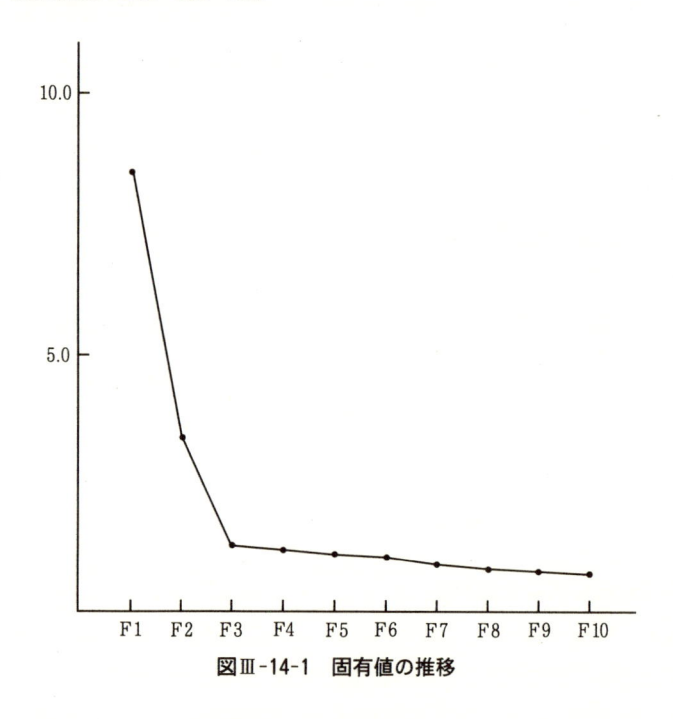

んは私の知り合いの中で最も好ましい人物だと思う」、「××さんと知り合いになれば、すぐに××さんを好きになると思う」は、love 尺度に含めたほうがよさそうである。また第1因子と第2因子の相対的な因子パターンの大きさに注目すると、「私は××さんと一緒にいる時、ほとんどいつも同じ気分になる」と「××さんと私はお互いにとてもよく似ていると思う」も love 尺度の項目に属するようである。こうした因子分析の結果は前述した love ならびに liking 尺度の総得点と各項目との相関係数のパターン結果と一致している。また α 係数の大きさも love 尺度に比べて liking 尺度はやや低く、liking 尺度については尺度の改良の余地があることを示している。以上の結果から、表Ⅲ-14-5の数値の下に引いたアンダーラインの項目によって、love ならびに iking 尺度を構成するのが適切ではないかと思われる。

ただし第2因子の内容を詳細に吟味してみると、尊敬や良い人物といった一般的評価を示す項目が多く、果たして好ましさや好意といった attraction

第14章 日本版 Love－Liking 尺度の検討　275

表Ⅲ-14-5　Love 尺度と Liking 尺度の因子パターン

項　目	F1	F2	共通性
Love 尺度			
1．もし××さんが元気がなさそうだったら、私は真っ先に励ましてあげたい。	.68	-.04	.46
2．すべての事柄について、私は××さんを信頼できるという気がする。	.35	.30	.21
3．××さんに欠点があってもそれを気にしないでいられる。	.28	.17	.11
4．××さんのためなら、ほとんど何でもしてあげるつもりだ。	.81	.04	.66
5．××さんをひとり占めしたいとおもう。	.81	-.11	.67
6．××さんと一緒にいられなければ、私はひどく寂しくなる。	.75	-.09	.57
7．私は一人でいると、いつも××さんに会いたいと思う。	.82	-.07	.68
8．××さんが幸せになるのが私の最大の関心である。	.76	.01	.58
9．××さんのことならどんなことでも許せる。	.44	.07	.20
10．私は××さんを幸せにすることに責任を感じている。	.80	-.16	.67
11．××さんと一緒にいると、相手の顔を見つめていることが多い。	.60	-.20	.40
12．××さんから信頼されると、とてもうれしく思う。	.62	.08	.39
13．××さんなしに過ごすことは、つらいことだ。	.75	-.11	.57
Liking 尺度			
1．私は××さんと一緒にいるとき、ほとんどいつも同じ気分になる。	.35	.19	.16
2．××さんはとても適応力のある人だと思う。	-.08	.43	.19
3．××さんは責任ある仕事に推薦できる人物だと思う。	-.25	.82	.73
4．私は××さんをとても良くできた人だと思う。	.19	.60	.40
5．××さんの判断の良さには全面の信頼を置いている。	-.08	.68	.47
6．××さんと知り合いになれば、すぐに××さんを好きになると思う。	.45	.12	.22
7．××さんと私はお互いにとてもよく似ていると思う。	.30	-.13	.11
8．クラスやグループで選挙があれば私は××さんに投票するつもりだ。	-.13	.74	.56
9．××さんはみんなから尊敬されるような人物だと思う。	-.11	.90	.82
10．××さんはとても知的な人だと思う。	-.06	.64	.41
11．××さんは私の知り合いの中で最も好ましい人物だと思う。	.61	.15	.29
12．私は××さんのような人物になりたいと思う。	.14	.59	.37
13．××さんは賞賛の的になりやすい人物だと思う。	-.04	.73	.53

表Ⅲ-14-6　因子間相関

	F1	F2
F1	1.00	.49
F2	.49	1.00

の次元なのかについては疑問が残る。もし Rubin の liking 尺度が尊敬や評価の次元を測定しているならば、第1因子の love 因子は love と liking が混合したものである可能性がある。現在のところこの疑問に答えるデータは手もとにないので今後の研究課題としたい。

引用文献

1) Dermer, M., & Psyzcynski, T.A. 1978 Effects of erotica upon men's loving and liking responses for women they love. *Journal of Personality and Social Psychology*, **36**, 1302-1309.
2) Fromm, E. 1956 *The art of loving*. New York: Harper.（懸田克躬訳 1959 愛するということ 紀伊國屋書店）
3) Harlow, H.F. 1958 The nature of love. *American Psychologist*, **13**, 673-685.
4) Jourard, S.M., & Lasakow, P. 1958 Some factors in self-disclosure. *Journal of Abnormal and Social Psychology*, **56**, 91-98.
5) Maslow, A.H. 1979 *Motivation and personality*. 2nd ed. New York: Harper and Row.
6) Miller, H.L., & Siegel, P.S. 1972 *Loving: A psychological approach*. New York: John, Wiley & Sons.（藤原武弘訳編 1983 ラヴー愛の心理学 福村出版）
7) Rubin, Z. 1970 Measurement of romantic love. *Journal of Personality and Social Psychology*, **16**, 265-273.

第15章 偏見の決定因についての調査的研究

問　題

　Harding, Proshansky, Kuther & Chein (1969) は、『社会心理学ハンドブック』におさめられた「偏見と人種関係」と題する論文のなかで、3つの主要なアプローチについて言及している。第1のものは、「人種集団」アプローチと呼ばれるもので、その焦点は、単一の民族的・宗教的あるいは国家的集団にあてられている。その主眼は、それら集団の歴史的発展、文化的伝統、その集団特有の価値、隣接する集団との諸関係、政治的・経済的繁栄の変遷といったものを記述することにある。

　第2の主要な観点には、「社会的相互作用」アプローチという名称が与えられている。ここでの関心は、単一の人種集団にあるのではなく、むしろ2つあるいはそれ以上の集団間の相互作用にスポットをあてることにある。とりわけ、競合・葛藤・調整・同化といった社会的相互作用の形態をその分析観点として研究がなされる。

　第3は、「社会関係」アプローチと呼ばれるもので、比較的最近のものである。ここでの焦点は、「差別の行動、偏見の態度」にある。本論文においては、主にこの文脈にそって、同和地区住民に対する偏見の決定因を明らかにすることにある。

　人種のるつぼといわれるアメリカでは、数多くの偏見とステレオタイプに関する研究が生みだされてきた。こうした点に刺激されわが国においても、外国人に対する偏見やステレオタイプを扱った研究が古くから行われている。現代の日本の社会においては、黒人や韓国人に対する人種的偏見の他にも数多くの偏見が見られる。たとえば、沖縄・女性・原爆被爆者・混血児・心身障害者等々に対する偏見である。その中でも同和地区住民に対する偏見の歴

史は長く、根深いものがある。昭和40年に出された同和対策審議会の答申によれば、同和問題は「早急な解決こそ国の責務であり、同時に国民的課題である」。この答申をうけ、昭和44年、同和対策事業特別措置法が制定されるにいたった。この法は10年の時限立法であったので、昭和53年3月31日限りでその効力を失うことになっていたが、更に3年の延長が認められ今日にいたっている。

こうした中で、われわれは既に徳島県鳴門市において、同和対策の意識的側面及び実体的側面の両面にわたる調査結果を報告している。その調査は、昭和48年における鳴門市の同和問題の実態を総合的にとらえ、その実態に即して後期5ヶ年の同和対策事業総合計画を策定するという意図のもとに計画されたものである。この調査においては、（1）同和・人権問題、（2）生活意識、（3）地域社会、（4）人口構造、（5）就学・学習状況、（6）就業構造、（7）健康・保健関係、（8）生活・文化関係、（9）住宅・環境関係、(10)同和対策事業に対する評価と要望、といった側面から問題へのアプローチが行われた。最初の3つの側面は、主として地域住民の意識面における問題解明に向けられ、後の（4）から（9）に至る6つの項目は、生活実態の側面から問題を明らかにしようとしたものである。

筆者は、その後の同和対策事業の効果測定に関する調査研究に関わったが、その中でも、生活環境に対する対策は、鳴門市でみる限り改善されてきつつあり、その意味での実態的差別は徐々になくなりつつあるように思われる。しかし心理的差別すなわち偏見に関しては、いまだに根強いものがうかがえる。このような偏見を規定している要因としてどのようなものが考えられるであろうか。Harding et al. (1969) は、1）文化的・集団的規範、2）両親の影響、3）教育・社会経済的地位ならびに宗教の影響、4）集団間接触、5）葛藤・競争・地位の移動、6）要求不満ならびに敵意の置換、7）信念の適合性、8）他の認知的要因、9）パーソナリティをあげている。こうした規定要因のそれぞれと偏見の関係については数多くの研究がみられる。たとえば、Allport & Kramer (1946) の研究では、大学生の69%は、両親の人種態度によって自己の人種態度形成に影響を受けたと公言している。また

公式に教育を受けた年数と偏見の強さの間には負の相関関係があることも知られている。Allport (1954) の引用している、ドイツに駐留したアメリカ軍の資料からの結果では、ドイツ市民と接触が多ければ多いほど、ドイツ人に対する態度は好意的である。Campbell (1947) の研究では、自分達の経済的事態に不満足感を抱いている人びとの間に反ユダヤ主義が浸透していることを見出している。

　このような従来の研究においては、単一の規定要因と偏見との関係を調べたに過ぎない。従って、偏見を規定している数多くの要因のうちで、相対的にどの要因が強い規定力を持っているのかということについてはあまり知られていない。そこで本研究では、前述した Harding らの偏見規定要因のうち、両親の影響、教育、接触、要求不満といった諸要因、ならびに、行動と行動意図の要因、同和問題についての認知・理解といった諸要因によって、外的基準としての偏見がどの程度説明されうるのか、また説明要因の相対的重みはどうなっているのかを調べることを目的とする。この目的を達成するための具体的分析図式は方法のところで詳しく述べる。

方　法

1. 調査地域

　調査地域として、同和地区・隣接地区・都市地区・農村地区をまず選定した。同和地区は同和対策総合計画の対象地区という理由によるものであり、他の3地区選定の理由として、同和地区住民への偏見の決定因を考える際、物理的距離は主要な変数であるからである (Deutsch & Collins, 1958)。隣接地区は、その言葉どおり、同和地区の北と東に隣接する地域である。都市地区・農村地区は、それぞれ都市型ならびに農村型の地域と呼ぶべきものであり、いずれも同和地区の東方に位置している。

2. 調査方法

　各地区の住民票から、世帯主ならびにそれに準ずる世帯員を調査対象として抽出した。同和地区・隣接地区では、必要なサンプル数を確保するために全数調査にし、都市地区・農村地区では系統抽出を行った。調査員は行政職

員・学校教職員の中から、市長及び教育委員会によって委嘱された、鳴門市行政職員78名、学校教員48名である。彼らは2名一組となって個別に面接して調査にあたった。調査員一組あたりの担当調査者数は10〜18世帯である。調査期間は、昭和48年4月15日から5月10日までである。なお調査計画の趣旨の徹底ならびに同和問題の認識高揚のために、同和事業に関する研修会と、調査実施に関する説明会が開かれた。地区別の回収率は表Ⅲ-15-1のごとくである。

表Ⅲ-15-1 地区別回収率

対象＼地区	同和地区	隣接地区	都市地区	農村地区	計
対 象 世 帯 数(戸)	274	250	250	250	1,024
有 効 回 収 数(人)	224	232	213	233	902
有 効 回 収 率(%)	81.8	92.8	85.2	93.2	88.1

3．分析図式ならびに分析方法

調査項目の総数は莫大であり、単純集計ならびに一部のクロス集計については既に報告書を出版しているので、詳しいことについてはそちらを参照願いたい（注1、2）。ここでは本論文の分析目的を達成するのに必要なことについてのみふれる。分析図式は図Ⅲ-15-1に示される通りで、偏見Ⅸを外的基準にしてⅠからⅧまでの要因群によってどの程度説明されるのかを数量化第Ⅰ類を用いて分析する。各要因の具体的な調査項目は以下のごとくである。

Ⅰ　デモグラフィック要因（5項目）
　　性、年齢、学歴、収入、居住地区
Ⅱ　生活意識（5項目）
　　生き方、生活全般満足度、家庭生活満足度、職場（職業）満足度、家庭の悩みごと、心配ごとの強度
Ⅲ　部落についての情報接触（4項目）
　　いつ知ったのか、どこで知ったのか、誰から聞いたのか、知った時の印

象

IV 同和問題についての認知（9項目）

　鳴門市同和地区の認知、同和教育の認知、同和会の認知、部落解放同盟の認知、就職差別事象の認知、物の売買などで不利益を受けた人の認知、憲法第14条「法の下の平等」の認知、同和対策審議会答申の認知、同和対策特別措置法の認知

V 同和対策事業の認知と評価（4項目）

　同和対策事業の認知、同和対策事業の評価、逆差別認知（1）、逆差別認知（2）

VI 同和問題についての理解（2項目）

　部落の起源、部落存在の理由

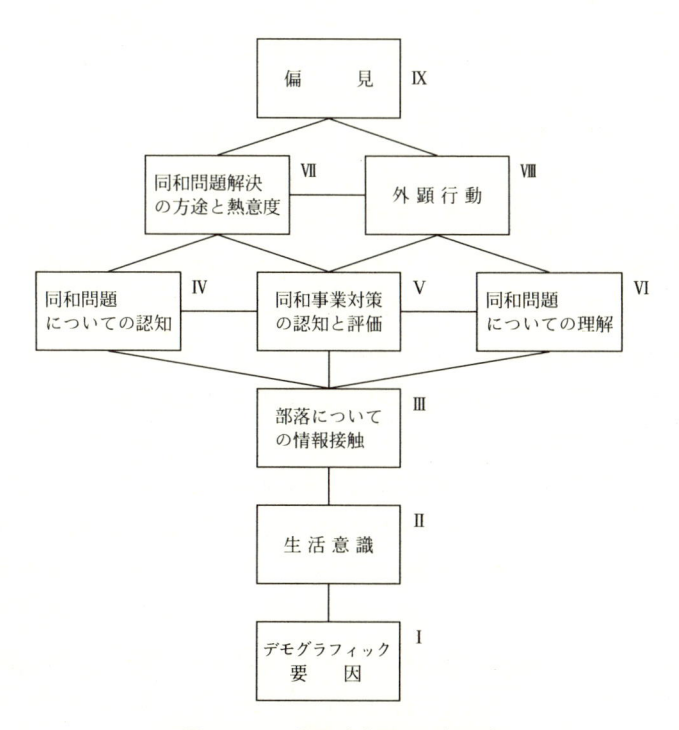

図Ⅲ-15-1　偏見決定因の分析図式

Ⅶ　同和問題解決の方途と熱意度（6項目）
　　解決への方途（実践－自覚）、解決への熱意、制度的施策（1）～（4）
Ⅷ　外顕行動（3項目）
　　交際経験の有無、職場での自主的な話し合い、講演会・学習会への出席
Ⅸ　偏見（4項目）
　　交際に対する態度、結婚に対する態度、土地売買に対する態度、子どもの友人に対する態度

結　果

1．偏見スケールの作成

　図Ⅲ-15-1で示したように、外的基準としての偏見スケールは、理念的には、交際・結婚・土地売買・子どもの友人に対する四つの態度によって構成しようと考えた。果たしてこれが妥当であるかどうか、特に一次元性のチェックは必要であろう。そのために、まず数量化第Ⅲ類によるパターン分析を行った。インプットした項目は、図Ⅲ-15-1のⅣからⅨまでの要因群計28項目である。その結果は表Ⅲ-15-2と表Ⅲ-15-3に示されている。
　第1根は、同和問題に関する情報の有無すなわち認知の水準を示す軸であり、第2根は、同和地区住民に対する偏見の強弱を弁別する軸であると解釈される。この第2根でプラスの方向に大きな値をとるアイテムカテゴリーは、相手が同和地区住民であることがわかれば交際をやめる・地区住民とは結婚しない・自分の子どもは地区住民の子どもと友達になってほしくない・土地を売るなら同和地区以外の人に売りたいといったものであり、こういった諸相から、地区住民からの回避傾向を示すものといえよう。更にこれら4項目をガットマン法によって分析した。その結果、再現性指数は .81で、ガットマンのいう基準からすれば尺度化可能とはいえないが、それほど低すぎる値ではない。そこでこれらの4項目で偏見のスケールを構成することにする。各状況において、回避を示す方向に1、それ以外は0と得点化した。従って得点の範囲は0から4までで、得点が大きいほど偏見が強いことを示す。

表Ⅲ-15-2　第1軸に寄与値の高いアイテムとカテゴリー

プラス方向		マイナス方向	
アイテム	カテゴリー	アイテム	カテゴリー
1．部落存在の理由	無　答	1．同和対策特別措置法	知っている
2．鳴門市同和地区	知らない・無答	2．同和対策審議会答申	知っている
3．逆差別(1) （同和地区生活環境の変化の評価）	その他	3．講演会・学習会への出席	あ　り
4．土地売買に対する態度	無　答	4．同和対策事業	よく知っている
5．同和対策事業の評価	知らない・無答	5．解決への熱意	自ら参加
6．逆差別(2) （同和地区ばかりよくしようとするのは問題だ）	わからない・無答	6．職場での自主的話し合い	あ　り
7．交際に対する態度	無　答	7．同和会	知っている

表Ⅲ-15-3　第2軸に寄与値の高いアイテムとカテゴリー

プラス方向		マイナス方向	
アイテム	カテゴリー	アイテム	カテゴリー
1．交際に対する態度	交際をやめる	1．解決への方途	実　践
2．逆差別(2)	そう思う	2．結婚に対する態度	賛　成
3．制度的施策 （公務員には何％かを同和地区住民から採用）	反　対	3．制度的施策(4) （差別には法的制裁）	賛　成
4．結婚に対する態度	反　対	4．逆差別(2)	そう思わない
5．子どもの友人関係に対する態度	友達になってほしくない	5．土地売買に対する態度	無　答
6．同和対策事業	不合理だ	6．解決への熱意	自主参加
7．土地売買に対する態度	一般地区に売る	7．部落存在の理由	無　答

2．偏見の決定因についての分析

　偏見スケールを外的基準として、図Ⅲ-15-1による分析図式に基づき数量化第Ⅰ類による分析を試みた。第Ⅰステップから第Ⅷステップまで説明要因を増やしながら重相関係数の推移をみたのが図Ⅲ-15-2である。この結果によると、まず部落についての情報接触にかかわる要因を追加した際に、重相関係数の増大がいちじるしい。ついで生活意識に関する要因の追加の効果が顕著である。

　すべてのステップをこみにした場合の偏相関係数とその順位を示したのが表Ⅲ-15-4である。偏相関係数の大きさに注目すると、部落についての情報

を知った時の印象が最もよくきいており、特に、いやな感じだった・とても信じられなかったへのカテゴリーに反応した人々に偏見が強いことが明らかになった。ついで偏相関係数の高い変数は部落の起源であり、部落の人は一般の人と血統や人種が違うと思っている人々に偏見が強い。偏相関係数が3番目に大きい変数は交際経験の有無である。交際経験の全くないものに偏見が見られる。第4位は制度的施策（2）である。この項目は、民間会社で同和地区の人を採用しない場合はその理由を公開するという意見に対する賛否を示したものである。この意見に反対を表明する人々に偏見が強い。第5位に偏相関係数が高い項目は収入である。収入が多い層に偏見が強いのが特徴である。第6番目に偏相関係数が高いのは生活全般満足度であり、満足でも不満足でもない、つまりどちらとも言えないと答えた者と、あまり満足していないと答えた者に偏見が強い。第7位は家庭の悩み・心配ごとの項目で、かなりある・大いにあると反応した人々に偏見が強いことが明らかになった。

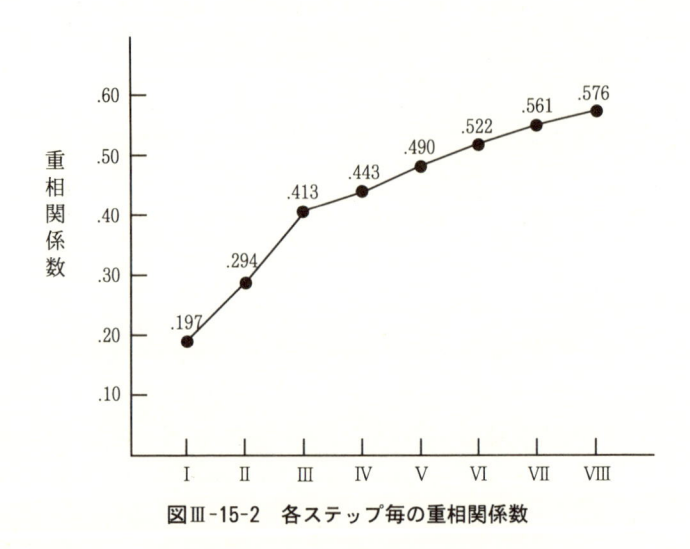

図Ⅲ-15-2　各ステップ毎の重相関係数

表Ⅲ-15-4　偏見決定因の相対的重み

要因	説明変数	偏相関係数(順位)
Ⅰ	性 年齢 学歴 収入 居住地区	.035　(33) .112　(9) .081　(19) .136　(5) .023　(37)
Ⅱ	生き方 生活全般満足度 家庭生活満足度 職場(職業満足度) 家庭の悩み・心配ごとの強度	.101　(13) .127　(6) .048　(29) .059　(24) .123　(7)
Ⅲ	いつ知ったのか どこで知ったのか 誰から聞いたのか 知った時の印象	.101　(11) .086　(17) .087　(16) .255　(1)
Ⅳ	鳴門市同和地区の認知 同和教育の認知 同和会の認知 部落解放同盟の認知 就職差別事象の認知 物の売買などで不利益を受けた人の認知 憲法第14条「法の下の平等」の認知 同和対策審議会答申の認知 同和対策特別措置法の認知	.082　(18) .080　(20) .043　(31) .051　(27) .076　(21) .058　(25) .046　(30) .029　(36) .007　(38)
Ⅴ	鳴門市同和対策事業の認知 鳴門市同和対策事業の評価 逆差別認知(1) 逆差別認知(2)	.099　(14) .070　(22) .035　(32) .110　(10)
Ⅵ	部落の起源 部落存在の理由	.193　(2) .091　(15)
Ⅶ	解決への方途(実践－自覚) 解決への熱意 制度的施策(1) 制度的施策(2) 制度的施策(3) 制度的施策(4)	.031　(35) .114　(8) .052　(26) .140　(4) .050　(28) .101　(12)
Ⅷ	交際経験の有無 職場での自主的な話し合い 講演会・学習会への出席	.161　(3) .066　(23) .033　(34)
	重相関係数	.576

考　察

　偏見の規定要因として最もよくきいている要因は、情報接触のパターン（Ⅲ）であろう。この要因を投入した時の重相関係数の上昇ならびに偏相関係数の大きさがそのことを物語っている。このことは部落情報についての初期経験が大切であることを示唆しているといえよう。部落の情報を、小学校や中学校の時に父母や祖父母・兄弟から、家庭という場を通して聞き、その時の印象としていやな感じもしくはとても信じられなかったというアイテムカテゴリーで示されるような接触パターンが偏見の強い規定因となっている。子どもはいかなる偏見も持たずに生まれてくるはずであるが、伝達者である両親によって社会の規範が反映された家庭に生まれてくる。子どもは自分の要求を満足させるために家庭の成員に依存せざるを得ないため、究極的には両親の態度や価値観を伝承することが期待される。この継承・伝達の過程で偏見が社会化されてゆく。本研究の結果は、両親の影響が偏見形成にあたって大きな役割を果たすことを示唆するものである。

　次に偏見の規定因として注目すべき要因は生活意識（Ⅱ）であろう。情報接触パターンについで重相関係数の上昇が大であったことで実証されている。とりわけ生活満足度と家庭の悩み・心配ごとの強度との2変数の偏相関係数の値は高い。この内容は、心配ごとや悩みのある人や生活に不満のある人々が偏見を強く持つという傾向を示し、Campbell（1947）の見出した結果と一致する。また、要求不満はマイノリティグループに対してふり向けられるというスケープゴート説を支持しているものと考えられる。

　最初、最も強い偏見の規定因であると予想された外顕行動の要因は、交際経験の有無をのぞけば、さほど大きな予測変数にはならなかった。このことは、職場での自主的な話し合い、講演会・学習会への出席といった公的水準の行動によっては偏見はなくならないことを実証するものである。むしろ私的水準の行動が偏見の打破につながるように思われる。その証拠は、交際の経験の有無の偏相関係数の高さから読みとれるように思われる。

　一般的には、接触の機会が多ければ多いほど偏見が打破されたり友好的な

態度が発達してゆくのではないかと言われてきた。しかし、それほど単純なことではないであろう。Allport（1954）も指摘するように、むしろ「接触の性質」を考慮する必要がある。Allportによれば、表面的な偶然の接触というものは、偏見を霧散させるよりもむしろそれを増大させるという。何故なら、偏見が知覚をおおいかくし、独自の解釈を行うからである。人は自分のステレオタイプを固めるような記号で知覚することには敏感だからである。本研究においても接触の性質をうかがわせる結果を得ている。すなわち、接触に影響すると思われた居住地区変数の偏相関係数の大きさが最下位から2番目という予想外の値をとったことである。これは単なる接触だけでは偏見の強い規定因にならないことを示すものである。

　同和問題についての認知の要因は、ほとんどが偏見とは独立の関係にあるようである。むしろ理解の側面のほうが偏見の予測因として大きな働きをしている。特に部落の起源は何かという変数の偏相関係数は大きい。この意味は、部落の起源について誤った説を信じている人々に偏見が強いということである。こうした点に関連して、我妻・米山（1967）は以下のような指摘をしている。つまり、人種や肌の色、目の色が違う場合、「自分とは質が違うのだ」という非連続感や断絶感が生じやすい。その際相手に対して憎しみのフリ向けや無意識の衝動の投射を行うことが容易になる。相手が異質であればあるほど偏見的差別は強くなる。それに対して、人種的な差異がない場合はどうであろう。同和地区の人々の場合がそうであろう。こうした際には、「相手が外見的にも違う」という観念を生みだす傾向がある。

　こうした彼らの指摘とほぼ一致する傾向が本研究においてみられ、しかもその変数の予測力が大であった。このことは偏見の対象が人種的に異ならない場合、その対象を身体的にも異質なものとみようとする傾向が非常に強いことを示唆しているといえよう。異質とみなし対象との距離をとることによってますます偏見を強めようとするメカニズムが存在するのであろう。

　同和地区住民に対する偏見の問題は、運動的政治的磁場の力のかく乱によって、実証的研究がいちじるしくたち遅れている。本稿はあくまで社会心理学の中で蓄積されてきた態度と偏見の理論を枠組にして同和地区住民に対する

偏見の問題を論じた。

注
(1) 徳島大学社会調査研究会 1974 鳴門市同和対策実態調査報告書 鳴門市
(2) 池田秀男・岸田元美・原田彰・藤原武弘 1976 実態調査から見た差別と偏見の構造 鳴門市

引用文献
1) Allport, G.W. 1954, *The nature of prejudice*. Cambrige Mass: Addison-Wesley. (原谷達夫・野村昭（訳）1961 偏見の心理 培風館)
2) Allport, G.M., Kramer, B.M. 1946 Some roots of prejudice. *Journal of Psychology*, **22**, 9-39.
3) Campbell, A.A. 1947 Factors associated with attitudes toward Jews. In T.M. Newcomb & E.L. Hartley (Eds.) *Readings in social psychology*. New York: Holt, Rinehart & Winston. Pp. 518-527.
4) Deutsch, M., & Collins, M.E. 1958 The effect of public policy in housing projects upon interracial attitudes. In E. Maccoby, T.M. Newcomb, & E.L. Hartley (Eds.) *Readings in social psychology*. (3rd ed.) New York: Holt, Rinehart & Winston. Pp. 612-623.
5) Harding, J., Proshansky, H., Kutner, R., & Chein, I. 1969 Prejudice and ethnic relations. In G. Linzey & E. Aronson (Eds.) *Handbook of social psychology*. 2nd ed. Vol. 5. Cambrige Mass.: Addison-Wesley., Pp. 1-76.
6) 我妻洋・米山敏直 1967 偏見の構造 日本放送出版協会

第16章 社会不安についての社会心理学的研究

－社会不安測定についての予備的研究－

問　題

　空間的な広がりと時間的な展望の中で自己を正しく定位し、最適な心的活動のレベルを維持するためには、刺激の受容－意味の把握－適合する反応の選択と決断－対応行動といった一連の情報処理過程に支障のないことが重要な条件である。このような情報処理過程のいずれかに支障が起こると不安や緊張が高まり、環境への適応に困難が生じるのである。本研究は、私たちを取りまく環境の変化、悪化、破壊、危機に対して有効な対応行動が比較的困難な社会不安事象に焦点をあて、社会不安発生に共通して作用している基本的要因を社会心理学的に明らかにしようとするものである。

　ところが日本社会心理学会が1968年に「社会不安の社会心理学」の特集を組んだ年報社会心理学の出版を除けば、社会不安の社会心理学的研究は著しく立ち遅れているのが現状である。この特集の中では、いろいろな領域の社会不安に対して、いろいろな立場やアプローチから社会不安の問題が論じられているものの、社会不安に対する社会心理学の体系がそこに結実しているとはいい難い。その証拠に社会不安とは何かについてもコンセンサスがあるとはいえないようである。そこで本論文ではまず社会不安とは何か、その特質について論じることにする。

　年報社会心理学の特集論文の中で飽戸（1968）は不安研究の系譜を3つに分けている。第1の系譜は、医学・生理学からの「器質性または内因性不安」の流れであり、身体的・器質的疾患に基づく不安を扱っている。第2は心理学・生理学からの「神経症的不安」の流れである。第3の流れは、社会学・政治学・文化人類学・社会心理学などが追求してきた「社会不安」の系譜である。本研究は第3の系譜に属するものであり、第1、第2の流れとはかな

り異なる。第1、第2の流れの不安は、きわめて少数の個人的基盤に根ざした病理であるのに対し、第3の流れの社会不安は、大多数の人にとって共通の関心を有する事象に対して抱かれる不安であり、いわば社会的基盤に根ざした病理であるといえる。飽戸（1968）も言うように、第3の流れにあっては、アプローチ法としてはケーススタディ法よりも大量観察が用いられ、また分析の視点も治療を主眼とした特殊化よりも一般的理論化に関心があるのである。

社会不安がいわゆる不安とは異なる側面を持つとはいっても、不安の中の1つの形態であることは間違いない。そこで Spielberger（1966）や Lazarus & Averill（1972）らの不安の考え方も若干参考にして、筆者たちなりに社会不安の特性を次のようにまとめてみた。

まず社会不安とは正確には社会的事象についての不安である。ここで社会的事象とは、政治・経済・社会・文化といった多領域にわたる事象のことであり個人的事象をさすのではない。また同じ社会の成員が共通の関心を共有しているという意味で社会的という言葉を使っている。更に事象についての不安であるから対象がはっきりとしているということになる。対象の有無が不安と恐怖を分ける1つの基準になるというのが従来の考え方だが、筆者たちは不安と恐怖の区別はせずに同じような意味で用いることにする。第2に、社会不安は急性的な不安ではなく、持続的・慢性的な不安である。いわば真綿で首をしめつけられるような柔構造的な不安ともいえよう。従って、何かの刺激や場面に対して一時的に喚起される状態不安（state anxiety）や個体としての情動的敏感さを示す特性不安（trait anxiety）とも異なり、むしろ両者の中間的性格をもつものと考えられる。第3には、一連の情報処理過程のメカニズムで社会不安を把握しようとするので、不安とか恐怖といった情動反応が生じるのに先立ち、外的刺激の認知的評定（cognitive appraisal）が行われるものとする。個人が刺激や事態をいかに認知するのかによって情動の種類や強さが決定されるのである。認知過程としては、1次的評定、2次的評定、再評定の3つに分けることができる。1次的評定は、事態が有関であるか無関であるかについての判断、2次的評定は予期される

害を克服し、有利な状態を生み出すための対処様式があるかないかについての判断、再評定は新しい手掛りや個人の反応からのフィードバックに基づく評定の変化を示している。その他、社会不安は不安の一形態であるから、不確かさやあいまいさ、また予期的な特性をもっていることはいうまでもない。ただ刺激や事象を脅威的だと認知し、不安の情動が喚起されえたとしても直接的な対処行動を取ることが比較的困難な点にその特色がある。石油危機という事象についての不安への対処行動は個人行動の水準で節電や節油によってある程度可能である。しかしながらコストの低い代替エネルギーの開発を行うことが社会的水準における完全な対処行動とすれば、両水準の対処行動の間には相当の距離がみられる。事象を統制することが個人の水準ではほとんど困難であるところに社会不安の特色が見られるのである。このことは当然アパシーと呼ばれる現象とも密接な関連をもってくる。

　以上、社会不安について若干理論的に整理してみたが、筆者たちの研究目的は社会不安を規定する諸要因を明らかにすることにある。飽戸（1968）は既に、世代、生活水準、職業といった社会的特性（デモグラフィック要因）や政治意識と社会不安との関係を明らかにしている。だが彼自身も残された課題としているように、物価、戦争、道徳の3つが果たして社会不安を代表しているのか、その操作的測定方法が妥当なものかどうか、疑問が残る。また、媒介変数として政治と生活についての意識と感覚を tentative に設定している。だが社会不安ともっと密接に関連のある媒介変数としてマスメディア接触を取り上げる必要があるように思える。

　本研究は社会不安を規定する諸要因を解明するための本格的調査に入る前の予備的研究の報告である。研究Ⅰでは、多次元尺度法（Multidimensional scaling）によって社会不安を測定する試みを行い、社会不安事象についての基本的次元を明らかにする目的を持つ。そして、その結果をもとに代表的な社会不安事象を選択するための予備調査という性格を持っている。研究Ⅱでは、社会不安の強度とマスメディア接触量、社会不安と個体不安との関係を明らかにし、本調査のための基礎的資料を収集するという目的を持つ。

研究 I 社会的事象の認知と不安についての基礎的研究

目　的

　本研究の主要な目的は社会不安事象の認知の構造を多次元尺度法によって明らかにすることにある。附加的な目的とし、Torgerson法によるメトリックな手法とKruskal法によるノンメトリックな手法の比較をあわせて行うことにする。

方　法

　被験者　広島大学学生533名（男306名、女子247名）。調査時期は昭和56年1月。

　刺激　刺激としての社会不安事象を抽出するにあたって、まず社会不安と関連のある領域として、人口・エネルギー、国際政治、国内政治、ファシズム、経済・財政、福祉、科学・医療、環境破壊、災害・事故、教育、犯罪の11領域を設定した。ついで各領域から代表的なトピックや事象を計43個選び出した（表Ⅲ-16-1参照）。

　手続　43の社会不安事象のすべての組合せについての親近性の指標を得るために被験者は対に提示された社会不安事象同士の関連度を「全く関連がない」から「非常に関連がある」までの9段階の尺度で反応することが求められた。ただ仮に1人の被験者が43の社会不安事象のすべての組合せに対して判断するとすれば、判断回数が903回と莫大なものとなる。そこで、すべての組合せを10群に分割し、1人あたりの判断回数を90あるいは93に減らした。1つの群に反応する被験者は少ないところで31名、多い群では48名、男女の内訳はほぼ同数であった。

　多次元尺度法による解析結果の解釈を容易にするために、表Ⅲ-16-1の社会不安事象を16個の単一性尺度によって評定を求めた。この場合も仮に1人の被験者がすべての刺激に反応すると、判断回数が $43 \times 16 = 688$ と膨大になる。そこで43の刺激を5つに分割した。従って1人の被験者は8もしくは

9の刺激を16の評定尺度に反応することになる。1つの群あたりの人数は少ないところは30名、多いところは43名である。尺度の具体例は表Ⅲ-16-2に示すとおりである。「重大である」から「不安である」までの15項目は、「非常にそう思う」から「全然そう思わない」までの5段階で、「将来起こる（激化する）と思う確率」は0%から100%までの11段階尺度である。

関連性評定の質問紙10種類、単一評定の質問紙5種類を心理学関係の授業中に配布し、無記名で記入を求めた。本研究の目的は個人差の抽出にあるのではないので、以下平均値を基にデータの分析が行われた。

表Ⅲ-16-1 刺激として用いられた社会不安事象

人口・エネルギー
1. 人口爆発
2. 過疎と過密
3. 石油危機
4. 食糧危機

国際政治
5. 中東戦争の拡大
6. ソ連の脅威
7. 宇宙人の地球侵略

国内政治
8. 政権の不安定化
9. 一票の重みの差の拡大
10. 法的規制の強化
11. 行政によるプライバシーの侵害
　　（国民総背番号制など）

ファシズム
12. 憲法改定の動き
13. 防衛力の増強
14. 徴兵制度の復活
15. 自衛隊のクーデター
16. 国内への核兵器配備

経済財政
17. インフレ・物価高
18. 貿易まさつの激化
19. 企業倒産の増加
20. 労働強化
21. 税負担の増大
22. 国家財政における借金の増加

福祉
23. 福祉政策の不備や切りすて
24. 老齢化社会の到来
25. 住宅環境の悪化

科学医療
26. 原水爆など科学技術の悪用
27. 医療の荒廃
28. 生命現象の人工的統制
　　（試験官ベビー・遺伝子移植等）

環境破壊
29. 大気・水質・土壌汚染
30. 農薬・有機物等の体内残留
31. 原発の放射能漏れ
32. 食品公害

災害事故
33. 地震災害
34. 冷夏・暖冬などの異常気象
35. 交通事故の激化
36. ビル火災・ガス爆発事故
37. 大量交通輸送機関（旅客機・船舶・鉄道等）の事故

教育
38. 受験戦争の激化
39. 犯罪・非行の低年齢化
40. 家庭内・学校内暴力

犯罪
41. 麻薬・覚せい剤の流行
42. 暴力団抗争の凶悪化
43. 突発的犯罪へのまきぞえ

結果と考察

1. 次元数について

類似性の平均値マトリックスは多次元尺度法（Kruskal 法および Torgerson 法）によって解析された。Kruskal 法の適合度を示すストレス値は、1次元で .54、2次元で .29、3次元で .19、4次元で .14、5次元で .11、6次元で .09 と次元数を増やすと減少してゆく。ストレス値の推移をみると4次元解あたりが妥当な次元数のように思える。しかし後で指摘するように単一性尺度による評定との相関係数を吟味してみると、第6次元との間に有意な相関を示す尺度が多いので、6次元解を採用することにする。

2. Torgerson 法と Kruskal 法の比較

Torgerson 法による解析結果と Kruskal 法の解析結果に対応がみられるかどうかを検討するためにピアソンの相関係数を算出してみた。すると第1次元同士は .996、第2次元では .992、第3次元では .983、第4次元では .979、第5次元では .992、第六次元では .975 となり、いずれの手法で解析してもほぼ同じ布置を示すことが確認された。なお Torgerson 法によって解析する際、附加定数（additive constant）の推定は一切行ってはいない。それにもかかわらず Kruskal 法との間に高い一致度がみられるということは、附加定数の推定の問題にはそれほど神経質になる必要がないという藤原(1977)の研究結果を更に裏付けているように思われる。

3. 次元の解釈

Kruskal 法と Torgerson 法の解析結果に差がないということが確認されたので、以後は Kruskal 法の結果を中心にみてゆくことにする。図Ⅲ-16-1、Ⅲ-16-2 は Kruskal 法の結果を第1次元と第2次元、そして第3次元と第4次元の平面上にそれぞれ示したものである。また次元の解釈を容易にするため、16個の単一性尺度と Kruskal 法の6次元解との相関を示したのが表Ⅲ-16-2である。そして統計的に有意な相関を示す評定尺度に対応したベクトルが図Ⅲ-16-1、Ⅲ-16-2の円の外側に示されている。

第1次元のプラスの方向にきいている社会不安事象は、交通事故の激化、

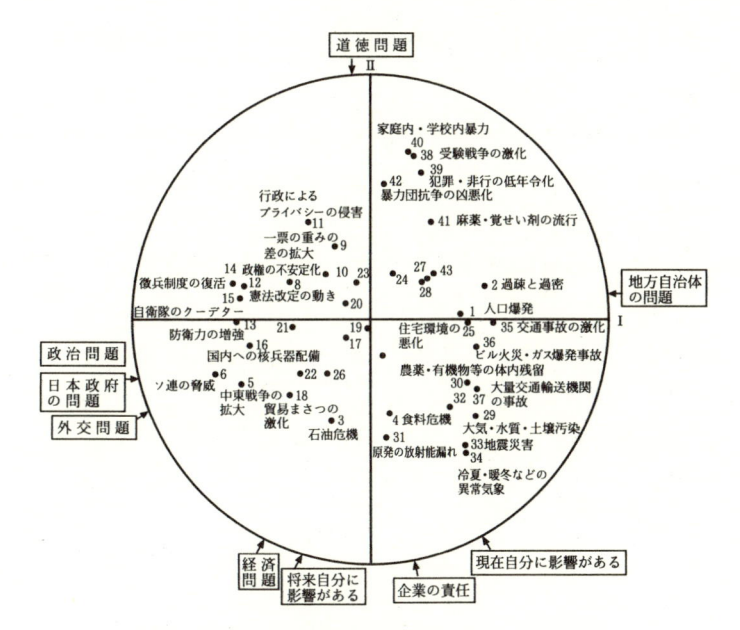

第16章 社会不安についての社会心理学的研究　295

図Ⅲ-16-1　社会不安事象の布置（次元1、次元2）

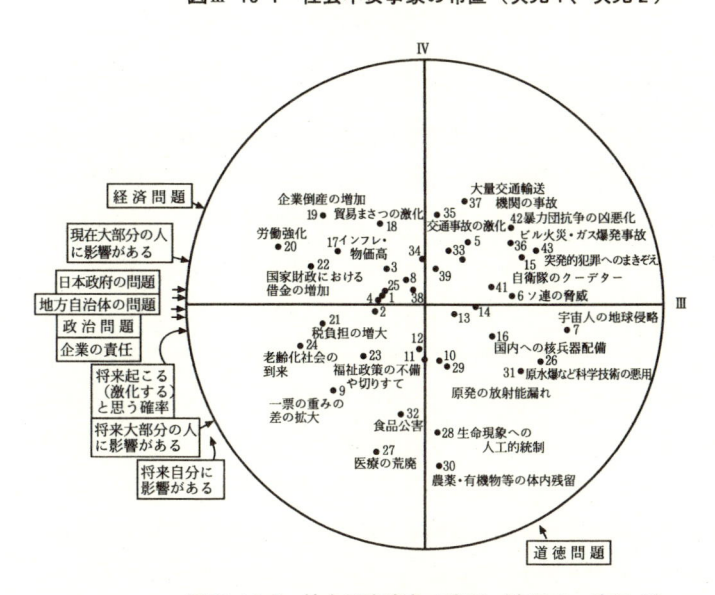

図Ⅲ-16-2　社会不安事象の布置（次元3、次元4）

表Ⅲ-16-2 単一性評定尺度の平均値とKruskal解の次元との相関係数

尺度	次元1	2	3	4	5	6
1 重大である	.146	−.096	−.119	−.153	−.257	−.423**
2 関心がある	.038	−.043	−.009	−.241	−.219	.016
3 現在自分に影響がある	.179	−.367*	−.203	−.040	−.149	−.294
4 将来自分に影響がある	−.089	−.315*	−.454**	−.106	−.035	−.203
5 現在大部分の人に影響がある	.211	−.132	−.590**	.094	−.128	−.356*
6 将来大部分の人に影響がある	−.073	−.296	−.501**	−.070	−.071	−.241
7 早急に対処する必要がある	.138	−.062	−.234	.000	−.217	−.538**
8 道徳問題	−.048	.569**	.165	−.340*	−.131	−.278
9 経済問題	−.202	−.443**	−.624**	.220	−.125	−.221
10 政治問題	−.652**	−.146	−.334*	−.007	.006	−.426**
11 日本政府の問題	−.579**	−.134	−.381*	.017	.012	−.520**
12 外交問題	−.767**	−.308*	.005	.137	−.175	−.127
13 地方自治体の問題	.387*	.037	−.534	.010	.153	−.553**
14 企業の責任	.057	−.360*	−.399**	−.017	−.232	−.508**
15 不安である	−.074	−.197	.118	−.095	−.299	−.340*
16 将来起こる（激化する）と思う確率	.116	−.076	−.369*	−.052	−.175	−.285

* $p<.05$
** $p<.01$

ビル火災・ガス爆発事故、大量交通輸送機関の事故、過疎と過密、人口爆発等である。災害・事故の領域中に含められるトピックも数多く存在しているが、人口爆発や過疎と過密などのトピックもあわせて考えてみると、数多くの人間が狭い空間の中で生活することと関連した事象群である。それに対応してマイナスの方向にきいている事象は、防衛力の増強、徴兵制度の復活、自衛隊のクーデター、国内への核兵器配備、ソ連の脅威、中東戦争の拡大等の事象で、政治や外交に関連していると考えられる。とりわけ右傾化や軍国化の社会不安を代表するトピックが多数を占めている。この次元は一応、軍国化（ファシズム）－事故の不安を表していると解釈される。

第2次元のプラスの方向に高い数値を示す事象は、家庭内・学校内暴力、受験戦争の激化、犯罪・非行の低年齢化、暴力団抗争の凶悪化等であり、教育や犯罪の領域に属するトピックである。これらのトピックは、道徳問題と

認知されており、現在も将来も自分には影響を及ぼさない事象であるとみられている。このことは被験者が大学生であることに帰因しているようである。つまり家庭内・学校内暴力や受験戦争はすでに通り過ぎてしまったことであり、自分の生活とは無関係の事実としてみられていることの証左であろう。マイナス方向にきている項目は、原発の放射能漏れ、石油危機、食料危機、冷夏・暖冬などの異常気象、地震災害等がその代表である。これらの事象は、経済問題で企業に責任があると認知されており、また現在そして将来にわたっても自分に影響を及ぼす事柄であるとみなされている。いわば生活環境の危機や破壊に根ざした不安を示しているようである。従って第2次元は教育・犯罪－生活環境の危機への不安と解釈される。

　第3次元のプラスに高い数値を示す項目は、宇宙人の地球侵略、原水爆など科学技術の悪用、突発的犯罪へのまきぞえ、自衛隊のクーデター等であり、軸の性格がはっきりとはしない。強いていえば、生起や激化の主観的確率が低く、自分の生活への影響力が希薄な事象である。一方、マイナス側には財政や福祉に関する事象が集まっている。たとえば労働強化、老齢化社会の到来、国家財政における借金の増加、税負担の増大、企業倒産の増加、インフレ・物価高等である。この次元ととりわけ高い相関を示す尺度は、経済問題、影響力の認知に関するものである。また社会的事象の生起や激化の主観的確率についての尺度はこの第3次元との間にだけ有意な相関を示すことも興味深い。つまり財政や福祉に関する社会不安事象は、大学生にとっては当面の問題ではなく、自分の生活にほとんど影響しない事がらとみられているのである。ただ自分を除いた大部分の人には現在でも影響を及ぼしていると認知されている。財政や福祉にかかわる社会不安事象は、将来的には自分を含めたすべての人々に影響を及ぼし、事象の到来や激化の確率も高いという風に認知されているのがこの次元の特徴である。この次元は経済（財政）・福祉の不安を示していると解釈される。

　第4次元のプラス方向に位置するのは、大量輸送機関の事故、交通事故の激化、貿易まさつの激化、暴力団抗争の凶悪化といった事故や抗争（コンフリクト）に関する事象である。マイナス方向には、農薬・有機物等の体内残

留、医療の荒廃、生命現象への人口的統制、食品公害等の項目がきいており、生命存続の危機にかかわる事象である。この第4次元は事故や抗争－生命存続の不安を表す軸と解釈されよう。

　第5次元はいろいろな事象が混合して解釈ができない。前に指摘したようにストレス値の推移を目安にすると4次元解が妥当な次元数のようだが、表Ⅲ-16-2に示したように、第6次元は多くの尺度と高い相関を示すので、意味のある次元であることを推察させる。第6次元とのみ有意な相関を示す尺度がみられるのがその特色である。つまり早急な対処の必要性、重大性、不安性に関する尺度であり、社会不安の強度を析出している次元と考えられる。原発の放射能漏れ、暴力団抗争の凶悪化、食品公害等が社会不安の高い項目であり、逆に宇宙人の地球侵略は低い項目の代表である。

　以上の結果をまとめると表Ⅲ-16-3のようになる。これらの中で重複しているものを除いたりまた第3次元のプラス方向や第6次元のように領域としては軸が析出されていないものを除くと、最終的には社会不安事象として、1．事故・災害、2．軍国化、3．教育・犯罪、4．生活環境、5．経済・福祉、6．生命存続の6領域が設定できる。

表Ⅲ-16-3　社会不安事象の次元

次元	次元の方向 プラス	マイナス
1	事故・災害	軍国化
2	教育・犯罪	生活環境の危機
3	生起（激化）の主観的確率の低い事象	経済（財政）・福祉
4	事故・抗争	生命存続
5	?	?
6	社会不安の強度弱	社会不安の強度強

研究Ⅱ　社会不安の決定因に関する予備的研究

目　的

　本研究の目的は、社会不安の発生に寄与する主要な要因としてマスコミ接触行動を取り上げ、社会不安のパターンや強度とマスメディア接触との関係を明らかにすることにある。社会不安は身近なでき事や個人的事象にかかわる不安というよりも、広範囲にわたる社会事象についての不安であるから、パーソナルコミュニケーションよりもマスコミュニケーションが社会不安発生にあたって大きな役割を果たすと考えられる。社会不安にかかわる情報は、主としてテレビ、新聞、ラジオ、雑誌といったマスメディアを通して個人に入力されるのである。マスメディアへの接触量が多いということはそれだけ社会不安についての入力情報が多いことを仮定すると、社会不安の強度とマスメディア接触量（社会不安についての情報量）との間には逆U字型の関係が予測できそうである。つまり入力情報がまったくないとする不安を感じようもない。それに対して、情報量が多いと不安感が強くなりすぎ、不安状態を回避し減少させるための防衛機制が働くことが予想される。その場合には、Lazarus & Averill (1972) の言葉で言えば認知の再評定、Spielberger (1966) 流に言えば認知的評定の変化が生じ、不安の強度を低下させるのではないかと考えられる。それに加えて不安が高まり過ぎると情報すら求めなくなるというメカニズムも働くと考えられ、ある情報量の限界を超えると不安の強度との間にはネガティブな関係を予測させる。そこで本研究においては、情報量と社会不安の間には逆U字型の関係にあるという仮説の検証をめざすことにする。

　加えて情報志向のパターンとして、情報欲求の強さと認知スタイルを取り上げ、社会不安との関係を明らかにする。また社会不安と個体の不安傾向としての特性不安との関係もあわせて究明することにする。

方　　法

被験者　広島大学学生191名（男子111名、女子80名）。調査時期は昭和56年6月下旬。

手続　被験者は次のような内容からなる質問紙に反応した。

情報志向パターン　飽戸（1974）の尺度を用いて情報欲求の強さと認知スタイルを測った。まず情報欲求の強さは例をあげれば、「Ａ　どんなことでも、できるだけ詳しく徹底的に知ろうとする」と「Ｂ　一般にいろいろなことについて、適当に知っていればよい」というＡとＢの項目を対で提示し、どちらか一方を被験者に選択させることで測定された。Ａと反応すれば情報への欲求が強く、Ｂと反応すれば弱いと処理される。これとよく似た項目がもう1問あり、2問の組み合せで、ＡＡと答えた者が強欲求、ＡＢまたはＢＡが中程度、ＢＢと答えた者が弱欲求とした。次に認知スタイルの項目は、「Ａ　いろいろな物事について論理的にこまかい点まですぐ気がつくほうだ」と「Ｂ　あまりこまかいちがいなど気にしないで大局的に判断するのが得意だ」であり、Ａと反応すれば細心緻密型、Ｂと反応すれば割り切り型と考え、情報への欲求の強さと同様の組み合せで処理を行った。

マスコミ接触行動　新聞、テレビ、ラジオ、雑誌、マンガの5つのメディアへの接触量を、「毎日読む（見る、聴く）」、「時々読む」、「ほとんど読まない」の3段階尺度で測定。新聞記事の政治・外交面、社会面、家庭・教養面、スポーツ面、ラジオ・テレビ欄の5種の紙面ならびにテレビ番組のニュース・ニュース解説、ドラマ・映画、趣味・教養、スポーツ、歌謡・音楽の5種の番組への接触量も3段階尺度で測定された。

社会的事象への不安の強度　研究Ⅰの表Ⅲ-16-1に示した43の社会事象に対してどの程度不安を感じるかを7段階尺度で評定を求めた。

特性不安　20項目よりなる広島大学総合科学部版 STAI（T-FORM）で測定された。

結 果 と 考 察

1. 社会不安得点の平均値と性差

不安の平均値が高い社会不安事象の第1位は原水爆など科学技術の悪用、第2位は大気・水質・土壌汚染、第3位は国内への核兵器配備、第4位は石油危機、第5位は医療の荒廃と続き、核への強い不安がうかがわれる。逆に不安感の低い社会事象は宇宙人の地球侵略、過疎と過密、1票の重みの差の拡大、自衛隊のクーデター、国家財政における借金の増加であり、生起の主観的確率の低い事象や大学生の当面の生活とは関連の薄いトピックが多いようである。

男女の平均値の差を検定してみると、5％の有意水準で統計的に差が見られた項目が12得られた。女性のほうの不安得点の高い項目は、地震災害、原発の放射能漏れ、ビル火災・ガス爆発事故、国内への核兵器配備、大量交通輸送機関の事故、家庭内・学校内暴力、突発的犯罪へのまきぞえの7つである。突発的な事故や災害といった事象により強い不安感を抱くという点に特徴があるようである。それに対して男性の不安得点が高いのは、企業倒産の増加、貿易まさつの激化、人口爆発、住宅環境の悪化、労働強化の5つである。男性の場合は経済問題とかかわる事象に対する不安感が高いようである。このことは将来は経済の担い手としての役割を果たさなければならないという事実と関連がありそうである。

2. 社会不安の因子分析

社会不安事象についての潜在構造を探求するために因子分析が行われた。手順としては43×43項目の相関行列を算出し、主因子法による因子を抽出した。共通性の推定については、ガットマンのSMCを初期値として採用し、以後共通性が安定するまで反復推定を繰り返した。因子数であるが、固有値1.0以上の因子を採用すると10因子にもなる。そこで固有値の大きさの推移と研究Iにおける多次元尺度法の解析結果を参考にして6因子と決定した。単純構造を得るためにバリマックス法による回転が行われた。第1因子から第6因子まで高い因子負荷量を示す事象をまとめたのが表Ⅲ-16-4である。

第1因子は「軍国化の不安」、第2因子は「個人的生活環境の不安」、第3因子は「社会的環境の不安」、第4因子は「政治・経済・外交問題の不安」、第5因子は「教育・環境問題の不安」、第6因子は「事故・災害の不安」と命名された。以後この6因子について因子得点を推定し、因子得点を中心とした分析を行った。なお因子得点の推定にあたっては、真の因子得点の最小二乗的推定値の方法を用いた。

表Ⅲ-16-4 社会不安因子の高負荷項目

第1因子 軍国化の不安	第2因子 個人的生活環境の不安	第3因子 社会的環境の不安
・789 防衛力の増強	・632 住宅環境の悪化	・642 食糧危機
・722 徴兵制度の復活	・611 税負担の増大	・633 農薬・有機物等の体内残留
・721 国内への核兵器配備	・556 福祉政策の不備や切りすて	・500 食品公害
・718 憲法改定の動き	・505 法的規制の強化	・482 人口爆発
・593 自衛隊のクーデター	・501 労働強化	・392 地震災害
・555 原水爆など科学技術の悪用	・483 インフレ・物価高	・375 労働強化
・508 行政によるプライバシーの侵害	・430 老齢化社会の到来	・369 石油危機
第4因子 政治・経済・外交問題の不安	第5因子 教育・環境問題の不安	第6因子 事故・災害の不安
・598 政権の不安定化	・656 受験戦争の激化	・630 ビル火災・ガス爆発事故
・587 国家財政における借金の増加	・609 過疎と過密	・603 大量交通輸送機関の事故
・560 ソ連の脅威	・579 家庭内・学校内暴力	・543 交通事故の激化
・529 貿易摩擦の激化	・493 原発の放射能漏れ	・460 医療の荒廃
・477 暴力団抗争の凶悪化	・412 企業倒産の増加	・424 突発的犯罪へのまきぞえ
・428 中東戦争の拡大	・411 犯罪・非行の低年齢化	

3．マスメディア接触行動と社会不安との関係

マスメディア接触量と社会不安との関係を示したのが図Ⅲ-16-3である。縦軸は6つの因子得点を示しており、社会不安の下位次元を表している。横軸のマスメディア接触量は、新聞、テレビ、ラジオ、雑誌に毎日接触すると反応すれば1、それ以外に反応すれば0と得点化した。従って最大得点は4、最小得点は0となる。ただし最小得点0のものは9人と少数なので、0と1をまとめて1つのカテゴリーとした。このマスメディア接触量はいわば社会不安にかかわる入力情報量を示すものと仮定している。図Ⅲ-16-3の結果を見るとマスメディア接触量と社会不安の強さとの間には逆U字の関係があるという仮説は完全には支持されていないようである。しかし個人的生活環境の不安を示す第2因子そして事故・災害の不安を示す第6因子にあっては、

逆U字型の関係を示す傾向が見られる。つまりマスメディアへの接触量が適度な人の不安得点が高いという傾向が見られる。この差の検定は両側検定によっているので、若干厳しい見方をしているが、この点は更にサンプル数を増やすこと、そして社会不安ならびに入力情報量についての測定法を改良することを今後の課題とし、仮説は部分的に支持される傾向にあるという結論にとどめておきたい。

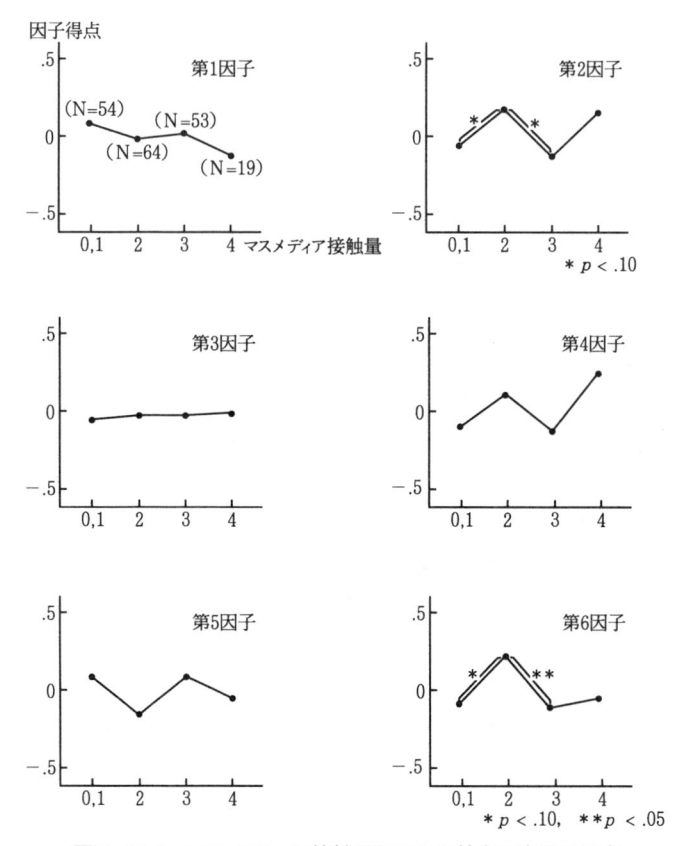

図Ⅲ-16-3 マスメディア接触量別にみた社会不安因子得点

接触量との関係においては暫定的な結論しか下せなかったので、マスコミ接触の質的な側面から分析を行ってみた。そこでマスコミ接触行動を測定する15変数をいくつかの次元にまとめるため因子分析を行った。因子分析の手順は前述したとおりである。ただしここでは固有値1.0以上の5因子をバリマックス回転にかけた。結果は表Ⅲ-16-5に示されている。第1因子に高い負荷量を示す項目は、テレビへの接触とテレビ番組のすべての内容への接触であり、「テレビ型」の因子と解釈される。第2因子への高い負荷を示す項目は、新聞への接触と新聞記事の中でも政治・外交面、社会面、家庭・教養面への接触であり、「新聞型」の因子と考えられる。第3因子はやや複雑で新聞とテレビそして新聞記事のラジオ・テレビ欄への負荷が高い。この因子はテレビ番組を見るために新聞を読むというタイプを抽出しているようで

表Ⅲ-16-5 マスメディア接触行動の因子分析結果

項　　　目	因　　　　　子				
	F1	F2	F3	F4	F5
＜マスメディアへの接触量＞					
1　新　　　　聞	.074	.461	.536	.143	.006
2　テ　レ　ビ	.635	−.137	.718	−.109	.132
3　ラ　ジ　オ	−.060	.086	−.100	.185	.030
4　雑　　　　誌	.147	.131	−.003	.119	.392
5　マ　ン　ガ	−.058	−.082	.099	−.006	.841
＜新聞記事への接触量＞					
6　政治・外交面	−.027	.532	.076	.083	−.036
7　社　　会　　面	−.004	.740	.046	.133	.097
8　家庭・教養面	.059	.517	−.014	−.064	.027
9　スポーツ面	−.001	.088	.361	.852	.066
10　ラジオ・テレビ欄	.292	.104	.491	.186	.072
＜テレビ番組への接触量＞					
11　ニュース・ニュース解説	.568	.177	.275	−.085	.122
12　ドラマ・映画	.636	−.082	.147	−.075	.107
13　趣味・教養	.498	.197	.110	−.088	−.068
14　スポーツ	.550	−.219	.214	.506	.153
15　歌謡・音楽	.677	−.061	−.013	.143	−.013
因　子　分　散	2.263	1.506	1.357	1.167	.955

「新聞・テレビ型1」と命名しておく。第4因子は新聞のスポーツ面とテレビ番組のスポーツへ高負荷を示す。新聞にしてもテレビにしてもスポーツに関する情報にしか興味のないタイプであるから、スポーツ型と名づけるのが最もふさわしい。だが接触のメディアの名前で因子を解釈しているので「新聞・テレビ型2」とこの因子を呼ぶことにする。第5因子に高い負荷量を示す項目は、雑誌とマンガだけであり、「雑誌型」と名づけることにする。

　このようにマスメディアへの接触パターンは大学生の場合5つに分けられることがわかった。マスメディア接触の型と社会不安との関係を明らかにするために、5つのメディア接触の因子得点を算出し、6つの社会不安因子の因子得点との相関係数を調べたのが表Ⅲ-16-6である。テレビ型の因子と有意な負の相関を示す社会不安因子は軍国化と社会的環境についての不安である。このことは、テレビをよく視聴する人びとは防衛力の増強や徴兵制度の復活といった事象で代表される政治の右傾化やファシズムに対しては不安を感じていないことを意味する。またこれらの人びとは、食料危機、農薬・有機物等の体内残留そして食品公害への社会不安も少ないことを示している。新聞型の因子と正の有意な相関を示すのは、軍国化と教育・環境問題についての社会不安因子である。政治・外交面や社会面をよく読む新聞の読者は、軍国化や教育、環境の悪化に対して強い不安を抱いていることを示している。新聞・テレビ型2の因子は政治・経済・外交問題の社会不安因子と正の有意な相関を示しており、スポーツへの興味が高い人びとは、政権の不安定化や国家財政における借金の増加といったものに対する不安が高いことを示している。以上の結果をまとめると新聞そしてテレビへの接触と社会不安の間に一定の関係があると結論できよう。ただ今後の課題として、マスメディアへの接触量や内容よりむしろマスメディアの効用がもたらす効用や満足という観点から社会不安の規定因を探ることも必要ではないかと思われる。

表Ⅲ-16-6 社会不安因子得点とマスメディア接触パターン因子得点との相関

社会不安因子	マスメディア接触パターン				
	テレビ型	新聞型	新聞・テレビ型1	新聞・テレビ型2	雑誌型
軍国化の不安	−.176**	.369**	.001	−.089	.015
個人的生活環境の不安	.116	.115	−.039	−.001	.039
社会的環境の不安	−.137*	.050	.011	−.004	.101
政治・経済・外交問題不安	.023	.088	.088	.130*	.087
教育・環境問題の不安	.022	.189**	−.013	.016	−.022
事故・災害の不安	.087	.082	−.106	−.026	.088

$*p<.05$　　$**p<.01$

4. 情報接触パターンおよび特性不安と社会不安の関係

　情報欲求の強さを情報渉猟型、中間型、無知安住型の3つに分け、6つの社会不安因子得点の平均値の差を検定してみたが統計的に有意な差はみられなかった。また認知スタイルについても、細心緻密型、中間型、割切型の3つに分け同様の分析を試みたが統計的に有意な差はみられなかった。ただ平均値を見ると情報渉猟型や細心緻密型の人のほうが社会不安得点がやや高いという傾向がみられる。そこで情報志向パターンを測定する項目数を増やし尺度の信頼性を高めかつサンプル数を増やすと有意な差がみられるかもしれない。いずれにしろ今後の課題である。

　最後に特性不安と6つの社会不安の因子得点との関係をみるためにピアソンの相関係数を算出してみた。すると第3因子との間に正の有意な相関（$r=.133$、$p<.05$）が、第4因子との間には負の有意な相関（$r=-.161$、$p<.05$）が得られた。第3因子は農薬・有機物等の体内残留、食品公害、食料危機といった特に個体の生命存続とも関連した事象であり、身体症状に関して強い不安を抱いている者がこうした社会不安事象に対して敏感に反応したためであろう。このことから社会不安は特性不安と部分的に関連していると結論できよう。

　以上社会不安を規定する要因としてマスメディアへの接触の中でも新聞とテレビが特にきいていることが明らかになった。本研究はあくまで本調査の

ための予備調査の報告であるので、被験者としてはデータを収集しやすい大学生に限定している。偏ったサンプル特性であるので本研究で得られた結論がどの程度一般化できるのかどうかはわからない。現在筆者たちは広島市と那覇市でランダムにサンプリングによる社会調査を計画中である。最終的な結論はその研究結果の報告で下す予定である。

引用文献

1) 飽戸　弘　1968　社会不安と政治意識　年報社会心理学, **9**, 3-26.
2) 飽戸　弘　1974　情報志向パーソナリティとマスコミ接触行動　東京大学新聞研究所（編）コミュニケーション　東京大学出版会　Pp.123-147
3) 藤原武弘　1977　多次元尺度適用上の問題点について　広島大学教育学部紀要, **26** (1), 281-288.
4) Lazarus, R.S. & Averill, J.R. 1972 Emotion and cognition: With special reference to anxiety. Spielberger, C.D. (Ed.) *Anxiety: Current trends in theory and research.* Vol. 2. New York: Academic Press. Pp. 241-283.
5) 日本社会心理学会（編）　1968　社会不安の社会心理学　年報社会心理学　第9号　勁草書房
6) Spielberger, C.D. 1966 Theory and research on anxiety. Spielberger, C.D. (Ed.) *Anxiety and behavior.* New York: Academic Press. Pp. 3-20.

第17章 マス・メディア嗜好性尺度の開発

問　題

　本研究の目的はマス・メディアに対する嗜好性に関する個人差を測定するための尺度を開発することにある。従来の研究においては、新聞、ラジオ、テレビ、雑誌といったマス・メディアをどの程度利用するのか、どのような接触パターンがあるのかといった実態面での研究が数多くなされてきた。

　たとえばSchramm, Lyle & Parker (1961) は、児童のマス・メディア接触パターンについて研究を行い、電波メディアに接触する児童は、空想的、現実逃避的なものが多いが、それに対して活字メディアに接触する児童は、より現実的であることを明らかにした。またメディア接触パターンの一次元仮説を検討したものとして池内・岡崎 (1955) の研究がある。彼らは、雑誌、新聞、ラジオに対する接触のパターンが一次元的で、全体の88.9%を占めることを見出した。しかしテレビが出現して以降、このような一次元性はほとんど得られなくなっている。

　飽戸 (1967) は、マス・メディアへの接触量大小だけでパターンを把握することには無理があると考え、質的な要因を加味した多次元モデルを提唱している。彼は、テレビ（番組別、局別、接触実態）、ラジオ（番組別）、新聞（記事単位別、購読紙別、接触実態）、週刊誌（接触誌名、接触度）、月刊誌（接触誌名、接触度）、単行本（接触度）、映画（ジャンル別、接触度）のすべてに関する接触関係の要因に、更にスポーツ・レジャーのパターンまで考慮に入れ、数量化Ⅲ類を用いて解析を行った。その結果、1．テレビ一辺倒型対分散型、2．娯楽志向（映像型）対教養志向（活字型）、3．原点型の次元を見出した。飽戸の研究は、質的な要因を考慮に入れているが、マス・メディアへの接触実態の面からのパターン分析である。

そこで本研究では、感情的な側面からマス・メディアへの嗜好性（pref-erence）の個人差を測定する尺度を開発することを目的とする。とくに飽戸が見出した、第2の次元、すなわち映像嗜好と活字嗜好の次元を感情面から測定する尺度を開発するのが主要な目的である。そして本研究の第2の目的は、映像と活字嗜好の次元とライフ・スタイルとの関係も合わせて明らかにすることにある。

方　　法

調査対象者：山口大学学生65名および広島大学学生111名、計176名（男子98名、女子78名）。

調査手続：下記の調査票を講義時間内に配布し、制限時間内で知能検査を実施した後、続く質問項目には各自のペースで記入を求めた。

調査内容：調査票は下記のような内容から成り立っている。

(1) 知能検査

京大NX知能検査のうち、文化的知能の言語的因子についての検査1問（単語マトリックス）と理数（科学）的知能の空間因子についての検査1問（重合板）を使用した。

(2) 活字・映像嗜好性に関する質問

活字・嗜好性を判別するであろうと考えられる質問を可能な限り挙げ、活字嗜好性項目16項目、映像嗜好性項目16項目、計32項目を用意した。すべて5段階評定で評定させた。また、本研究では「映像」を、テレビや映画に映し出された動的なものだけではなく、図形や絵画も含めるものと定義した。

(3) ライフ・スタイルに関する質問

下記のようなライフ・スタイルの側面について測定した（飽戸・鈴木・田崎・嶋田，1982）。全部で65項目、すべて5段階で評定させた。測定尺度の内容は次のとおりであり、カッコ内の数字は項目数を表す。

　1．情報欲求（5）：詳細な情報への欲求の強さを見るためのもの。
　2．認知スタイル（5）：種々の情報についての認知の仕方が、大局型であるか細心型であるかをみるためのもの。

3．流行関心（4）：流行への関心の程度をみるためのもの。
4．個性化・同調（2）：流行採用の動機が自分の個性を主張するためか、集団に同調するためかをみるもの。
5．イノベーター（6）：新しいものを、進んで取り入れる方か否かをみるためのもの。
6．外部志向（3）：意志決定や行動をおこす場合に周りの状況の影響を受けやすいか否かをみるためのもの。
7．疎外・離脱意識（6）：社会から逃避の方向に向かう意識を疎外意識、社会を拒否しようとする意識を離脱意識とよぶ。
8．主流・反主流（3）：何ごとも中心的役割を果たしたいと思うもの（主流）と、それよりも人にしたがったり、批判側になる方を好むもの（反主流）とを区別するスケール。
9．保守・革新（3）：日常生活で新しいものを取り入れることに積極的なもの（革新）と、むしろ古いものをこそ大切にしようとするもの（保守）とを区別するスケール。
10．積極・消極（3）：何事にも積極的に参加し、適応していこうとする人と、反対にいつもシラケているクールな人とを弁別しようとするスケール。
11．ナイーブ（3）：思考様式が素朴、素直なもの（ナイーブ）と、そうでないもの（ナイーブでない）とを区別するスケール。
12．ソフィスティケーション（3）：ものごとを懐疑的に考えやすいもの（ソフィスティケイティッド）と、そうでないもの（ソフィスティケイティッドでない）とを区別するスケール。
13．仕事－余暇意識パターン（2）：仕事と余暇に対する態度を測定するスケール。
14．センシティビティ（10）：日常生活場面での反応の「敏感さ」を測ろうとするもの。

(4) マス・メディア接触量についての質問
1．音声接触量（2）：ラジオ・音楽の1日の接触量について尋ねたもの。

2．活字接触量（2）：新聞の1日の接触量と本・文章を中心とした雑誌の1ヶ月の接触量について尋ねたもの。
3．映像接触量（2）：テレビの1日の接触量と、映画の1ヶ月の接触量について尋ねたもの。
(5) フェイスシート
1．性
2．学部
3．新聞をとっているかどうか
4．テレビを持っているかどうか。

結 果 と 考 察

1．マス・メディア嗜好性尺度の因子構造

　表Ⅲ-17-1は、映像と活字嗜好性に関する尺度の因子分析結果（共通性の反復推定の主因子解、バリマックス回転）である。第1因子に高い負荷を示すのは、「旅行に行ったら、その感動を絵に表現したいと思う」、「美術館に行ったり、部屋に絵を飾るのが好きな方である」、「手紙を書いたり、文章を書くのが好きだ」といった項目である。表現媒体が文章であれ、絵であれ、自分の感動や経験を積極的に表現し、創作することに関係した因子であると考えられる。第2因子にプラスの方向に高い負荷を示すのは、「私は本を読むことが好きだ」、「文章を中心とした雑誌を読むことが好きだ」で、逆にマイナスの方向に高い負荷を示すのは、「テレビが故障すると、時間をもてあましていらいらするだろう」である。従って、この因子は活字嗜好性の因子と解釈される。第3因子に高負荷を示す項目は、「一度見始めた連続ドラマは、欠かさず見ないと気になる」、「一度読み始めた新聞や雑誌の連載小説は、欠かさず読まないと気になる」であり、固執性や粘着性を示す性格因子を測定しているものと解釈される。第4因子に高い負荷を示す項目は、「映画を見ることが好きだ」、「漫画や劇画を読むことが好きだ」であり、映像嗜好性の因子と解釈される。第5因子に高い負荷を示すのは、「新聞のいろいろな記事を読むのが好きだ」、「新聞の休刊日にはいらいらするほうだ」といった

312 社会的態度の理論・測定・応用

表Ⅲ-17-1 マスメディア嗜好性尺度の因子分析結果

(N=176)

質　問　項　目	F1	F2	F3	F4	F5
8. 料理のもりつけや器の美しさが、気になるほうだ。	.40	.07	.24	.06	.09
10. 旅行に行ったら、その感動を絵に表現したいと思う。	.69	−.05	−.14	−.04	.05
14. 美術館に行ったり、部屋に飾る絵のが好きなほうである。	.67	.16	−.04	−.00	.09
16. イラストを描くのが好きである。	.54	.06	.01	.20	−.16
18. 映画を見るときは、映像の美しさにこだわるほうだ。	.46	.05	−.02	.08	.22
19. 旅行に行ったら、その感動を日記につけたり手紙に書きたいと思う。	.60	.12	−.03	−.02	.03
20. 映画を見るとその原作を読んでみたいと思う。	.37	.21	.22	.10	.16
29. 手紙を書いたり、文章を書くのが好きだ。	.55	.26	.14	.05	.00
3. 文章を中心にした雑誌を読むことが好きだ。	.17	.48	.40	−.02	.19
4. 私は、人よりたくさん本を持っていると思う。	.25	.43	.09	.22	−.05
6. ラジオなどで歌を聴いたりすると、テレビで見てみたいと思う。	.10	−.45	.41	.16	−.08
9. テレビの人気番組はほとんど見ていて、テレビ番組については人より詳しいと思う。	.04	−.45	.17	.33	−.12
15. 私は本を読むことが、好きだ。	.31	.58	.23	.17	.05
26. テレビが故障すると、時間をもてあましていらいらするほうだ。	−.14	−.59	.02	.14	−.02
31. 旅行に出でもテレビを見たいと思う。	−.17	−.57	.19	.09	.07
1. 映画を見るときはセリフにこだわるほうで、聞きとりにくかったり見えにくかったりするといらいらする。	.23	−.04	.33	−.01	.04
2. 一度読み始めた新聞や雑誌の連載小説は、欠かさず読まないと気になる。	.04	.01	.51	.05	.10
7. 一度読み始めた連続ドラマは、欠かさず見ないと気になる。	.01	−.14	.58	.02	.10
13. ベストセラーや評判になった本は、ほとんど読んでいると思う。	.29	.13	.32	.25	−.10
32. 漫画を読むときは、文章もていねいに読むほうだ。	−.14	.06	.39	−.13	−.01
11. 喫茶店に入って暇なときはセリフにこだわるほうで、本や雑誌を読む。	−.10	−.09	.02	.44	.16
17. 漫画雑誌を読むときは、絵を中心にして読む。	.18	−.09	−.09	.38	.04
22. 話題になった映画は、ほとんど見に行って、映画についてはは人より詳しいと思う。	.04	.06	−.06	.46	.07
24. 漫画や劇画を読むことが好きだ。	−.05	−.03	.17	.43	−.15
27. 映画（テレビで放映するものも含めて）見ることが好きだ。	.10	.05	.08	.53	.09
21. 新聞のいろいろな記事を読むことが好きだ。	.06	.18	.06	.22	.69
23. 新聞の休刊日にはいらいらするほうだ。	.15	−.03	.11	.04	.62
28. 旅行に出でも新聞を読みたいと思う。	.03	−.11	.25	.04	.60
5. 雑誌のグラビアや写真を見ることが好きだ。	.07	−.08	−.12	.26	−.00
12. 講義で先生の話を聞くよりも、本で勉強するほうがわかりやすい。	−.04	−.10	.10	.02	−.15
25. 歌の良さは、歌詞によってきまると思う。	.29	.10	.26	−.09	.07
30. 歌の良さは、曲できまると思う。	−.08	−.08	.13	.14	.07
固　有　値	3.96	2.20	1.51	1.22	1.10

項目で新聞嗜好性の因子であると考えられる。

こうした因子分析結果から、第2因子の7項目が活字嗜好性、第3因子の5項目が映像嗜好性を測定していると考えられる。なお、折半法における信頼性係数は、活字嗜好性尺度 $r=.76$ で、映像嗜好性尺度 $r=.53$ であった。活字嗜好性尺度と映像嗜好性尺度との相関は有意でなかった（$r=-.08$, $df=174$, n.s.）。そこで、活字嗜好性の平均得点（$M=18.0$, $SD=5.0$）と映像嗜好性の平均得点（$M=11.1$, $SD=3.3$）を分割点として、4つのパターンを作成した。つまり、活字嗜好性と映像嗜好性がともに平均点以上のグループを、HH型、活字嗜好性得点が平均以上で、映像嗜好性得点が平均以下のグループを活字嗜好型、活字嗜好性得点が平均以下で、映像嗜好性得点が平均以上のグループを映像嗜好型、いずれの嗜好得点も平均以下のグループをLL型とした。

こうした4つのパターンを文系理系学部別、性別に見たのが表Ⅲ-17-2である。文系理系学部別には差が見られないが、性別には違いが見られた。つまり女性に活字嗜好型が多く、男性は映像嗜好型が多いという、興味深い結果が見られた。

表Ⅲ-17-2　性・学部別に見た活字・映像嗜好の4パターン

		HH型	活字型	映像型	LL型	計
性	男	20(20.4)	16(16.3)	31(31.6)	31(31.6)	98
	女	18(23.1)	28(35.9)	10(12.8)	22(23.8)	78
学部	文系	27(19.8)	38(27.7)	35(25.5)	37(27.0)	137
	理系	7(20.0)	6(17.1)	6(17.1)	16(45.8)	35

こうした尺度は、音楽、活字ならびに映像接触量や新聞の定期的購入やテレビ保有の有無とどのように関係しているのだろうか。表Ⅲ-17-3、Ⅲ-17-4は、統計的に有意な差が見られた項目を示したものである。ここで活字接触大とは、1日に新聞を読む時間と1ヶ月に読む本や雑誌（漫画、劇画などを除く）の冊数がともに平均以上のグループで、活字接触小とはともに平均以下のグループである。映像接触大とは、1日にテレビを見る時間と1ヶ月に映画を見る本数がともに平均以上のグループで、映像接触小とはともに平均

以下のグループである。音楽接触大とは、1日に聴く音楽とラジオの時間がともに平均以上のグループで、音楽接触小はともに平均以下のグループであった。こうした結果によると、テレビを保有している者や映像接触度が高い者は活字嗜好性得点が低く、活字接触大の者は活字嗜好性得点が高い。また新聞を定期的に購入していない者や映像や音楽への接触度が高い者は映像嗜好性得点が高い。こうした結果は、活字、映像嗜好性尺度の妥当性を部分的に示しているものと解釈される。

表Ⅲ-17-3　マス・メディア接触量別に見た活字嗜好性得点

	テレビ有り (143)	テレビ無し (33)	t
平均	15.9 < 17.76		2.29 *
	活字接触大 (68)	活字接触小 (35)	t
平均	16.97 > 14.29		−2.64 **
	映像接触大 (44)	映像接触小 (69)	t
平均	14.95 < 18.48		4.35 ***

+ $p<.1$　* $p<.05$　** $p<.01$　*** $p<.001$

表Ⅲ-17-4　マス・メディア接触量別に見た映像嗜好性得点

	新聞有り (131)	新聞無し (45)	t
平均	10.73 < 12.11		2.50 *
	音楽接触大 (51)	音楽接触小 (40)	t
平均	11.69 > 10.3		−1.97 +
	映像接触大 (51)	映像接触小 (40)	t
平均	12.68 < 9.88		−4.77 ***

+ $p<.1$　* $p<.05$　** $p<.01$　*** $p<.001$

2. ライフ・スタイル尺度との関係

　各ライフ・スタイル尺度が一次元性を示すものかどうかを明らかにするために、12のライフ・スタイル下位尺度毎に因子分析を試み、固有値の結果を示したのが表Ⅲ-17-5である。この結果によると、ほとんどの尺度は圧倒的に第1因子の固有値が大きく、一次元尺度と考えられる。以下単純加算してライフ・スタイルの下位尺度とした。例外は認知スタイル尺度とイノベーター尺度である。これらの尺度は、2つの因子の固有値が高いことから、二次元尺度であると考えられる。認知スタイルとイノベーター尺度の因子負荷量を示したのが表Ⅲ-17-6である。認知スタイル尺度は、細心型1と2、イノベータ尺度はイノベータ1と2と別々に単純加算した。

　表Ⅲ-17-7は、活字ならびに映像嗜好性尺度と各ライフ・スタイル尺度との相関を示したものである。活字嗜好性と有意な正の相関があるのは、イノベーター2、勉強、想像力といった尺度で、それに対して負の有意な相関があるのは、同調、外部志向尺度である。映像嗜好性と有意な正の相関が見られる尺度は、遊び、ナイーブ、個性尺度である。負の相関があるのは、細心型1、勉強である。こうした結果は、活字嗜好の強い学生と映像嗜好の強い学生のライフ・スタイルが異なることを示唆している。詳細に述べると、活字嗜好性の強い学生は、好奇心が旺盛で、創造力が豊かで、勉強をよくしている学生である。同調性が低く、自分の意思のまま決定を行う、内部志向タイプである。それに対して、映像嗜好性の強い学生は、遊び志向で、思考様式が素朴、率直で、細かな違いは気にしない、大局型であると考えられる。

表Ⅲ-17-5　ライフ・スタイル下位尺度の固有値変動

尺　　度	固有値	尺　　度	固有値
情報欲求（5）	1.79	主流・反主流（3）	1.75
	1.05		0.73
	0.90		0.52
	0.65	保守・革新（3）	1.47
	0.61		0.94
認知スタイル（5）	1.80		0.59
（大局・細心）	1.30	ナイーブ（3）	1.30
	0.78		0.88
	0.64		0.82
	0.48	ソフィスティケーション（3）	1.49
流行関心（4）	2.77		0.90
	0.49		0.61
	0.46	センシティビティ（10）	3.19
	0.28		1.60
イノベーター（6）	1.81		1.02
	1.48		0.97
	0.94		0.91
	0.74		0.63
	0.54		0.51
	0.48		0.45
外部志向（3）	1.88		0.40
	0.61		0.33
	0.50	想像力（7）	2.42
疎外・離脱意識（6）	2.89		1.16
	1.01		1.00
	0.86		0.78
	0.56		0.66
	0.38		0.59
	0.29		0.39

表Ⅲ-17-6　認知スタイルとイノベーター尺度の因子分析結果

認知スタイル	F1	F2
7．計算をするときは、細かな数字が気になって、概算ですませてしまうことがうまくできない。	0.51	0.13
9．買物（カメラや電気製品など）をする場合、その商品の一長一短が気になって、あれこれ迷うほうである。	0.49	0.11
*10．あまり、細かな違いを気にしないで、大局的に判断することが得意なほうである。	0.76	−0.14
6．いろいろな物事について、論理的に細かな点まですぐ気がつく方である。	−0.03	0.42
8．少しの違いでもすぐ発見して、その違いを考えながら行動する方である。	0.24	0.87

イノベーター	F1	F2
17．友達が何か変わったものを持っていると、すぐ欲しくなる方だ。	0.52	−0.23
19．同じ物をいつまでも使っていると、飽きてしまう。	0.76	0.04
22．趣味やレジャーでは、何にもすぐ手を出すが長続きしない。	0.53	0.12
*18．レストランなどは、いつもなじみのものを食べる方が、安心でよい。	−0.07	0.53
*20．仕事など、いつもの仕事を同じようにやっていられればその方が安心でよい。	0.02	0.81
21．人がくだらないと思うことなど、わりと詮索するのが好きな方だ。	0.24	−0.06

表Ⅲ-17-7　活字・映像嗜好性とライフ・スタイル間の相関

ライフ・スタイル尺度	活字嗜好性	映像嗜好性
情報欲求	0.113+	0.163*
細心1	−0.120+	−0.196**
細心2	0.009	−0.018
流行関心	−0.125	0.079
個性	−0.067	0.152*
同調	−0.130*	−0.108+
イノベーター1	−0.139	0.169*
イノベーター2	0.312***	−0.030
外部志向	−0.156*	−0.024
疎外意識	−0.085	0.022
主流	0.114	0.089
保守	0.037	−0.076
積極	0.135	0.083
ナイーブ	0.140	0.178*
ソフィスティケーション	0.034	0.082
遊び	−0.059	0.290***
勉強	0.235***	−0.152*
センシティビティ	0.040	0.062
想像力	0.263***	0.087
言語知能（単語マトリックス）	−0.001	0.010
空間知能（重合板）	−0.038	0.075

+$p<.1$　 *$p<.05$　 **$p<.01$　 ***$p<.001$

付記　本研究の一部は、文部省科学研究費（一般研究C　研究課題番号 63510062　代表者　藤原武弘）の援助を得て実施された。

引用文献
1) 飽戸　弘　1967　マス・コミュニケーション接触行動の要因分析　東京大学新聞研究所紀要, **15**, 146-217.
2) 飽戸　弘・鈴木裕久・田崎篤郎・嶋田智光　1982　経済心理学　朝倉書店
3) 池内　一・岡崎恵子　1955　コミュニケーション研究覚え書　東京大学新聞研究所紀要, **4**, 9-33.
4) Schramn, W., Lyle, J. & Parker, E.B. 1961 *Television in the lives of our children.* Stanford University Press.

第18章 クラシック音楽の認知への多次元尺度法的アプローチ

問 題

　梅本 (1973) が指摘しているように、鑑賞行動を統制しているのは音楽的知覚であるので、鑑賞行動の基本的構造を理解するためには、主体がどのように音楽を認知しているのかを解明する必要がある。本研究はクラッシック音楽についての認知の次元を多次元尺度法を用いて明らかにしようとするものである。ふつうクラッシック音楽は、その内容や時代によって、中世・ルネッサンス／バロック／古典派／ロマン派／民族主義／近代／現代の諸派に分類される。ところが、こうした諸派を代表する作曲家の作品を鑑賞する際、果たしてこうした諸派の弁別が認知的に可能なのだろうか。つまり通説上言われている分類に対応したものが心理的な面、特に認知的な次元にも存在しているのだろうか。本研究はそのような問題を明らかにしようとするものである。

　従来の研究によると、音楽についての認知の次元を明らかにするために因子分析法や多次元尺度法等の手法が用いられ、そしてそうした手法が有効であることが示唆されている（安東, 1970；Kuno & Suga, 1966；Nordenstreng, 1968；Wedin, 1972）。だがこれらの研究の主要な目的は方法論にあるように思われる。たとえば安東 (1970) の研究はピアノ曲や音楽家の嗜好データに Tucker (1960) のベクトルモデル、そして Kuno & Suga (1966) の研究はピアノ曲の距離データに Torgerson (1952) のメトリックな多次元尺度法の適用可能性を確証したものであった。また Wedin (1972) の研究においては、チェックリスト法、完全順位法、カテゴリー分類法、分類法等の多種類の測定法を用い、測定法間の整合性を吟味することが中心のようである。このことはセマンティックディファレンシャル法による評定と類似性

法による評定を比較している Nordenstreng (1968) においても同様であり、従来は刺激としては音楽を用いるにしても、研究の主眼は方法論的なものに偏っているように思われる。また従来の研究では平均値データを扱ったものであり、音楽の認知に関する個人差にスポットをあてたものはほとんどみられない。

本研究の目的は、クラッシック音楽の諸派についての弁別が認知の次元から可能かどうかを解明することにある。つまりクラッシック音楽を認知する際に、クラッシック音楽のどのような属性や次元にウェイトを置くのであろうか。こうした主要な次元を多次元尺度法によって析出し、クラッシック音楽の認知の構造を明らかにするのが本研究の主要な目的である。またクラッシック音楽に慣れ親しんでいる人びととそうでない人びととの間に差があることが推測される。従ってもし差があるとすればいかなる次元へのウェイトに差がみられるのかを、個人差を抽出できる ALSCAL (Takane, Young, & deLeevw, 1977) を用いて明らかにしようとするものである。

方　　法

刺激の選択　まずバロック時代以降の音楽史の流れに従って、次のような作曲家を選択した。ドイツ圏から、バッハ、ハイドン、ワーグナー、ブラームス、ヒンデミットの5名、フランス圏から、クープラン、ベルリオーズ、ラベル、イベールの4名、合計9名である。ドイツ圏におけるワーグナーとブラームスは時代的には重複するが、前者はロマン派を受け継ぐといわれ、後者は新古典派と呼ばれるように、明らかな作風の違いがある。そこで両者とも用いた。

次に、これらの作曲家の作品の中から、多種類の楽器で演奏されている交響曲風の、速い楽章（長調）を選び、その終わりの部分の30秒を刺激材料とした（表III-18-1参照）。

刺激材料の選択にあたって留意したのは以下の点である。（a）用いられている楽器によって生じる、曲の印象の違いを統制するため、交響曲風のジャンルを用いた。（b）速さ、調性（長調または短調）によって生じる印象の

表Ⅲ-18-1　実験に用いられた音楽刺激

曲目	作曲家	作曲年代	指揮者	演奏
1. リュリー讃歌 　　第12楽章パルナッソスの平和	クープラン (1668-1733)	1725 楽譜出版	レイモンド・ 　　レッパード	イギリス室内管弦楽団
2. 管弦楽組曲第4番ブーレ	バッハ (1685-1750)	1725年頃 楽譜出版	J.F. パイヤール	パイヤール室内管弦楽団
3. 交響曲第96番ニ長調"奇跡" 　　第3楽章(アレグレット) 　　　メヌエット	ハイドン (1732-1809)	1791	ネヴィル・マリナー	アカデミー室内管弦楽団
4. 幻想交響曲	ベルリオーズ (1803-1869)	1831	ヘルベルト・ 　　フォン・カラヤン	ベルリン・フィルハーモニー管弦楽団
5. オペラ 　　"さまよえるオランダ人"	ワーグナー (1813-1883)	1843	ヘルベルト・ 　　フォン・カラヤン	ベルリン・フィルハーモニー管弦楽団
6. 交響曲第2番第4楽章	ブラームス (1833-1897)	1877	クルト・ 　　ザンデルリンク	ドレスデン=シュターツカペル
7. ラ・ヴァルス	ラベル (1875-1937)	1920	ジャン・フルネ	東京都交響楽団
8. 交響組曲 "寄港地"	イベール (1890-1962)	1922	ジャン・フルネ	東京都交響楽団
9. オペラ"画家マティス"前奏曲	ヒンデミット (1895-1963)	1934	ヘルベルト・ 　　フォン・カラヤン	ベルリン・フィルハーモニー管弦楽団

違いを統制するため、速さと調性をできるだけそろえた。(c) 曲の冒頭部分は有名であり、作曲者を判別しやすいので、作曲家のイメージや手がかりを与えやすい。また曲の展開部は作曲家の個人差や個々の作品の差が大きすぎ、時代差や国の違いを越えて曲の特徴が混じり合っている。一方終末部は、曲または楽章を終わらせるという共通の目的をもっており、他の部分に較べて作品の持つ個性による差が少ない。以上のような理由から曲または楽章の終末部を選択した。

被験者　クラシック音楽への熟知性の違いを調べることが研究の目的であるので、熟知性の高い群として音楽専攻の女子学生20名と、熟知性の低い群として音楽専攻ではない女子学生20名を被験者とした。

手続き　第1セッション：被験者には表Ⅲ-18-1の9つの曲が提示され、

各曲に対する印象はSD尺度で反応することが求められた。曲はLP盤よりテープレコーダー（TEAC A-3300 SX-2T）に録音し、刺激系列作成のための編集を行い、カセットデッキ（Nakamichi 480）、アンプ（YAMAHA CA-S1）、スピーカー（DENON MODEL SC-101）で再生した。SD尺度は、川原・野波（1977）が因子分析的研究を経て作成した音楽観賞の評価尺度を用いた（表Ⅲ-18-2参照）。

第2セッション：第1セッションで呈示された9曲のすべての組合せ（36ペアー）の中から継時的に呈示される2つの曲の心理的距離を9段階で評定することが求められた。2つの曲が非常に類似している場合には1という数字で、全然似ていない場合は9という数字で反応が求められた。刺激呈示の構成は、対呈示の刺激の時間間隔が3秒、判断ならびに評定記入時間も含めた次の対呈示までの時間間隔が15秒であった。3回の練習試行を経て本試行に入った。刺激系列としては4種類のものを作成し、被験者をランダムに4群にわりあてた。本試行では9曲の対呈示するすべての組合せの36回の評定を求められたが、疲労等を考慮して18回評定したところで休憩を設けた。実験時間は計約1時間であった。

結果と考察

距離データの水準を順序尺度として扱い重みつきユークリッドモデルでALSCALによる分析を行った。適合度の指標であるクラスカルのストレスは、2次元で.278、3次元で.234、4次元で.176、5次元で.133と次第に小さくなってはいくがストレスの減少割合を見ても何次元解が適切かどうかはっきりしない。それに対してR^2は2次元解で.553、3次元解で.513、4次元解で.517、5次元解で.546となる。このR^2は、モデルによって説明される分散の割合を示したもので、数値が大なるほど適合の度合がよいということになる。Young & Lewyckyj（1979）は適合度の指標としてはストレスの代わりにR^2を用いることを勧めているので、この指標を次元打切りの基準として、2次元解を採用することにする。

図Ⅲ-18-1はALSCALによる共通の刺激空間を示したものである。次元

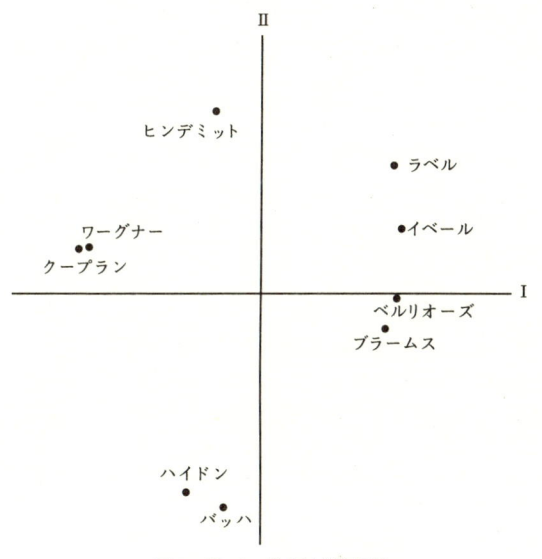

第18章 クラシック音楽の認知への多次元尺度法的アプローチ 323

図Ⅲ-18-1 集団刺激空間

の解釈を容易にするために、SD法による尺度評定の平均値とALSCALによって得られた次元との相関係数を求めたのが表Ⅲ-18-2である。これによると統計的に10％の水準で傾向のみられる尺度として、"おもしろい－つまらない"と"好き－きらい"があげられる。従って、ラベル、イベール、ベルリオーズ、ブラームスの曲が好まれ、逆にワーグナーやクープランは好まれていないことを示している。なおSD尺度間の相関行列を算出し、因子分析を行うと、"おもしろい－つまらない"、"好き－きらい"、"親しみ易い－親しみ難い"で1つのクラスターを構成しており、感情や評価の次元を示しているようである。そこでこの第1次元は選好や好みを表す軸と解釈することができる。

　次に第2次元に関しては有意な相関がみられる尺度はみられないが、相関係数の比較的高いのは、"澄んだ－にごった"と"のんびりした－せわしい"の2尺度である。ハイドンやバッハの曲は、澄んだ、のんびりしたと認知され、逆に、ヒンデミットは、にごった、せわしいと認知されているようである。この第2次元は曲の古さ－新しさと関連しているようなので、作曲年

表Ⅲ-18-2　SD法の尺度平均とALSCAL次元との相関

尺　度	次元1	次元2
1. 静か－さわがしい	.087	−.133
2. おだやか－激しい	−.104	.248
3. のんびりした－せわしい	−.477	.554
4. 澄んだ－にごった	−.369	.556
5. 小さい－大きい	−.141	.398
6. きらい－好き	.582*	−.067
7. つまらない－おもしろい	.656*	−.087
8. 親しみ難い－親しみ易い	.360	.105
9. 重い－軽い	.244	−.355
10. どっしりした－こせこせした	.361	.047
11. ねばっこい－さらっとした	.134	−.286
12. しめった－かわいた	.179	.336
13. 寒い－暖かい	.064	−.072
14. 冷たい－熱い	.086	.001
15. 陰気な－陽気な	.133	−.383

＊$p<.10$

代と第2次元の数値との相関をケンドールの順位相関で計算すると統計的に有意な相関が得られた（$r=.67$、$df=7$、$p≒.02$）。従ってこの次元は時代性または歴史性を示す軸と解釈できる。

　個人差を吟味するために被験者のウェイトを算出し図示したのが図Ⅲ-18-2である。この結果によると、日頃クラッシック音楽へ慣れ親しんでいる人びととそうでない人びととの間のウェイトパターンに差がみられる。原点から30度のところに線を引き、クラッシック音楽に親しんでいる人びととそうでない人びとがどちらの側に落ちるのかをカウントしてみると表Ⅲ-18-3のようになった。つまりクラッシック音楽に慣れ親しんでいる人びとは30度以上のところに位置するものが多く、逆にそうした音楽に慣れ親しんでない人びとは30度以下のところに位置するものが多い。この差は統計的にも有意である。このことは日頃クラッシック音楽に慣れ親しんでいる人びとは次元1（好み）と次元2（時代性）の2つを統合して曲の距離判断を行ったことを示している。換言すれば、クラッシックを認知するにあたって2次元的な見

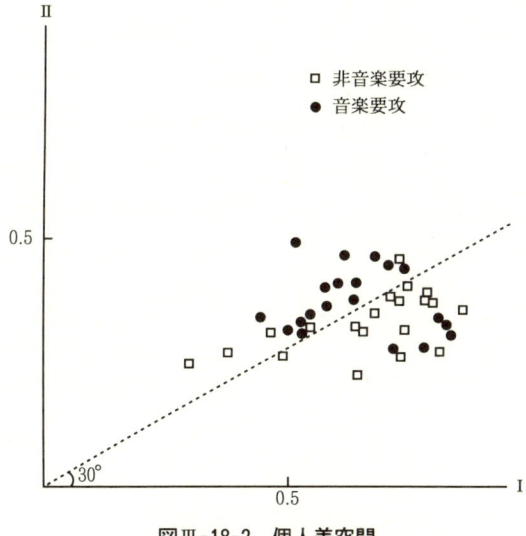

図Ⅲ-18-2　個人差空間

表Ⅲ-18-3　音楽専攻の学生集団と非音楽専攻の学生集団間の被験者ウエイトの違い

	30度以下	30度以上	計
音楽専攻	15	5	20
非音楽専攻	5	15	20
計	20	20	40

$\chi^2 = 10.00$, $p < .01$

方をしていると考えられる。それに対してクラッシックになじみのない人びとは、第一次元つまり好みを基準にしてクラッシック音楽の認知を行ったと推測できる。

　本研究で得られた結果は、相対的に認知が単純な構造である場合には、感情の属性が突出するというScott (1963) の指摘、ならびに、単純な人びとの認知的判断は、感情的な次元によって支配されているというMueller (1974) の知見と一致する。つまり、クラッシック音楽になじみのない人びとは、そうした音楽に慣れ親しんでいる人びとと比較すると対象や刺激についての情報量が少なく、認知的にも単純な構造にあると考えられる。従って

そうした人びとが、判断を行う際の基本的な手がかりになるものは感情の次元しかないということになる。それに対して、音楽になじみのある人びとの内省報告によると、作曲時代、曲のリズム、テンポ等を考慮して類似性の評定を考慮したと報告しており、いわば認知的に複雑な味方をしていると推測される。こうした知見は、絵画を刺激としてO'Hare (1976) の研究結果とも一致する。つまり絵画になじみのない学生の判断は1次元的であったのに対し、絵画専攻の学生の見方は2次元的であったことが見出されている。

また本研究の結果は、対人認知の領域で提出されているKim & Rosenberg (1980) の多次元的評価モデルの考え方と共通する側面が見られる。多次元的評価モデルの考え方によると、すべての個人に共通する唯一の次元とは評価の次元であり、そしてこの評価の次元が中核となり、それに従属するいくつかの内容次元は個人によって異なるものと考えられている。Kim & Rosenberg によると、こうした多次元的評価モデルの考え方は、対人認知とくに暗黙裡のパーソナリティ観 (implicit personality theory) の領域以外の心理現象にも適用可能であることを示唆している。本研究で抽出せられた好みの次元は、彼らの指摘する評価の次元に対応するものと考えれば、音楽の認知の領域においても彼らのモデルが適用できるかもしれない。特にクラッシック音楽になじみのない人びとに抽出された唯一の次元が好みもしくは評価であった。このことは彼らの基本的な判断基準は評価の次元だということを示している。またクラッシック音楽に慣れ親しんでいる人びとに主に抽出された次元つまり時代性はKim & Rosenbergの指摘する内容の次元に対応するものと考えられる。

引用文献

1) 安東　潔　1970　音楽の演奏に対する好みの多次元的分析　心理学研究, **40**, 330-336.
2) 川原　浩・野波健彦　1977　音楽教育研究における実験的研究（2）　－享受体験におけるイメージの言語化に関する分析－　広島大学教育学部紀要, **26**-4, 75-85.
3) Kim, M.P., & Rosenberg, S. 1980 Comparison of two structural models of implicit personality theory. *Journal of Personality and Social Psychology*, **38**, 375-

389.
4) Kuno, U., & Suga, Y. 1966 Multidimensional mapping of piano pieces. *Japanese Psychological Research*, **8**, 119-124.
5) Mueller, W.S. 1974 Cognitive complexity and salience of dimensions in person perception. *Australian Journal of Psychology*, **26**, 173-182.
6) Nordenstreng, K. 1968 A comparison between the semantic differential and similarity analysis in the measurement of musical experience. *Scandinavian Journal of Psychology*, **9**, 89-96.
7) O'Hare, D. 1976 Individual differences in perceived similarity and preference for visual art: A multidimensional scaling analysis. *Perception and Psychophysics*, **20**, 445-452.
8) Scott, W.A. 1963 Cognitive complexity and cognitive balance. *Sociometry*, **26**, 66-74.
9) Takane, Y., Young, F.W., & deLeevw, J. 1977 Nonmetric individual differences multidimensional scaling: An alternating least squares method with optical scaling features. *Psychometrika*, **42**, 7-67.
10) Torgerson, W.S. 1952 Multidimensional scaling: I. Theory and method. *Psychometrika*, **17**, 401-409.
11) Tucker, L.R. 1960 Intra-individual and inter-individual multidimensionality. In H.Gulliksen & H.Messick (Eds.), *Psychological scaling*. New York: Wiley. Pp. 155-167.
12) 梅本尭夫 1973 音楽行動の構造 心理学評論, **16**, 138-146.
13) Wedin, L. 1972 A multidimensional study of perceptual-emotional qualities in music. *Scandinavian Journal of Psychology*, **13**, 241-257.
14) Young, F.W., Lewyckyj, R. 1979 *ALSCAL-4 user's guide*. Carrboro: Data Analysis and Theory Associates.

付記　本研究のデータ収集および整理にあたり、広島大学総合科学部　金子　誠　君（昭和58年卒業）の協力を得た。また刺激の選択にあたっては、広島大学教育学部　早川正昭　教授（音楽教育学専攻）に御教示をあおいだ。記して感謝の意を表します。

あとがき

　三軒家を建てたら満足がいくと言われている。三軒目の家は二軒分の反省の上に建っているということなのだろう。めちゃくちゃな連鎖的連想だが、果たして三冊目の著書の場合はどうだろうか？とは言っても、この本に収めた論文は、筆者の20代から30代半ばまでの作品である。だから本来ならば第一号の作品になるはずだったが、なぜかその時の興味のおもむくまま、状況に流されるまま、「シネマ・サイコー映画心理学」（福村出版）、「態度変容理論における精査可能性モデルの検証」（北大路書房）といった著書を先に出版してきた。

　本書は、社会的態度に関する論文を収録した論文集である。書き下ろしではないので、内容があまり体系的であるとは言えない。また自分の若かりし頃の人生軌跡を垣間見るみたいで、ある種の気恥ずかしさを覚える。というのは、収められた初期の論文は、まさにコピー論文であるからである。特にⅠ 社会的態度の理論やⅡ 社会的態度の測定の部分は、アメリカ社会心理学や計量心理学の業績を必死に追いかけていた、20歳代の頃に書いた論文である。ある時期からは、集中講義に来ていただいていた著名な社会心理学者にバーのカウンターで教えられたことに啓発を受け、できるだけアメリカ社会心理学の物まねをやめるように努め、独創性やアイデアの閃きを念頭に論文を書き始めた。その成果が、第12章　対人関係における「甘え」の実証的研究、第15章　偏見の決定因についての調査的研究、第18章　クラッシック音楽の認知への多次元尺度法的アプローチ等に表れていると自負している。これらの論文は、まさに先駆的、開拓的研究であるという面では今でも誇りを感じている。とは言っても本書に収められた論文のいくつかは、幾人かの共同研究者や私の研究室で調査や実験を行った学生たちの援助なくしては生まれなかった。いちいち名前はあげないが、この紙面を借りて「ムチシモ・グラシアス」と言いたい。

　初出論文のタイトルと掲載雑誌は次のとおりである。

初出論文：

第1章 社会的態度の心理
   田中国夫 編著 新版 現代社会心理学 誠信書房 1977 Pp.149-159

第2章 態度の形成・変容に関する概観－実験社会心理学的アプローチを中心にして－
   心理学評論 Vol.13 No.2 1970 Pp.279-304

第3章 態度構造と変容（Ⅰ）（Ⅱ）－一貫性理論と総和理論に関する概観－
   関西学院大学社会学部紀要 第22号 1971 Pp.279-292
   関西学院大学社会学部紀要 第23号 1971 Pp.27-42

第4章 態度変容の実験的研究－適合性理論と総和理論の比較検討－
   年報社会心理学 第12号 1971 Pp.227-240

第5章 態度の測定法
   田中国夫 編著 新版 現代社会心理学 誠信書房 1977 Pp.159-169

第6章 国家の認知についての研究－多次元尺度法適用の試み－
   広島大学教育学部紀要 第1部 第24号 1975 Pp.303-311

第7章 国家の認知についての研究－3つのMDS手法の比較検討－
   広島大学教育学部紀要 第1部 第25号 1976 Pp.217-226

第8章 多次元尺度法適用上の問題点について
   広島大学教育学部紀要 第1部 第26号 1977 Pp.355-362

第9章 知覚判断に関する研究－度量衡を表わす形容詞のMDS分析－
   広島大学教育学部紀要 第1部 第26号 1977 Pp.281-288

第10章 パーソナル・スペースに表れた心理的距離についての研究
   広島大学総合科学部紀要Ⅲ 情報行動科学研究 第10巻 1986 Pp.83-92

第11章 パーソナル・スペースの行動的、心理的、生理的反応に関する実験的研究
   昭和60・61年度 科学研究費補助金（一般研究C）研究成果報告書

パーソナルスペースに表れたアジア民族間の心理的距離に関する行動科学的研究　1987　Pp.11-25

第12章　対人関係における「甘え」の実証的研究
実験社会心理学研究　第21巻　第1号　1981　Pp.53-62

第13章　パーソナリティ印象形成の研究－刺激特性次元の基礎的分析－
広島大学教育学部紀要　第1部　第23号　1974　Pp.353-362

第14章　日本版 Love-Liking 尺度の検討
広島大学総合科学部紀要Ⅲ　情報行動科学研究　第7巻　1983　Pp.39-46

第15章　偏見の決定因についての調査的研究
年報社会心理学　第21号　1980　Pp.177-187

第16章　社会不安についての社会心理学的研究（Ⅰ）－社会不安測定についての予備的研究－
広島大学総合科学部紀要Ⅲ　情報行動科学研究　第5巻　1981　Pp.41-53

第17章　マス・メディア嗜好性尺度の開発
広島大学総合科学部紀要Ⅲ　情報行動科学研究　第13巻　1989　Pp.73-80

第18章　クラッシック音楽の認知への多次元尺度法的アプローチ
心理学研究　第55巻　第2号　1984　Pp.75-79

　なお本書の刊行にあたっては、関西学院大学研究叢書の出版補助金を受けた。編集にあたっては、関西学院大学出版会の戸坂美果さんのお世話になった。関係各位の皆様に感謝の意を表したい。

2000年12月

藤原武弘

[著者略歴]

藤原武弘（ふじはら　たけひろ）

　1946年　大阪府に生まれる
　1969年　関西学院大学社会学部卒業
　1973年　広島大学大学院教育学研究科博士課程実験心理学専攻退学
　1973年　広島大学教育学部助手
　1979年　広島大学総合科学部講師
　1981年　広島大学総合科学部助教授
　現　在　関西学院大学社会学部教授，博士（心理学）

【著書】

「現代青年心理学」（共著）協同出版　1977
「新版現代社会心理学」（共著）誠信書房　1977
「乳幼児の家庭保育」（共著）北大路書房　1978
「学級経営の心理学」（共著）北大路書房　1979
「現代学童心理学」（共著）協同出版　1979
「現代社会心理学要説」（共著）北大路書房　1982
「心理学30講」（共著）北大路書房　1984
「学校教育のための心理実験法」（共著）ナカニシヤ出版　1985
「学校教育の社会心理学」（共著）北大路書房　1985
「幻想と空想の心理学」（共著）ナカニシヤ出版　1986
「たばこを考える1」（共著）平凡社　1987
「人が見え　社会が見え　自分が変る」（共著）創元社　1987
「性と愛の心理」（共著）福村出版　1987
「くらしの社会心理学」（共著）福村出版　1988
「たばこを考える2」（共著）平凡社　1988
「シネマ・サイコ」（単著）福村出版　1989
「心理学20講」（共著）北大路書房　1991
「人間関係の心理学ハンディブック」（共著）北大路書房　1991
「人生移行の発達心理学」（共著）北大路書房　1991
「脳生理心理学重要研究集1」（共著）誠信書房　1992
「心理学のための実験マニュアル」（共著）北大路書房　1993
「チャートで知る社会心理学」（編著）福村出版　1994

「態度変容理論における精査可能性モデルの検証」(単著) 北大路書房　1995
「人間知」(共著) ナカニシヤ出版　1997
「社会心理学」(編著) 培風館　1998
「成人期の人間関係」(共著) 培風館　1999
「震災の社会学」(共著) 世界思想社　1999

【訳書】
「幼児・児童の発達と精神衛生」(共訳) 福村出版　1981
「ラブ —— 愛の心理学」(編訳) 福村出版　1983
「親密な二人についての社会心理学」(共訳) ナカニシヤ出版　1989
「都市生活の心理学」(監訳) 西村書店　1994
「対人関係論」(共訳) 誠信書房　1995
「文化と環境」(共訳) 西村書店　1998

社会的態度の理論・測定・応用

関西学院大学研究叢書　第97編

2001年3月20日初版第一刷発行

著　者	藤原　武弘
発行代表者	山本　栄一
発行所	関西学院大学出版会
所在地	〒662-0891　兵庫県西宮市上ヶ原1-1-155
電　話	0798-53-5233

印刷所	田中印刷出版株式会社
製本所	有限会社神戸須川バインダリー
函・写真撮影	清水　茂

©2001 Printed in Japan by
Kwansei Gakuin University Press
ISBN:4-907654-23-5
乱丁・落丁本はお取り替えいたします。
http://www.kwansei.ac.jp/press